ミネルヴァ日本評伝選

フランク・ロイド・ライト

建築は自然への捧げ物

大久保美春著

ミネルヴァ書房

刊行の趣意

「学問は歴史に極まり候ことに候」とは、先哲荻生徂徠のことばである。歴史のなかにこそ人間の智恵は宿されている。人間の愚かさもそこにはあらわだ。この歴史を探り、歴史に学んでこそ、人間はようやくみずからの正体を知り、いくらかは賢くなることができる。新しい勇気を得て未来に向かうことができる。徂徠はそう言いたかったのだろう。

「ミネルヴァ日本評伝選」は、私たちの直接の先人について、この人間知を学びなおそうという試みである。日本列島の過去に生きた人々の言行を、深く、くわしく探って、そこに現代への批判を聴きとろうとする試みである。日本人ばかりではない。列島の歴史にかかわった多くの異国の人々の声にも耳を傾けよう。

先人たちの書き残した文章をそのひだにまで立ち入って読み、彼らの旅した跡をたどりなおし、彼らのなしとげた事業を広い文脈のなかで注意深く観察しなおす――そのとき、はじめて先人たちはいまの私たちのかたわらによみがえってくる。彼らのなまの声で歴史の智恵を、また人間であることのよろこびと苦しみを、私たちに伝えてくれもするだろう。

この「評伝選」のつらなりのなかから、列島の歴史はおのずからその複雑さと奥ゆきの深さをもって浮かび上がってくるはずだ。これを読むとき、私たちのなかに新たな自信と勇気が湧いてきて、その矜持と勇気をもって「グローバリゼーション」の世紀に立ち向かってゆくことができる――そのような「ミネルヴァ日本評伝選」にしたいと、私たちは願っている。

平成十五年（二〇〇三）九月

上横手雅敬
芳賀　徹

フランク・ロイド・ライト
（1945年，78歳）

落水荘（ペンシルベニア州）

帝国ホテル（愛知県犬山市・明治村）

帝国ホテル東京（オールドインペリアルバー）

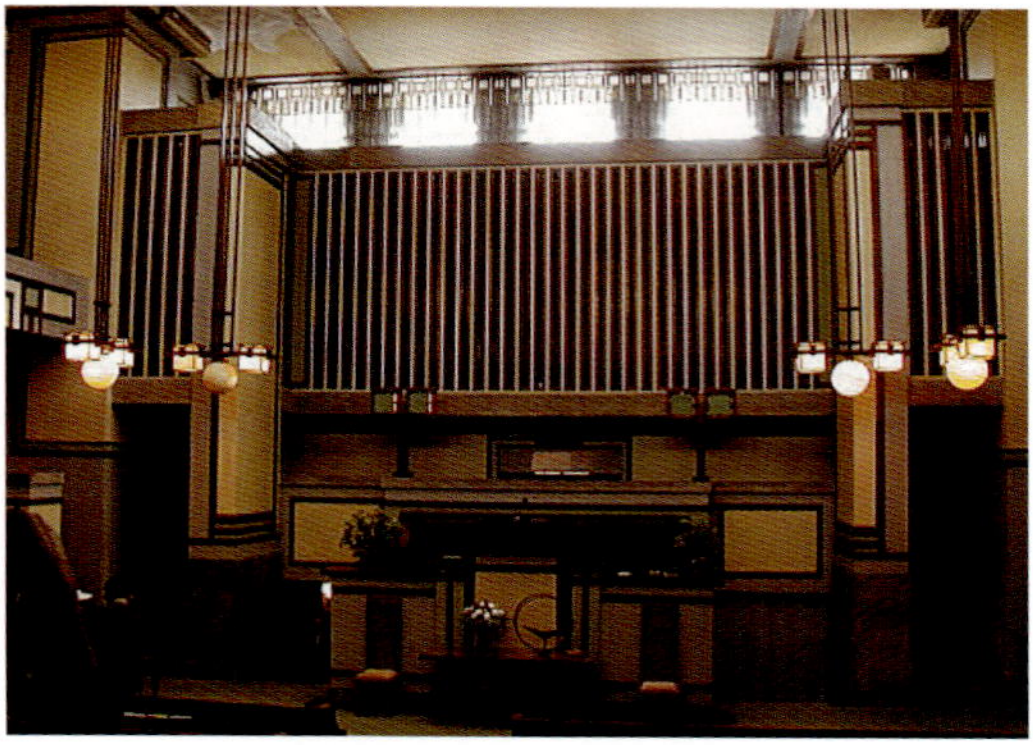

ユニティテンプル（イリノイ州）

オークパーク自邸とスタジオ（イリノイ州）

タリアセン（ウィスコンシン州）

タリアセン・ウエスト（アリゾナ州）

ウィンスロー邸（イリノイ州）

ウィリッツ邸（イリノイ州）

自由学園明日館（東京・西池袋）

エニス邸（カリフォルニア州）

ポープ邸（バージニア州）

ライクス邸（アリゾナ州）

クーンリー邸プレイハウスの窓ガラス
（イリノイ州）

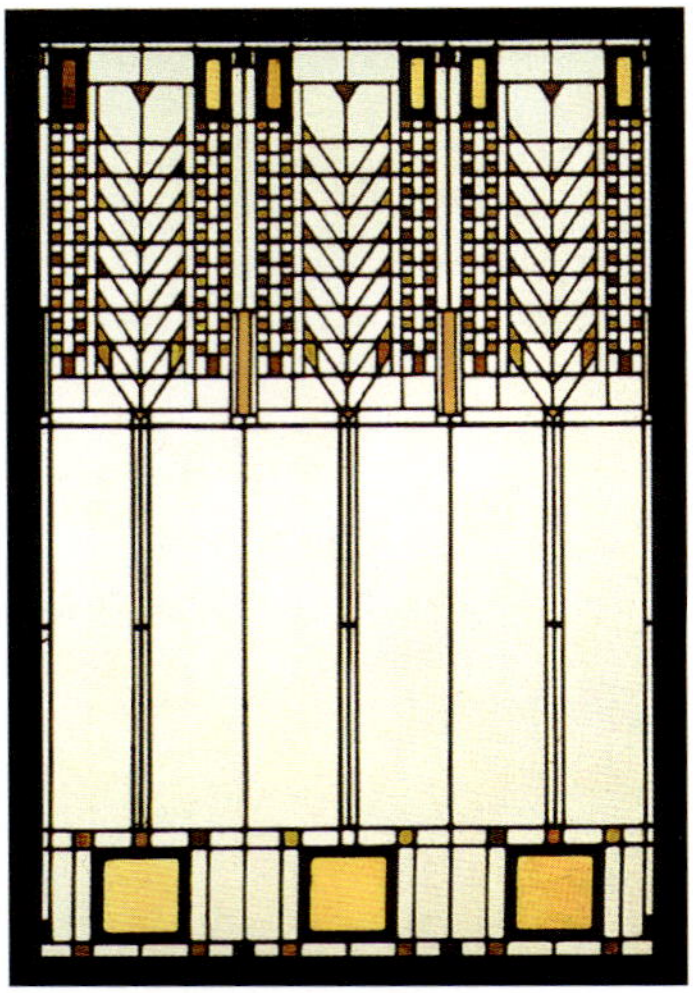

D. マーティン邸のライトスクリーン
「生命の木」（ニューヨーク州）

ポープ邸の透かし彫パネル
（バージニア州）

ダナ邸玄関ホールのライトスクリーン
（イリノイ州）

はじめに

フランク・ロイド・ライトは近代建築のフロンティアを開拓した建築家であり、建築の限界に挑んだ巨匠である。ライトは過去の伝統にとらわれず、自由な発想で、全く新しい住宅、教会、学校、オフィスなどを次々と設計した。

ライトは世界各地のあらゆる時代の建築に興味を示し、研究して、彼独自の作品を生み出した。その際ライトに大きなヒントを与えたのは、日本の美術や建築であり、日本人の自然観であった。

日本の美術

ライトは特に浮世絵から多くを学んだ。ライトが故郷、ウィスコンシンのスプリング・グリーンに創設したタリアセン・フェローシップ（建築家養成塾）では、毎年「浮世絵の集い《プリント・パーティー》」が開かれた。日本の火鉢を使ったスキヤキの食事が終わると、弟子達はライトを囲んで座った。ライトは蔵から腕一杯の浮世絵を抱えて来て、種類別に並べると、一点ずつ歴史や見所を解説した。

一九五四年六月二〇日の浮世絵の集いで、八十七歳のライトはこんな告白をした。

私が浮世絵からどれほど多くのインスピレーションを得たか、これまで君達に語ったことはありませんでした。私は未だに、浮世絵を初めて見た時のショックから立ち直れずにいます。これからも立ち直れないでしょう。いや、立ち直りたくもありません。浮世絵は単純化の最高の手本です。浮世絵を見た瞬間、私は「不必要なものを省く」ということを学びました。

(*Frank Lloyd Wright : His Living Voice*, p. 32)

葛飾北斎は規矩《きく》(コンパスと物差し) を使って『北斎漫画』を描いた。ライトはT定規とコンパスで図面を描いた。二人は少ない線で自然や人物の本質をとらえ、表現した。

一八九三年のシカゴ万博。ライトは岡倉天心が中心となって企画した日本館鳳凰殿を訪れ、日本の美術、工芸、建築に大きな興味を懐《いだ》いた。同じ頃、ライトはフェノロサが日本から持ち帰った浮世絵を目にした。ライトは浮世絵を買い、日本行きを夢見るようになった。

一九〇五年(明治三八)、三十七歳のライトは初めての外国旅行で念願の日本を訪れた。二ヶ月滞在して、東京、名古屋、京都、奈良、大阪、神戸、岡山、さらには高松まで足を伸ばした。各地の有名な社寺や庭園を訪れ、伝統工芸の工房や店に立ち寄り、美術工芸教育の現場を視察した。あまりに見るものが多く、最後に日光と箱根を訪れて、帰国の船に飛び乗った。その後、帝国ホテルの仕事で、一九一三年(大正二)から二二年(大正一一)にかけて六回来日して、延べ三年余りを東京で過ごした。帰国の度にライトは大量の浮世絵や美術品をアメリカに持ち帰った。

ライトの自邸兼仕事場であるタリアセンでは至る所に日本の美術品が飾られていて、それらが建築の一部になっている。その様子を、弟子の一人でフランク・ロイド・ライト・アーカイブ館長の、ブルース・B・ファイファーは次のように語る。

ライトは、こよなく愛した美しい作品に囲まれて暮らしたのである。書斎兼寝室には、常に広重の東海道五十三次の版画が三枚、イーゼルに飾られていた。机の上には光琳の精巧な漆器を置いて鉛筆いれとして使用しており、漆塗のトレイには眼鏡を置いていた。そして枕元には六曲一双の北野神社図屏風。更に、居間のダイニング・テーブルの脇の壁にも、寝室と居間の間に位置する〝ロッジア〟にも屏風は飾られていたのである。ダイニング・テーブルの上のデッキには陶器や木彫りが置かれ、つまり目につく至る所に日本が存在していた。それはライトの製図室にも及び、壁の高いところに掛けてある山楽の屏風は、部屋全体を支配していた。このように、日本の美術品はライト建築の一部として取り入れられていたのである。

(ファイファー「フランク・ロイド・ライト――日本文化と有機的建築」『フランク・ロイド・ライトと日本展』一四頁)。

建築の内装、家具調度品や照明など、全てをトータルに設計するライトのやり方は、茶道の美学から影響を受けていた。

ライトは一九〇九年から一一年にかけてヨーロッパに滞在し、マッキントッシュやウィーン分離派などのヨーロッパのジャポニズムを目にした。ライトの日本趣味には、本場日本での体験と、アメリカとヨーロッパで流行したジャポニズムが絡み合っていた。それらを基にライトは新しい建築を作り上げていった。

ライトにとって、日本は自然を愛し、自然と共生する国としても大きな意味を持った。

日本人の自然観

ウェールズ人の血をひき、ウィスコンシンの大自然の中で育ち、ユニテリアン教徒（プロテスタントの一派。父なる神、子なるキリスト、聖霊を一体と見る三位一体説を排し、全知全能の神のみを信じる教派）の母に育てられたライトにとって、自然は神であった。ライトの家にはつねに野の花や草が飾られていた。日本を訪れたライトの母は日記に次のように記したが、これはそのままライトの感想でもあった。

> 日本は素晴らしい国です……庭園は夢のように美しく、木々は年を経て大きく立派です。日本の神々しい自然の前では頭が下がります……自然が敬われ愛される国、どこもかしこも清潔な国……。
>
> (Mirviss, *The Frank Lloyd Wright Collection of Surimono*, p. 5)

ライトは日本の建築や庭園から多くを学んだ。とりわけ修学院離宮が好きだった。

そこ［修学院離宮］には、山並、川の流れ、岩などの雄大な自然があり、その例えようもない美しさが、徐々に人間の介在する町や村の家並に同化していく様子は素晴しい。もし何らかの疑問、例えば建築が自然とどう関わりあっているかなどの疑問が沸き起こったら、修学院から学ぶとよいだろう。この国［アメリカ］にはよい例がないから。その庭園は、世界でも優れた雄大な芸術品のひとつで、自然を最高の形で活かした建築と言える。自然が徐々に建築へと発展しているのが見てとれるだろう。

（タリアセンでの講話、一九五五年十一月二十七日、『フランク・ロイド・ライトと日本展』一五頁）

ウィスコンシンの美しい自然の中にひっそりと建つライトの自邸タリアセンは、自然と共生する建物であり、ライト流の離宮であり、山荘である。ライトの傑作「落水荘」は、自然を巧みに利用した建物である。自然の中に家を建てたというよりも、自然を家に変えたといった方がよい。

ライトの建築は自然との共生を目指した。特に住宅は豊かな自然の中に建てることを前提とした。ライトの都市計画は、ル・コルビュジエの「輝く都市」のような垂直に伸びる都市の高層住宅ではなく、水平に広がる田園住宅であった。ライトの建築は自然との対話から生まれ、自然と共に成長した。それがライトの有機的建築であった。ライトは「建築とは、その仕事を通して大自然に捧げる聖なる捧げ物なのだ」とよく弟子達に語った。

空間の意味

ライトの建築のもう一つの鍵となる空間構成にも日本の影響が見られる。

一九〇六年、シカゴ郊外オークパークの教会の建設にあたって、ライトは一つの実験を試みた。

ユニティテンプルが完成すると、私は「やった！」と歓声をあげた。私は建築上の大発見をした。これからは建築が自由になる。

(*Frank Lloyd Wright : His Living Voice*, p. 31)

ライトの実験とは、柱を壁から離して、壁を自由にすることであった。カーテン・ウォールの萌芽である。支えの役割から解放された壁は自由な操作が可能になる。空間が広がり、明るくなる。ライトは建築の要《かなめ》が壁や屋根ではなくて、それらが作り出す空間にあることを発見して得意になっていた。そんな時、ライトは岡倉天心の『茶の本』を読み、次の一節に出会う。

老子は空《くう》の中にこそ本質が在ると主張した。例えば、家の本質は、屋根や壁に在るのではなく、屋根や壁に囲まれた空間に在ると。

(Okakura, *The Book of Tea*, p. 45)

その瞬間、ライトは風を失った帆のように萎《しぼ》んで、しばらく立ち上がることが出来なかった。紀元前五世紀の大昔に生きた老子が、自分が発見したと思った事実を既に指摘していたからである。しかしライトは考えた。老子は真実を述べたが、家を建てたわけではない。家を建てたのは私だ。そう考えて、ライトは自信を取り戻した。

この「空《くう》」の発見をきっかけにライトの想像力は飛翔した。コンクリートという弾力性のある素材や光を通すガラス、軽い銅板などの素材を使って、柱と梁による箱構造ではなく、幹と枝というカンティレバー（片持梁、一端が固定支持され、他端が自由な梁）構造の建物に挑戦した。その結果ジョンソン・ワックス本社ビル、グッゲンハイム美術館などユニークでダイナミックな空間が生まれた。建築の可能性が大きく拡がった。

アメリカの家

建築の中でもライトが特に力を入れて開発に取り組んだのは住宅であった。ヨーロッパ伝来のヴィクトリア様式、新古典様式ではなく、アメリカ独自の、アメリカの風土と、自由で民主的な国民にふさわしい家の設計にライトは一生を捧げた。一八九三年のウィンスロー邸に始まり、一九〇〇年代のプレーリーハウス、一〇年代のアメリカン・システムビルトハウス、二〇年代のテキスタイルブロックハウス、三〇年代のユーソニアンハウス、五〇年代のユーソニアン・オートマティックハウスというように、アメリカ人のための快適で美しい家づくりの実験が続いた。その際、日本の家がライトにヒントを与えた。畳が規格化の、床の間や欄間が芸術的な家をデザインするヒントとなった。

ライトの建築は日本との出会いなしには生まれなかった。ライトの時代や欧米の文化史の流れと日本との関係に注目しながら、ライトの人生を辿ってみたい。

フランク・ロイド・ライト——建築は自然への捧げ物　目次

目次

図版一覧

クーンリー邸プレイハウスの窓ガラス（イリノイ州）
（*Frank Lloyd Wright's Glass Designs* より。© 2008 Frank Lloyd Wright Foundation / ARS, New York / SPDA, Tokyo）……口絵8頁左上

ダナ邸玄関ホールのライトスクリーン（イリノイ州）
（*Frank Lloyd Wright's Glass Designs* より。© 2008 Frank Lloyd Wright Foundation / ARS, New York / SPDA, Tokyo）……口絵8頁右下

ポープ邸の透かし彫パネル（バージニア州）
（*Frank Lloyd Wright's Glass Designs* より。© 2008 Frank Lloyd Wright Foundation / ARS, New York / SPDA, Tokyo）……口絵8頁左下

祖父リチャード・ロイド・ジョーンズ（*Collected Writings*, vol. 2. より）……3

祖母マリー・ロイド・ジョーンズ（*Collected Writings*, vol. 2. より）……4

父ウィリアム・ライト（*Collected Writings*, vol. 2. より）……7

母アナ・ロイド・ライト（*Collected Writings*, vol. 2. より）……9

アルベール・アンカー「託児所」（『アンカー展カタログ』Bunkamura 刊より）……11

ルイス・サリヴァン（*Collected Writings*, vol. 2. より）……27

オーディトリアムビル（『フランク・ロイド・ライト回顧展』毎日新聞社刊より）……28

オーディトリアム劇場（『フランク・ロイド・ライト回顧展』毎日新聞社刊より）……29

ウェインライトビル（*Louis Sullivan, prophet of modern architecture* より）……32

キャサリン・トービン・ライト（デイヴィッド・ハンクス／穂積信夫訳『ライトの装飾デザイン』彰国社刊より）……34
鳳凰殿（『岡倉天心全集（第二巻）』平凡社刊より）……42
グッドリッジ邸（イリノイ州）……43
「野の花」と「野の草」（William C. Gannett, *The House Beautiful*, 1896–97 より。© 2008 Frank Lloyd Wright Foundation / ARS, New York / SPDA, Tokyo）……49
執行弘道（『フランク・ロイド・ライトと武田五一』ふくやま美術館刊より）……50
プレーリータウンの家（*Ladies' Home Journal*, 1901. 1 より）（*Frank Lloyd Wright Quarterly*, winter 2006, Vol. 17, No. 1 より。© 2008 Frank Lloyd Wright Foundation / ARS, New York / SPDA, Tokyo）……61
D・マーティン夫人（Julia Meech, *Frank Lloyd Wright and the Art of Japan* より）……68
ハーディ邸外観透視図（『ヴァスムート作品集』より）（『フランク・ロイド・ライト回顧展』毎日新聞社刊より。© 2008 Frank Lloyd Wright Foundation / ARS, New York / SPDA, Tokyo）……69
六十余州名所図絵　安房小湊（安藤広重作）（『広重の諸国六十余州旅景色』人文社刊より）……72
日本の浮世絵展（シカゴ美術館、一九〇八年）（『フランク・ロイド・ライトと武田五一』ふくやま美術館刊より）……78
フレデリック・グーキン（Julia Meech, *Frank Lloyd Wright and the Art of Japan* より）……80
クーンリー邸（『フランク・ロイド・ライト回顧展』毎日新聞社刊より）……92

ロビー邸（イリノイ州）……93
ロビー邸リビングルーム（ラーキン、ファイファー編／大木順子訳『巨匠フランク・ロイド・ライト』鹿島出版会刊より）……94
メイマ・ボースウィック・チェイニー（*Collected Writings*, vol. 2.より）……100
ユニティ教会透視図（ヴァスムート作品集より）（『フランク・ロイド・ライトと武田五一』ふくやま美術館刊より。© 2008 Frank Lloyd Wright Foundation / ARS, New York / SPDA, Tokyo）……104
初代帝国ホテル（渡辺譲設計）（『帝国ホテル百年史』より）……124
林愛作（帝国ホテル提供）（『帝国ホテル百年史』より）……125
ダイニングルームの柱とピーコックチェアー（『フランク・ロイド・ライト回顧展』毎日新聞社刊より）……140
ミリアム・ノエル（*Collected Writings*, vol. 2.より）……145
ジョン・ライト、遠藤新、F・L・ライト、林愛作（遠藤陶『ライト館の幻影』廣済堂刊より。Portrait right: ARS & SPDA, 2008）……146
バーンズドール邸「立葵の家」（ラーキン、ファイファー編／大木順子訳『巨匠フランク・ロイド・ライト』鹿島出版会刊より。© 2008 Frank Lloyd Wright Foundation / ARS, New York / SPDA, Tokyo）……178
オルギヴァナ（*Collected Writings*, vol. 2.より）……189
『タイム』一九三八年一月一七日号表紙……199

ジョンソン・ワックス本社ビル（『フランク・ロイド・ライト回顧展』毎日新聞社刊より）……… 204
アメリカン・システムビルドハウスの一モデル
（『フランク・ロイド・ライト回顧展』毎日新聞社刊より）……… 207
ジェイコブズ邸平面図（ウィリアム・A・ストラー／岸田省吾訳『フランク・ロイド・ライト全作品』丸善刊より。© 2008 Frank Lloyd Wright Foundation / ARS, New York / SPDA, Tokyo）……… 209
プライスタワー（『フランク・ロイド・ライト回顧展』毎日新聞社刊より）……… 213
葡萄図（伊藤若冲作）（ジョー・D・プライス『若冲になったアメリカ人』小学館刊より）……… 216
グッゲンハイム美術館の模型を見るライト、リベイ、グッゲンハイム
（*Frank Lloyd Wright, Guggenheim Correspondence* より。Portrait right: ARS & SPDA, 2008）……… 220
タリアセン・リビングルーム（一九二五年）
（ケヴィン・ニュート／大木順子訳『フランク・ロイド・ライトと日本文化』鹿島出版会刊より）……… 231

ライト家略系図

Richard Lloyd Jones ═ Mallie
(1799–1885) (1808–1870)

Nanny b. 1840
Jenkin b. 1843
Elinor (Nell) b. 1845
Jane b. 1848
James b. 1850
Enos b. 1853

Mary Jane (Jennie) (1869–1953)
Margaret Ellen (Maginel) (1877–1966)

═ Olga Ivanovna (Olgivanna) Hinzenberg ═ Vladimar
(1897–1985)

Frances (1898–1959)
Llewelyn (1903–1986)
Iovanna b. 1925
Svetlana (1917–1946)

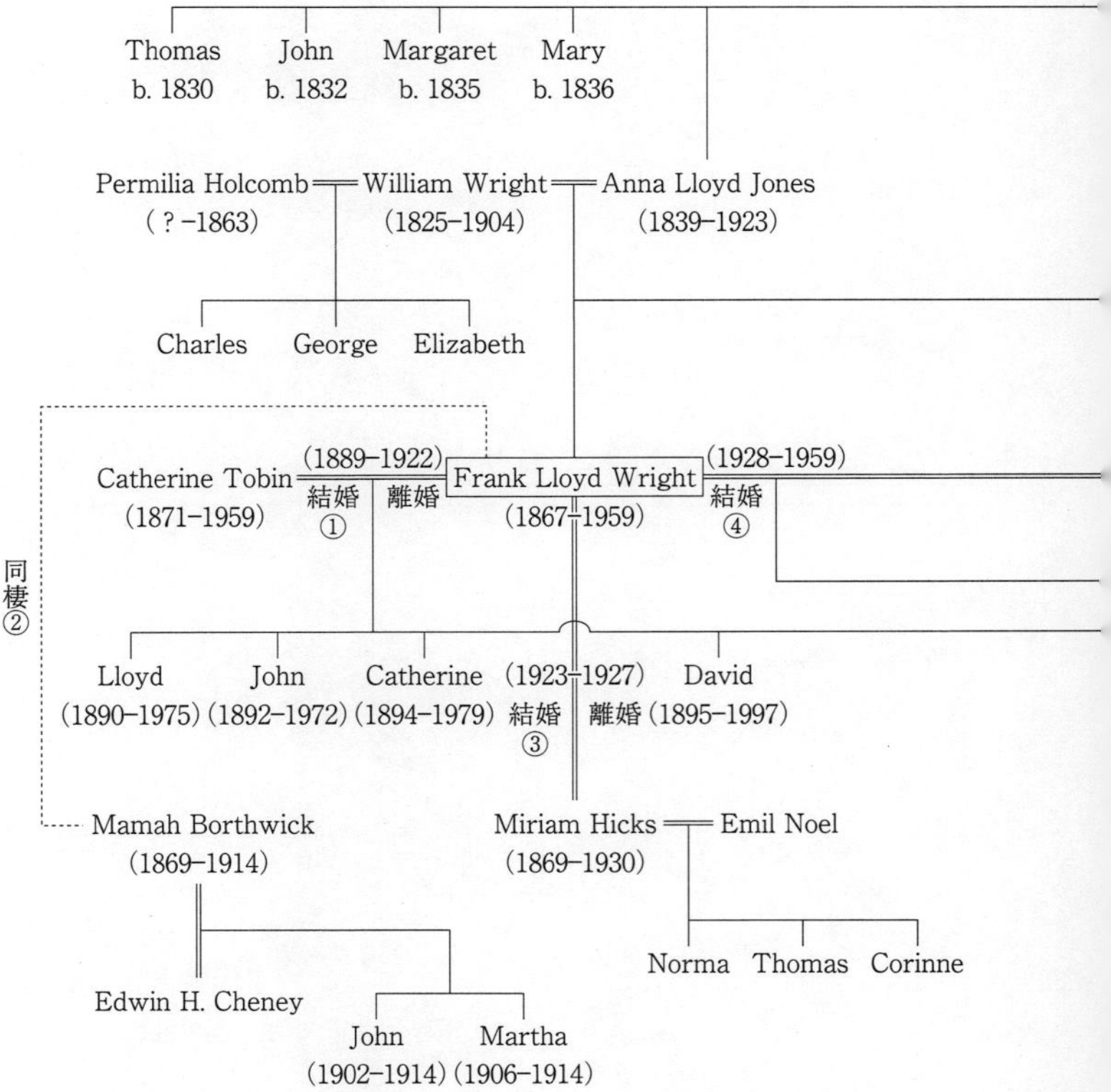
Thomas
b. 1830
John
b. 1832
Margaret
b. 1835
Mary
b. 1836
Permilia Holcomb
(? -1863)
William Wright
(1825–1904)
Anna Lloyd Jones
(1839–1923)
Charles
George
Elizabeth
Catherine Tobin
(1871–1959)
(1889–1922)
結婚
①
離婚
Frank Lloyd Wright
(1867–1959)
(1928–1959)
結婚
④
同棲
②
Lloyd
(1890–1975)
John
(1892–1972)
Catherine
(1894–1979)
(1923–1927)
結婚
③
離婚
David
(1895–1997)
Mamah Borthwick
(1869–1914)
Miriam Hicks
(1869–1930)
Emil Noel
Edwin H. Cheney
John
(1902–1914)
Martha
(1906–1914)
Norma
Thomas
Corinne

関係地図

シカゴ
タリアセン
ウェイムス
マーティン邸
リッチランドセンター
ラーキンビル
グッゲンハイム美術館
マディソン
マリン郡庁舎
ジョンソン・ワックス本社
オークパーク
バッファロー
落水荘
ブライスタワー
ダナ邸
ポープ邸
ベス・ショロム・シナゴーグ
タリアセン・ウエスト
バーンズドール邸
エニス邸他
アリゾナ・ビルトモア・ホテル
ガメッジ・オーディトリアム
フロリダ・サザン・カレッジ

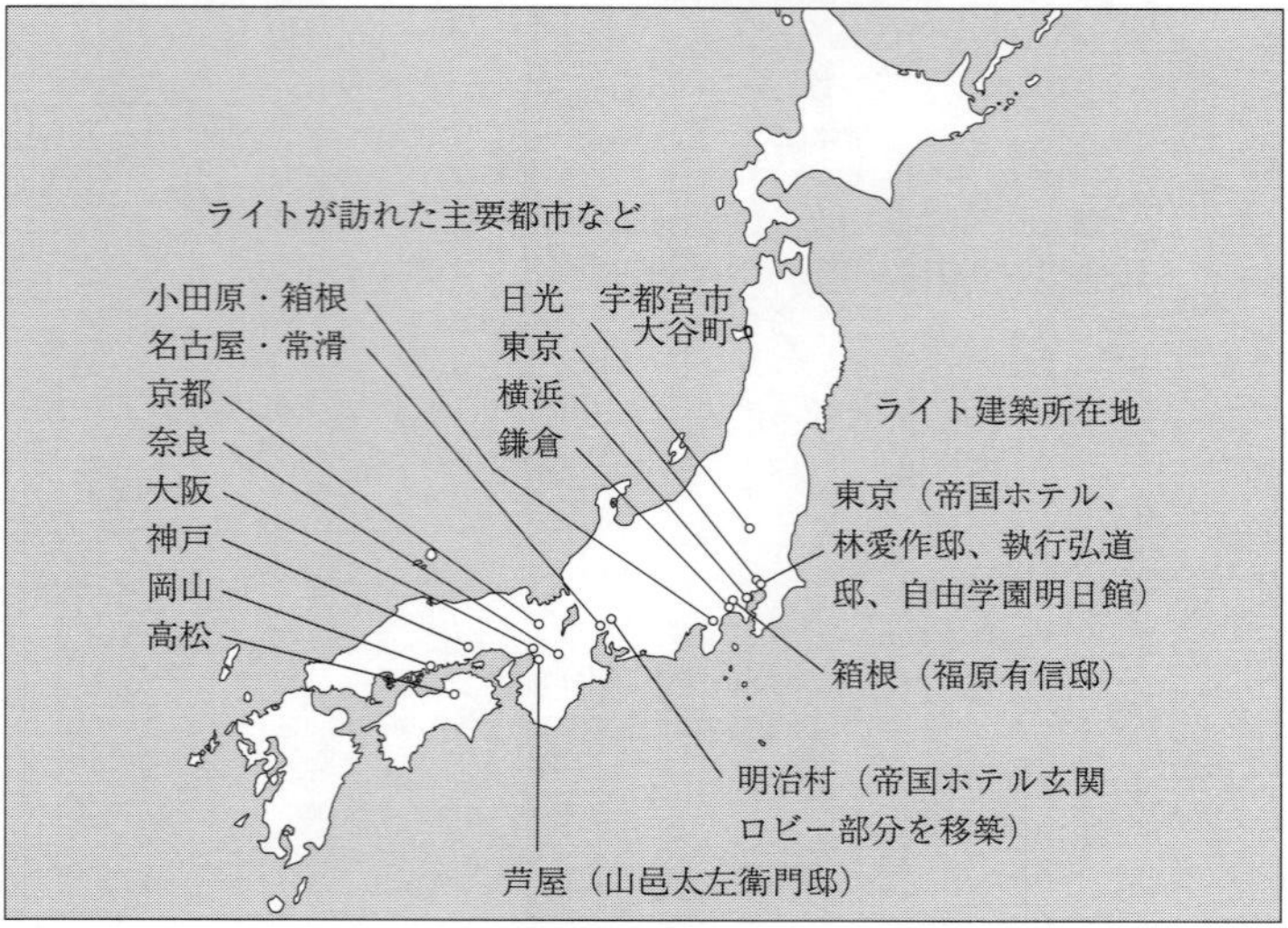

ライトが訪れた主要都市など
小田原・箱根
名古屋・常滑
京都
奈良
大阪
神戸
岡山
高松
日光
東京
横浜
鎌倉
宇都宮市
大谷町
ライト建築所在地
東京（帝国ホテル、林愛作邸、執行弘道邸、自由学園明日館）
箱根（福原有信邸）
明治村（帝国ホテル玄関ロビー部分を移築）
芦屋（山邑太左衛門邸）

ライトの来日と帝国ホテルに関する年表

年月日	ライトを巡る主要な出来事	備考
1905年(明治38年) 2月14日	オークパーク出発。	同行者：妻キャサリン，ウィリッツ夫妻。
2月21日	ヴァンクーヴァー発（エンプレス・オブ・チャイナ号)。	
3月7日	横浜着(第1回目来日)。53日滞在。	
4月28日	横浜発（エンプレス・オブ・インディア号)。	
5月14日	オークパーク着。	
1909年(明治42年) 8月18日	林愛作，帝国ホテル支配人に就任。	
1911年(明治44年)秋	グーキンから帝国ホテル設計の打診。	
1912年(明治45年) 2月3日	ジャパン・タイムズ，帝国ホテル新ホテル計画案を報道。	
7月頃	林愛作とホテル設計の交渉開始。	
1913年(大正2年) 1月11日	タリアセン出発。 船を逃して，カリフォルニアで2週間過ごす。	同行者：メイマ・ボースウィック。
2月14日	日本着（第2回目来日)。約3ヶ月滞在。	
5月17日	横浜発。	
1916年(大正5年) 1月	林愛作一行，タリアセン到着。	
3月17日	林とライト，契約覚書取り交わす。	
11月22日	臨時株主総会で新ホテル建設を決議。	
12月28日	タリアセン出発。	同行者：ジョン・ライト（次男)。
1917年(大正6年) 1月9日	横浜着（第3回目来日)。約3ヶ月滞在。	
4月21日	横浜発。	遠藤新を伴って帰国。
1918年(大正7年)春頃	井上邸の設計料を巡り次男と衝突。	ジョン・ライト帰国。
10月30日	タリアセン出発。	同行者：ミリアム・ノエル。
11月17日	横浜着（第4回目来日)。約9ヶ月滞在。 この滞在の間，北京を訪問。ホテル用の絨毯を特別注文。	12月29日遠藤新，横浜着。

1919年(大正８年)	６月	施工技師ミュラー来日。	電気技師スミス同行。
	９月	新ホテル建設起工。	
	９月	タリアセンに戻る。	
	９月	レーモンドに助力を要請。	
	12月16日	タリアセン出発。	同行者：ミリアム・ノエル，レーモンド夫妻。
	12月27日	帝国ホテル別館全焼。	
	12月31日	横浜着（第５回目来日）。約６ヶ月滞在。	
1920年(大正９年)	１月	別館の設計。４月竣工。	
	１月	病に倒れる（３月２日母親来日）。	
	３月２日	新ホテルの基礎工事完了。	
	６月	横浜発。	
	７月10日	タリアセン到着。	
	12月16日	タリアセン出発。	
	12月28日	横浜着（第６回目来日）。約５ヶ月滞在。	
1921年(大正10年)	２月	レーモンド，ライトのもとを去る。	
	５月	米国に戻る。	
	６月初め	タリアセン到着。	
	７月30日	タリアセン出発。	同行者：ミリアム・ノエル。
	８月15日	横浜着（第７回目来日）。約11ヶ月滞在。	秋頃からライトへの批判高まる。
1922年(大正11年)	４月16日	帝国ホテル本館地下室から出火，全焼。	
	４月20日	林愛作ら取締役一同辞表提出。	
	７月１日	新ホテル一部（北翼の客室と中央棟の食堂）開業。	
	７月22日	横浜発。	
	８月１日	シアトル着。	
1923年(大正12年)	８月	新ホテル全館完成。	
	９月１日	新ホテル落成記念式典予定。関東大震災。	

凡　例

○英文の引用文の訳は筆者による。
○本文並びに引用文中の［　］の中の説明は筆者による。
○引用文中の旧字体の漢字は新字体に改めた。
○引用文の途中を一部省略した場合は、その個所に……を挿入した。

第一章　幼少年時代

1　ライトの家系

ウェールズからの移民

一八四四年秋、ライトの母方の祖父リチャード・ロイド・ジョーンズ（一七九九～一八八五）は、妻マリー（一八〇八～七〇）と十四歳の長男以下七人の子供達を連れて、ウェールズの小村ランディシュルを出発し、新大陸アメリカに向かった。貧しいユニテリアン教徒の農民一家にとって、アメリカは、富と自由の希望の大地であった。一家は二ヶ月に及ぶ帆船の辛い旅の末、十二月ニューヨークに到着した。言葉が通じなくて苦労したが、蒸気船でハドソン川を北上し、汽車と船を乗り継いで、翌年春にはウィスコンシン州ミルウォーキーに到着した。途中幼い娘が命を落としたが、祖父は神に祈って、歩を進めた。一家はミルウォーキーの西二五キロのイクソニアに落ち着き、十一年余りそこで暮らした。一八五六年、一家は西に移動し、ウィスコンシン州の州都マディソンの西五〇キロに位置するスプリング・グリーンのヘレナ谷に到着した。故郷ウェールズの美しい自然を思わせるヘレナ谷は、ウィスコンシン川に沿った肥沃な土地であった。祖父と伯父達はこの土地を開拓し、一八六四年、ついに政府から一八〇〇エーカー（約七・三平方キロメートル）の広大な土地を購入した。祖父の長年の夢が叶い、ロイド・ジョーンズ家は、アメリカの土地にしっかりと根を下ろした。

開拓地アメリカ

まだインディアンが行き交う中、森を切り開き、丸太小屋を建て、家畜を飼い、作物を育てて、必死に生きた開拓民の祖父母一家の生活は、ライトと同じ年に、同じウィスコンシン州で生まれたローラ・インガルス・ワイルダー（一八六七～一九五七）のベストセラー小説『大草原の小さな家』シリーズに描かれたような生活であった。ワイルダー家の疲れを知らない働き者の父、家庭を守る優しい母、教師となる娘はそのままロイド家に当て嵌《は》まる。

当時の様子は、ロイド一家より二年早い一八四二年にアメリカを訪れた、イギリスの人気作家チャールズ・ディケンズ（一八一二～七〇）の『アメリカ紀行』からも窺うことができる。ピッツバーグからシンシナティに向かう途中に見た開拓地を、ディケンズは次のように描写した。

ひどく淋《さび》しいこれらの場所は、何マイルも、何マイルも、さらに何マイルも、人が住んでいる気配もなく、人がいた痕跡もなく、また青いカケス以外には、あたりで動いているものもない。その鳥の色はとても鮮やかで、それでいて繊細《せんさい》で、まるで花が飛んでいるかのように見える。かなり長い合間があって、一軒の丸太小屋が現われる。周辺に少しばかりの切り開かれた土地があり、高台の下のほうにその小屋は心地よさそうにねぐらを構え、青く細長い煙をくねらせるように空に立ちのぼらせている。その小屋はやせた小麦畑の一角にあり、その畑は、肉屋の泥だらけの肉切り台のような大きな不格好な切り株でいっぱいである。（ディケンズ『アメリカ紀行』上、三五二〜三五三頁）

ディケンズによると、当時のイギリスでは、アメリカの「大草原《プレイリー》」が「ほかのことは何もかも忘れてその光景に没入する」ほど見事で、「その風景が見る者の人生の中で一つの転機となって、まったく新しい一連の感覚を目覚めさせる」と評判になっていた。

祖父リチャード・ロイド・ジョーンズ
（*Collected Writings,* vol. 2. より）

祖父母

ウェールズからアメリカに渡ってきたライトの母方の祖父リチャード・ロイド・ジョーンズは、農夫であり、帽子作りの名人であった。強靱な肉体と精神の持ち主で「疲労に疲労を重ね、さらに疲労を重ねて働く」ことを信念とした。一一人の子を儲け、八十六歳まで生きた。孫のライトも驚くべき勇気、信念、開拓精神の持ち主で、「疲労に疲労を重ね、さらに疲労を重ねて」、数々の困難を乗り切っていった。ライトは七人の子を儲け、

祖母マリー・ロイド・ジョーンズ
（*Collected Writings*, vol. 2. より）

九十一歳まで生きた。

祖父は熱心なユニテリアン教徒で、教会で説教することもあった。聖書を片手に馬に跨り、孫達にイザヤ書の第四〇章「草は枯れ、花はしぼむ。しかし、われわれの神の言葉はとこしえに変ることはない……」を暗誦させた。

祖母マリーはウェールズの教会でリチャードの説教を聴いて恋に落ち、家族の反対を押し切って結婚した。傷ついた木の幹に布を巻いて手当をする優しい心の持ち主で、ウェールズの家の庭に咲く花の種をアメリカまで持って来た。ヘレナ谷の家の周りには「おばあさんのポプラ」が立ち並び、「おばあさんの花々」が美しく咲いていた。

ライトの母もライトも木や花が大好きで、いつでもどこでも部屋中に飾った。木や花々はライト建築の一部となった。

両親の結婚

祖父リチャードと祖母マリーの十人の子供達は大工、農夫、牧師、教師になった。三女アナ（本名はハンナ、一八三九～一九二三）は教えることが好きで、地元の学校の教師となった。一八六六年、二十八歳のアナは東部コネティカット州ハートフォード出身のインテリ教育監督官ウィリアム・ラッセル・ケアリー・ライト（一八二五～一九〇四）と知り合った。

ウィリアムはバプティスト派の牧師の息子で、アマースト大学（聖職者の養成を目的とする大学で、後には新島襄や内村鑑三も学ぶ）で法律を学び、バプティスト派の牧師の資格を持っていた。親戚にはジェームズ・ラッセル・ローウェル（一八一九〜九一）、エイミー・ローウェル（一八七四〜一九二五）、アリス・ケアリー（一八二〇〜七一）、フィービー・ケアリー（一八二四〜七一）といった有名な詩人がいる。エイミー・ローウェルはイマジストの詩人で、俳句の影響を受けた詩を詠んだことで知られる。

ウィリアムは一八五九年ヘレナ谷に近いローンロックに赴任し、法律や教育関係の仕事に従事した。その地で結婚し、三人の子供を儲けた。四人目の子供の出産の時に妻子を失った。その頃彼の監督下にある教師の一人、アナ・ロイドと知り合い、一八六六年八月十七日に結婚した。ウィリアム四十一歳、アナは二十七歳であった。ロイド家は、ウィリアムが牧師となることを望んだ。八ヶ月後、ウィリアム・ライトは牧師職の空きを見つけ、一家は二〇キロ北西のリッチランド・センターに移った。

ライトの誕生

一八六七年六月八日、ウィリアムとアナに男の子が生まれた。ライトの『自伝』では二年後の一八六九年生まれとなっているが、それは一九二八年、破産したライトを救済するために有志がライト株式会社を設立した時、ライトの年齢が六十代の六十一歳よりは五十代の五十九歳の方が株主を募りやすいと考えたからだったようだ。それ以後ライトは一八六九年生まれということになり、二歳年下の妹と誕生年を争ったという笑い話がある。

南北戦争の英雄で、民主主義を主張するリンカーン大統領（一八〇九〜六五）を尊敬していた父親は、息子をフランク・リンカーンと命名した（両親の離婚後、ライトはミドルネームを母親の旧姓のロイドに変えた)。建築家となったライトは、「アメリカの民主主義を体現する」住宅を作るという点を強調するが、リンカーンというミドルネームをもらったことと無関係ではないだろう。

牧師となった父親は定職を得ることができず、一家は職を求めて、アイオワ州、ロードアイランド州、コネティカット州、マサチューセッツ州と七年間に四つの州の六つの町に移り住んだ。一八七四年、ライト七歳の時、父はようやくマサチューセッツ州ウェイムスのバプティスト教会に牧師職を得て、一家はボストンの南二〇キロにあるこの町で四年間暮らした。ライトは小学校に通い、お絵描き教室にも通った。

音楽好きの父は教会にパイプオルガンを設置した。幼いライトはオルガンの空気送りをやらされ、美しい調べにうっとりしつつも、辛い仕事に涙を流し、失神することもあった。

ライトが十歳の時、父はバプティスト派から、妻のユニテリアン派に改宗した。一家は妻の実家のあるウィンスコンシン州に戻り、マディソンに居を定めた。父親は牧師や音楽教師として生計を立てた。

音楽好きの父

父親の生き甲斐は音楽であった。父はピアノ、オルガン、ヴァイオリンを弾き、歌を歌い、作曲をした。幼いライトは父からピアノの手解きを受け、父の弾くバッハやベートーヴェンを聞きながら眠りに就いた。幼いライトはインクで顔を真っ黒にして作曲に没頭する父を笑った。しかし、「交響曲は音の建物である」という父の言葉はライトの胸に深く刻まれた。

> 時々扉が開いて、音楽の美しい意味と構造がはっきりと見えてくる。すると、また扉が閉じて、意味がぼやけてしまう。しかし、音楽には必ず意味がある。父は、交響曲を建物、音による建物とみなすことを教えてくれた。
>
> （Wright, *An Autobiography,* p. 13）

ライトの建築には音楽的リズムがある。ライトは帝国ホテルを「オリエンタル・シンフォニー」、バーンズドール邸を「カリフォルニア・ロマンツァ（歌うような感じの短い器楽曲）」などと呼んだ。ライトは生涯ピアノを離さず、彼のリビングルームには必ず一台、時には数台のピアノがあった。東京の帝国ホテルの仕事部屋にも、グッゲンハイム建設中に宿としていたニューヨークのプラザホテルの一室にもピアノが置かれた。ライトにとってピアノは発想の源であり、心の慰めであった。そして、十八歳の時に別れてからは二度と会うことがなかった父親の形見だったのかもしれない。

父ウィリアム・ライト
（*Collected Writings,* vol. 2. より）

　ライトはキャサリンとの間に生まれた六人の子供達全員に楽器を習わせて、オークパークの自邸で合奏を楽しんだ。彼が創設した建築家養成塾タリアセン・フェローシップでは毎週日曜日に、塾生による合奏や合唱の夕べが開かれた。

　ライトの『自伝』の各章の第一節は「前奏曲」「間

奏曲」「賛美歌」「労働歌」と名付けられた。ライトは音楽と共に生きたといえよう。

2　息子を建築家に

母の願い

　母親は生まれてくる子供を建築家にすると決めていた。夫が購読していた『オールド・イングランド』から、イギリスの大聖堂《カテドラル》の木版画を一〇枚切り抜いて赤ん坊の部屋に飾った。イギリスの大聖堂といえば十一〜十三世紀に建てられたカンタベリー、ダラム、ソールズベリー大聖堂などが有名である。中世人の神への信仰が一つ一つの石、一枚一枚のステンドグラスに表されているといわれる。尖塔、小尖塔が林立するゴシック大聖堂の姿は、多数の枝を持つ木々が立ち並ぶ針葉樹の森のようである。これらの大聖堂の建設に当たったのは、コンパスと曲尺《かねじゃく》を持って形を決めていった棟梁《マイスター》であった。このような中世の建築観、中世の建築家の姿がライトに大きな影響を及ぼすことになる。ライト自身が、コンパスと曲尺を持つ、マイスターとなる。

　ゴシックの大聖堂に魅せられて建築家を目指した一人に、ウィリアム・モリス（一八三四〜九六）がいる。ライトの母はモリスを理想の建築家と考えていたようである。

　モリスにとって建築とは至高の芸術であった。

　彼（モリス）にとって、建築という語は、その時もまたいつでも、無限の意味を、あるいはほとんど超越的といってもよいかもしれぬ意味になっているものであった。彼にとって建築とは、無数の源泉から生まれてそれに奉仕するすべての他の個別の芸術と無数の点で結びつき、それ自身すべての秩序、麗しきものと優美なものの、いな、人間の世界を支持し、人間の生のあるがままにあらしめる神秘と法則の、手に触れられる形の表現なのであった。（J・W・マッケイル『ウィリアム・モリスの生涯』第三章、一八九九年――南川三治郎『ウィリアム・モリスの楽園へ』一四～一五頁からの再引用）

母親が愛読した詩人ウォルト・ホイットマン（一八一九～九二）は、「回転する地球の歌」（『草の葉』収）の中で、建築家を次のように描いた。

詩人よ唱え、歌人よ歌え、
掘れ、練れ、大地の言葉を積み上げよ。
ひたすら働け、いつまでも、休むことなく。
先のことかもしれないが　それらは必ず使われる。
材料がそろえば　建築家が現れる。

誓っていい、必ず建築家が現れると。
誓っていい、建築家は君達を理解し評価してくれると。

母アナ・ロイド・ライト
（*Collected Writings,* vol. 2. より）

（富岡義人『フランク・ロイド・ライト』一〇二頁、訳は筆者による）

ライトの母親にとって建築家とは、無限の可能性を持つ、神に最も近い芸術家であった。

フレーベルのギフト

一八七六年、フィラデルフィアでアメリカ独立宣言起草百周年を祝う万国博覧会が開かれた。博覧会のテーマの一つは「教育と科学」であり、アメリカ教育史においても、特に幼稚園の普及に拍車をかけた重要なイベントであった。日本の文部省の田中不二麿（一八四五〜一九〇九）もわざわざ日本から視察に訪れた。文部省の留学生で、フレーベル教育に関心があった伊澤修二（一八五一〜一九一七）は何度も会場に通った。日本人視察者の報告書の中には「フローベル氏法幼稚園」についてのレポートもあった（奥中康人『国家と音楽』一三四〜一三五頁）。

ライトの母親は会場で「フレーベルのギフト」と呼ばれる知育玩具を見つけた。それは建築家にすると決めていた息子のための理想的な玩具であった。

フリードリッヒ・フレーベル（一七八二〜一八五二）はドイツ人の幼児教育の開拓者で、子供が育つのにふさわしい幸せな環境を提供すること、子供の自主的な遊びを大切にすることを柱に、一八三〇年代ドイツで初めて幼稚園を作った（日本で幼児向け絵本雑誌を発行しているフレーベル館の社名は、フリードリッヒ・フレーベルに由来する）。

英語で「幼稚園」という単語は、ドイツ語のキンダーガーテン（Kindergarten）を借用している。

キンダーガーデンとは「子供の園」という意味で、フレーベルが「エデンの園」を踏まえて作った言葉である。

フレーベルは熱心なクリスチャンで、自然の中に神の存在を感じ、子供達にも物事の表面だけでなく、その奥にあるものに気付かせようとした。その助けとなるように考案されたのが「ギフト」であった。ギフトとは玩具であり、贈り物であり、恩寵《おんちょう》であった。息子を、神を知る建築家にしたいと考えていたライトの母親にとっては、まさにギフトであった。

アルベール・アンカー「託児所」
（『アンカー展カタログ』より）

フレーベルのギフトは積み木、厚紙、折り紙、紐、鉛筆、絵具、粘土などの知育玩具や工作用具一式から成る。子供は自分の目でよく見、頭で考え、指を使って様々な形を作る。その過程で、大きさ、色、形、材質を知り、自分でデザインすることを学ぶ。スイスの国民的画家といわれたアルベール・アンカー（一八三一〜一九一〇）には、フレーベルの積み木で遊ぶ子供達を描いた作品がある（「託児所」一八九四年）。

「ギフト」を見つけたライトの母親は、早速ボストンに行き、遊ばせ方の講習を受けた。それからは台所の食卓が八歳のライトと六歳の妹ジェーンの学習の場となった。ライトはギフトに夢中になった。晩年ライトは、その時の指の動きや感触を一生忘れることがなかったと語った。

一八九五年、四人の子供の父親となったライトは、オークパークの家の二階に広いプレイルームを増築した。美しいオーク（樫）の丸天井と床、天窓とステンドグラス、行灯《あんどん》風の照明器具、『アラビアンナイト』の一場面を描いた壁絵、ピアノが置かれた芸術空間は、ライトから子供達への贈り物であった。棚の上にはフレーベルのギフトが並べられた。

農場での修業

幼いライトは教師であった母親からよく本を読んでもらった。お伽話や『アラビアンナイト』、そして、炉辺《ろばた》詩人と呼ばれたジョン・ホイッティア（一八〇七〜九二）やヘンリー・ロングフェロー（一八〇七〜八二）等、十九世紀アメリカの詩人の詩が多かった。父親も読書家で家にはたくさんの本があった。ライトは、学校の成績は必ずしもよくなかったようだが、知的な両親から音楽、絵画、工作、文学の魅力をたっぷり教わって育った。

男子は体が丈夫でなくてはならないと考えた母親は、室内で遊ぶことが好きな息子を、ヘレナ谷の農場で働く弟ジェームズのもとに夏休みの間預けることにした。ジェームズ叔父は甥のフランクに搾りたての牛乳を飲ませようと、乳牛を馬車に引かせて、五〇キロの道のりをはるばるやって来た。叔父はライトを牛飼いにすると母に約束した。この時ライトは十一歳。両親、妹、本、音楽、町の生活に別れを告げて、叔父と農場に向かった。

まだ暗く寒い朝の四時、フランク少年は叩き起こされて乳搾りをする。午前中は仔牛に乳を飲ませ、薪を運ぶ。午後は塀作りの手伝い。夕方になると牛を牧場から連れ戻す。夕食後は再び乳搾り。ぐったり疲れて七時半に就寝。眠りに就いたと思うとすぐに夜が明ける。叩き起こされて、また辛い一日が始まる。こんな日々が四月から新学期が始まる九月半ばまで半年程続く。あまりの辛さに少年は二度脱走したが、すぐに見つかって連れ戻された。

楽しいこともあった。牛飼いの仕事をしながら、少年は木、草、花と語り合い、虫や動物と友達になった。耳をそば立て、目を凝らし、手で触れながら自然を読み解いた。帽子も被らず、靴も履かず、直接自然に触れて自然を学んだ。

日の出から日没まで、このウィスコンシンの自然ほど美しい園はない。そして夜は見事な藍色の世界……

輝く白樺、塀や木に巻きつく野ブドウ、まっ赤なハゼノキ、深紅の木の実……

少年は「ご婦人のスリッパ草(1)」がどこにあるか、なぜなのかを知っていた。黄色の花のスリッパ草がどこで、白と紫の珍しい品種がどこに隠れて咲いているかを知っていた。

森の奥深くに咲く「説教壇のジャック(2)」、日当たりのよい丘に生える野苺、丘の泉から湧き出る冷たい水の中に生えるクレソンの在り処《か》も知っていた。

背の高いケンタッキー＝ブルーグラス(3)の緑の上に漂うまっ赤な百合を一番先に見つけるのは彼だった。木の実や木苺があるところには必ず彼がいた。

一面の緑の中に百合の紅一点を見つけると彼の心は踊った。後にこの紅い点は彼の設計図の落款となり、彼の建物の標識となった。

（1）花の形がスリッパに似た蘭科の多年草。花は紅紫色が多い。敦盛草《あつもり》。
（2）サトイモ科の天南星《しょう》。
（3）イネ科。雀の帷子《かたびら》。
（*An Autobiography*, p. 26, 注は筆者による）

百合の赤は朱肉の色に近い。浮世絵の落款からヒントを得て、ライトは自分の印を作ったのだろう。赤い正方形の印は、設計図は勿論、名刺や、著作のカバーや本文の中にも使われて、ライトのシンボルマークとなった。

六日間の辛い労働の後の日曜日は安息日であった。ロイド一族がヘレナ谷のチャペルに集まり、聖書を読み、賛美歌を歌い、シカゴの有名な牧師となったジェンキン叔父の説教に涙を流した。午後は楽しいピクニック。フランク少年は御馳走を食べ、従兄達と遊んだ。

春と夏をロイド家の農場で過ごす生活はライトが十六歳になるまで五年間続いた。

3　建築の勉強

ウィスコンシン大学

音楽に夢中で家族を顧みない父、息子だけが生き甲斐の母、二人の仲は年とともに冷めていった。一八八三年、父は家を出た。一八八五年、二人は離婚した。ライトは十七歳だった。

両親の離婚のせいか、成績のせいか、ライトは高校を卒業していない。母と二人の妹を抱えたライトは、マディソンの建築事務所で働き始めた。所長のアレン・コノヴァーがウィンスコンシン大学工学部長であったため、ライトは午前中聴講生として大学に通うことができた。午後は建設現場で働いたり、事務所で製図の手伝いをした。

大学には一八八五年の全三学期と八六年の二学期間だけ在籍して、必修外国語（フランス語を選択）、英作文、幾何学、製図法、切石法の授業を聴いた。後にライトは、卒業直前まで在籍したと語るが、それは正しくない。

この時期、ライトは暇を見つけて、古典や詩、そして建築関係の本をたくさん読んだ。

貪欲な学生の私はこの頃、家でカーライルの『衣裳哲学』『英雄崇拝論』『過去と現在』、父の皮製本のプルターク『英雄伝』、ラスキンの『フォース・クラヴィジェラ』［イギリスの職人および労働者への手紙］、『近代画家論』『ヴェネツィアの石』（ネルとジェーン叔母達からのプレゼント）、モリスの長篇叙事詩『ジグルド王』、シェリー、ゲーテの『ヴィルヘルム・マイスター』、ウィリアム・ブレークを少し、ユゴーの『レ・ミゼラブル』、ヴィオレ・ル・デュクの『建築講話』を読んだ。

（*An Autobiography*, p. 53）

ライトは十四歳の時に読んだヴィクトル・ユゴー（一八〇二〜八五）の『パリのノートル・ダム』の

中の一節「人々はルネサンスを文明の夜明けとみなしたが、実は夜の始まりであった」を繰り返し引用するが、ジョン・ラスキン、ウィリアム・モリス、ヴィオレ・ル・デュクらの著作を読んだライトが、ルネサンスよりもゴシック建築の世界に惹かれていたことがわかる。

『建築講話』　建築家になったライトの次男が『わが父フランク・ロイド・ライト』の中で興味深い話を紹介している。父は彼が建築家になることを勧めなかったが、次男はどうしても建築の勉強がしたかった。そこで一九一三年、ウィーンの近代建築の父といわれるオットー・ワーグナー（一八四一〜一九一八）に弟子入りさせてくれと手紙を書いた。来いという返事が来たので父にウィーン行きの旅費をせがむと、それより自分の事務所に来いという。どうやって建築を勉強すればよいかと尋ねると、仕事を通してだという。数日後、父はヴィオレ・ル・デュクの『建築講話』二巻（一八六〇年、英訳一八七五年）を大事そうに抱えて部屋に入って来た。あちこちで探してついにニューヨークの本屋で見つけたという。そしてこの二冊の中に、建築について重要なことは全て書かれていると言った。

ユージェーヌ・ヴィオレ・ル・デュク（一八一四〜七九）はフランスの建築理論家、修復家で、ヴェズレーのロマネスクの教会やパリのサント・シャペル、ノートル・ダム寺院、アミアンの大聖堂などの修復を手掛けた。その際、過去の様式をそのまま再現するのではなく、近代の精神を盛り込んだ形で修復した。彼はエコール・デ・ボザール（国立美術学校）のアカデミズムと歴史主義に反対し、ゴシック・リヴァイヴァル運動の中心的人物であった。

『建築講話』の中の「様式とはインスピレーションである。しかし、インスピレーションは理性によって厳密に分析されなくてはならない」「表現は簡潔に。必要なものを必要な位置に必要な材料で作ると、自ずから最適な形が生まれる。これが様式である」「ただ模写するのではなく、その精神を摑んでから模写すること」などの教えはライトの建築哲学の要となり、ライトの詩的発想の理性の柱となった。

ヴィオレ・ル・デュクの著作は近代建築のバイブルといわれ、オーギュスト・ペレ（仏、一八七四～一九五四、コンクリート建築の先駆者）、ヘンドリック・ベルラーヘ（蘭、一八五六～一九三四、ライトの建築をオランダに紹介した）、ペーター・ベーレンス（独、一八六八～一九四〇、グロピウス、ル・コルビュジエ、ミースは一時期彼の事務所で働いた）、アントニオ・ガウディ（西、一八五二～一九二六）らも愛読した。

ラスキンとヴィオレ

ライトの建築哲学の一つの柱はヴィオレであったが、もう一つの柱は、イギリスの美術批評家で著述家のジョン・ラスキン（一八一九～一九〇〇）であった。ヴィオレもラスキンも十三世紀のゴシック様式を賛美し、石の建築を愛した。フランス人のヴィオレは理性に訴えるゴシックの構造の美しさに注目し、イギリス人のラスキンは感性に訴えるゴシックの装飾の美しさに惹かれた。ヴィオレは合理的な構造体を設計した知的な建築家を称え、ラスキンは教会に美しい彫刻を施した名もなき石工を称えた。

ラスキンは敬虔なクリスチャンで、建築を神への捧げ物とみなした。そのラスキンと、ライトの師となるルイス・サリヴァンの花のデッサンはよく似ていた。二人は装飾に植物模様を好んで用いた。他方、急進派で不可知論者のヴィオレは、装飾よりも合理的な形の方に関心があり、形は機能に則すると考えた。彼の考えがサリヴァンの有名な「形態は機能に従う」やライトの「形態と機能は一つ」という考えに発展していく。

サリヴァンもライトもラスキンとヴィオレから大きな影響を受けた。西洋の建築がラスキンやヴィオレを越えて、モダンデザインに向かうのは一八九〇年代以降のことであるが、ライトは正にその直前に建築の勉強を始め、ボザール派の信奉するルネサンスではなく、ラスキンとヴィオレからゴシック建築の精神と哲学を学んだのであった。

夢はシカゴ

一八八六年、ジェンキン叔父の提案で、ロイド家はヘレナ谷に一族のチャペルを建てた。設計は叔父の友人で、ユニテリアン教徒の建築家ジョゼフ・シルスビーが行った。大学生のライトは初めて自分の設計図を描き、内装を手伝った。

ライトは大学の規則に縛られた生活に馴染めず、また非実用的な大学の学問に疑問を懐《いだ》いた。彼は叔父や建築事務所の所長コノヴァーが語るシカゴの町、シカゴの建築に夢を見た。「シカゴに行きたい」とライトは母親に懇願した。

お母さん、シカゴには建築家がいます。立派な建物もあるはずです。僕は建築家になりたい。それはお母さんの望みでしょう。それならここにいては駄目です。コノヴァー先生は立派な技師だが、建築家ではありません。大学ではひたすら図面を描くだけ。建築の一般論を学ぶだけ。これではお金の無駄です。うちにはお金が無い。お母さんが苦労して稼いだお金を無駄にしたくないのです。

（*An Autobiography*, p. 59）

だが、母もシカゴの叔父も、まずは大学を卒業すべきだと言う。ライトは一人、秘かにシカゴ行きを決心する。父の書棚から革装丁のプルターク『英雄伝』（父とライトの愛読書であった）、ギボンの『ローマ帝国滅亡史』他数冊と、母が彼の外套に付けてくれた母のミンクの襟巻を質屋に預けて、シカゴ行きの切符を買った。ライトは僅か七ドルを手に、二〇〇キロ離れた「夢の都」シカゴに向けて旅立った。四十二年前に祖父がアメリカを目指してウェールズを旅立った時のように、大きな希望と不安で胸を膨らませて。一八八七年一月、ライトは十九歳であった。

第二章　シカゴ時代

1　シルスビー事務所

シカゴの印象

ライトは、父親の知の象徴である本と、母親の愛の象徴である襟巻を質屋に預けて、一人シカゴに旅立った。ライトの『自伝』は、ここから、主語がそれまでの三人称の「彼」から、一人称の「私」に変わる。ライトは受け身の人生に別れを告げて、ここからは自分で自分の人生を切り開いていく。

ウィスコンシンの田舎町からシカゴの大都会に出て来たライトは、初めて見る電灯の眩しさと人々の冷淡さに驚いた。

シカゴ。ウェルズ通り駅。一八八七年、晩春の午後六時。霧雨。駅と街路のパチパチ音をたてる白いアーク灯。眩しく醜い。電灯を見るのは初めてだ。

人の群れ。無情な人々。他人には全く無関心だ。

そんな連中には何も尋ねたくない。黙って群衆に従う……。

シカゴはどこ？　近く？……。

今夜はどこで過ごそう。誰かに尋ねたいが、冷淡な群衆は僕を無視して足を速める。

南へ流される。ここがシカゴだ。何と冷たく、暗く、青白く、湿っぽいのか。アーク灯の恐ろしい光が辺り一面を照らす。おー寒い。あーお腹が空いた。


(*An Autobiography*, p. 63)


短い単語を羅列した文章が、ライトの不安と恐怖を表わす。初めての大都会で一人ぼっち。右も左もわからない不安。

数ヶ月後、同じ歳の一人の日本人がシカゴに到着した。ビジネス・カレッジに入学する予定の南方《みなかた》熊楠《くまぐす》（一八六七〜一九四一）である。南方にはシカゴが「ずいぶん風儀の悪しき生き馬の目をぬくような所」に思えた。南方はすぐに立ち去って、隣のミシガン州の静かな田舎町ランシングにある農業専門学校に入学した。

十八年後の一九〇五年三月、ミシガン州カラマズーからシカゴにやって来た永井荷風（一八七九〜一九五九）にとってもシカゴは恐ろしい「怪物《モンスター》」であった。

空は三月の常として薄暗い上に、左右からこれらの高い建物に光線を遮られたので、大通の間々《あいだあいだ》は塵とも烟ともつかぬ、まるで闇のような黒いものが渦巻き動いている。そして今しも石橋を渡り尽した無数の男女の姿は呑まれる如くに、見る見る中にこの闇の中――市俄古《シカゴ》なる闇の中《うち》に見えなくなってしまうのであった。自分は非常な恐怖の念に打たれた。

（永井荷風「市俄古の二日」『あめりか物語』二六二～二六三頁）

ライトは安宿で一夜を過ごすと、電話帳で建築事務所を探し、次々と訪ねるが、全く相手にされない。仕方なくジェンキン叔父の友人で、ロイド家のユニティチャペルを設計したシルスビーの事務所を訪ねた。そこでトレサー（原図の上に薄紙をあてて敷き写しをする人）として雇ってもらった。週給八ドルであった。

シルスビー　ジョゼフ・ライマン・シルスビー（一八四八～一九一三）は、マサチューセッツ州セーラム出身で、ユニテリアンの牧師の息子であった。ハーバード大学を卒業後、MIT（マサチューセッツ工科大学）で建築学科の第一期生として学んだ。ヘンリー・リチャードソン（一八三八～八六、ボストンのトリニティ教会が有名）のロマネスク様式を好んだ。絵が得意で、MITを卒業後、ヨーロッパをスケッチ旅行した。帰国後は大学で教え、バッファローに建築事務所を開き、一八八六年シカゴに移ったばかりであった。

クィーン・アン様式（イギリス人の好む伝統様式の魅力的な諸要素を巧みに利用したピクチャレスクな折衷

様式）やシングル・スタイル（柿葺《こけらぶ》き）の優雅で上品なシルスビーの住宅は人気があった。ライトが入所した時には、シカゴ郊外のエッジウォーター住宅地を開発中であった。

ライトは『自伝』でシルスビーを次のように描写した。

シルスビーはデッサンが得意だった。柔らかい黒鉛筆を使って、彼特有のデザインをフリーハンドで仕上げた。人々は彼のデザインを賞讃した。彼が設計する家は、切妻、小塔、寄棟を巧みに組み合わせたもので、落ち着きがあり、上品で美しかった。当時流行のごてごてして、けばけばしい家とは全く違っていた。

（*An Autobiography*, p. 70）

ライトの最初の仕事はジェンキン叔父のオール・ソールズ教会の図面を描くことであった。この頃ライトは、教会の図書館でオーウェン・ジョーンズ（英、一八〇九～七四）の『装飾文法』（一八五六）とヴィオレ・ル・デュクの『あらゆる時代の人間の住まい』（一八七六）を見つけ、毎晩トレーシングペーパーを使って写した。瞬く間に一〇〇枚を写してしまった。ジョーンズの『装飾文法』とは、世界各地の装飾デザインを紹介した本で、日本の文様も紹介されている。ところで、一八八六年から翌年にかけて欧米を視察した岡倉天心（一八六二～一九一三）は、『装飾文法』を日本の図案教育の参考書として購入している。

牧師の息子が五人もいるシルスビー事務所は、ライトにとって居心地がよかったようで、同僚のセシル・コーウィンらとはすぐに親しくなった。ジョージ・マハー、アービング・ジル、ジョージ・エルムスリーは、やがてライトを追ってサリヴァン事務所に移り、プレーリーハウスの建築家として活躍する。

フェノロサの従兄

マサチューセッツ州セーラム出身のシルスビーは、同じくセーラム出身で日本美術の恩人といわれるアーネスト・フェノロサ（一八五三〜一九〇八）の五歳年上の従兄であった。シルスビーの父とフェノロサの母のメアリー・シルスビーが兄と妹の関係にあった。シルスビー家はセーラムの名家であった。

ライトがシルスビーの下で働いていた一八八七年、フェノロサは、日本政府から大日本帝国美術取調委員を命じられ、岡倉天心らの委員と欧米の美術状況をそれぞれ視察中であった。視察の対象は(一)美術教育の方法、(二)美術館とその管理法、(三)日本建築の将来性、(四)日本美術品の輸出貿易の状況であった。(四)に関しては、日本の美術品の輸出を拡大するために、「全委員は各国最近の装飾美術の動向、とくに建築装飾の最近の様式に寄与すべき技術についてできる限り詳細な調査をすることを義務と心得ている。そのために、とくにアメリカにおいて最近建造された邸宅は念入りに視察しなければならない」(「フェノロサ資料」山口静一『フェノロサ』上、三二一〜三二三頁) ということであった。ということは、四月にシカゴを訪れたフェノロサが、住宅設計者として人気があった従兄のシルスビーを恐らく訪れたであろう(後のシカゴ訪問の際にはシルスビーの家に泊まっている)。その時、ライトがフェノロサに会ったかどうかはわからないが、数年後、ライトはシカゴを訪れたフェノロサから浮世絵を買い、そのことがライトの人生を大きく変えることになる。

2　サリヴァン事務所

サリヴァン

ルイス・ヘンリー・サリヴァン（一八五六〜一九二四）は、ライトが「リーバー・マイスター（わが敬愛する師匠）」と呼んで最も尊敬し、最も強い影響を受けた建築家である。二人の出会いは一八八七年の秋であった。デッサンは上手だが、建物を建てることにはさほど興味がないシルスビーに、ライトは不満を覚えていた。そんな時、サリヴァンがオーディトリアムビルの室内装飾図面のトレーサーを探していることを知った。ライトは早速応募して採用された。週給二五ドルであった。

面接の時にライトが目にしたサリヴァンのデッサンは非常に美しかった。「シルスビーの筆が風に揺れるとうもろこしの穂だとすると、サリヴァンの筆は満開のパッションフラワー（時計草、夏に大形の花をつける）だ」とライトは驚嘆した。

サリヴァンは一八五六年、ボストンに生まれた。十二歳の時、両親はシカゴに移るが、彼は、MITで建築を学ぶために、祖父母のもとに預けられた。祖父母はボストンの北二〇キロのウェイクフィールドで農場を営んでいた。ライトと同じく、サリヴァンも少年時代を農場の自然の中で過ごした。サリヴァンの装飾には植物をモチーフにしたものが非常に多い。

成績優秀なサリヴァンは、十六歳でMITの三年に編入するが、一年で退学し、シカゴの建築事務所で七ヶ月働いた。その後、当時の職業建築家の慣習に従って、パリのエコール・デ・ボザールに留学した。ところが、アカデミックな古典様式や歴史様式に飽き足らず、一年で退学した。その後は、新しい発想源を求めて、南仏やイタリアを旅し、特にミケランジェロに感銘を受けた。一八七七年、シカゴに戻り、アドラー事務所に入った。

ダンクマー・アドラー（一八四四〜一九〇〇）はドイツからの移民のユダヤ人で、優秀な施工技師であった。アドラーとサリヴァンは一八九五年までパートナーを組み、シカゴを代表する建築事務所の一つとして、劇場、銀行、高層ビルなど一八〇件の建物を建てた。代表作にはオーディトリアムビル（シカゴ、一八八八〜八九）、ウェインライトビル（セントルイス、一八九〇〜九一）、シラービル（シカゴ、一八九二）、シカゴ万博の交通館（一八九一〜九三）、シカゴ証券取引所（一八九三〜九四）、ギャランティビル（バッファロー、一八九四〜九五）などがある。

ルイス・サリヴァン
（*Collected Writings,* vol. 2. より）

ライトはサリヴァンの歩き方を「威張った孔雀のようだ」と形容したが、サリヴァンはプライドが高く、傲慢なところがあった。彼が尊敬する人物は、パートナーのアドラー、進化論者のハーバ

オーディトリアムビル
(『フランク・ロイド・ライト回顧展』より)

ート・スペンサー(一八二〇~一九〇三)、詩集『草の葉』の作者、ウォルト・ホイットマン(一八一九~九二)などの強烈な自我の持ち主であった。サリヴァンがシカゴにやって来たのは、シカゴがアメリカで最も重要で、最も将来性がある都市だからであった。サリヴァンにはシカゴで成功したいという強い願いがあった。

オーディトリアムビル

シカゴとは、インディアンの言葉で「ニンニク」「タマネギ」という意味で、転じて「強い」という意味を持つという。シカゴは水陸交通の要地であり、十九世紀の後半には、農作物、畜産物、木材等の集散地として急速な発展を遂げ、人口が大幅に増加した。一八七一年の大火で多くを失ったが、復興も早かった。再建にあたって市は、中心部での木造建築を禁じ、煉瓦、石、鉄の使用を義務付けた。そのためシカゴは建築家にとって絶好の活躍の舞台となり、多くの建築家を引き寄せた。折しも、エレベーター、鉄骨フレーム構造、板ガラス、変圧器、電気、電灯、電話などの新しい技術が誕生し、高層ビルの建設が可能となった。一八八三年に最初の高層ビルが建てられると、次々とビルが建ち、新しい街が生まれつつあった。

そんな普請中のシカゴで人々の話題をさらったのが、アドラー&サリヴァン事務所が手掛けるオーディトリアムビルであった。それは高さ、容積、工費のあらゆる面でシカゴ最大のプロジェクトであった。町の中心のミシガン通りに面するこのビルの敷地面積は一・五エーカー（約六〇七〇平方メートル、東京ドームの約八分の一）であり、十階建てのホテル（四〇〇室）、オフィス、店舗、劇場《オーディトリアム》から成っていた。劇場の座席数は四二三七で、当時最大のニューヨークのメトロポリタン歌劇場より一二〇〇席も多かった。ビルの工期は三年、総工費は三一五万ドルであった。僅か二年前には、ウィスコンシン州片田舎の小さなチャペルの内装を手伝っていたライトにとっては、正に夢のような仕事であった。

オーディトリアム劇場
（『フランク・ロイド・ライト回顧展』より）

　一八八九年十一月九日の竣工式には、合衆国のハリソン大統領、モートン副大統領、イリノイ州知事が参列した。金箔と無数の電球が光り輝く劇場の舞台で、オペラ界のアイドル、アデリーナ・パッティ（一八四三〜一九一九、並外れて高く豊かに鳴り響くソプラノで有名）らが美声を披露した。町の興奮は数週間冷めやらなかった。ライトは、「建築家は誰もがこのような栄光に包まれたいと思う。師サリヴァンの喜びは、東方大遠征に成功したアレキサンダー大王の喜びに匹敵するだろう」と、プルターク『英雄伝』の愛読者らしいコメントをした。

ミシガン湖のすぐ傍で地盤が弱い土地に、大規模な複合ビルを建設するという工事に関わったことは、後にライトが同じような条件の下で帝国ホテルを建設する際に、ヒントと自信を与えたことだろう。

オーディトリアムビルは、今日でも石造りの重厚な姿でシカゴの町の中心に建っている。劇場も現役で各種のコンサートに使われている。ロビーは天井が低く、暗い。建物見学ツアーに参加すると、劇場入口の扉の前で、ガイドが「息をとめて」と言った。緊張して中に入ると、劇場の広さ、高さ、明るさ、豪華さに大きな溜息をついた。その溜息、感動を強めるために、サリヴァンはロビーを低く暗くしたとガイドが説明する。この対比の手法をライトもよく使った。ライトの家の入口は低く狭い。そうすることで、家の中を広く見せようとした。ライトはこの手法を日本の茶室の躙口《にじりぐち》から学んだといわれるが、サリヴァンからも学んでいた。ビルのホテル（現在はルーズベルト大学が使用）のロビーは至る所、サリヴァンがデザインした流麗な植物文様で飾られている。ガイドが、一ヶ所だけライトが手掛けたところがあると言って天窓を指した。そこにはシンプルな幾何学模様のガラス窓があった。後にライトはサリヴァン事務所時代を振り返って、自分はフリーハンドのデッサンでは師匠には遠く及ばなかったし、師匠の美しいデッサンを損なったこともあったと、ライトには珍しく謙虚に語った。ライトが定規を使って図面を描いていると、サリヴァンは「ライト、もっと線を生かせ！」と言って、鉛筆を取って、ライトの線を修正した。するとたちまち線が生きてきた。サリヴァンはフリーハンドのデッサンの天才であったとライトは述べた。

オーディトリアムビルが完成すると、アドラー&サリヴァン事務所はこのビルの最上階に引越した。製図の腕を上げ「サリヴァンの鉛筆」と呼ばれるようになったライトは、三十数名の製図工のトップに立ち、師匠の隣に個室をもらった。

事務所には注文が押し寄せ、特に劇場は数十件の注文が来た。

ライトと劇場

ライトは自分の家の中に劇場を作った。オークパークの家のプレイルーム（一八八九五）は、子供の遊び場であると同時に劇場であり、コンサートルームであった。第二の自邸兼学校であるタリアセン（ウィスコンシン州スプリング・グリーン）にはヒルサイド・シアター（一九三三、一九五二）が、第三の自邸兼学校であるタリアセン・ウエスト（アリゾナ州スコッツデール）にはキャバレー・シアター（一九四九）が建てられた。ライトが大の演劇好き、音楽好きであったからだが、オーディトリアムの成功の思い出も関係していたのではないだろうか。

ライトは建築家というよりは演出家だと言う人がいる。幼い頃から物語に親しんだライトは、主人公に自分を重ねる傾向があった。サリヴァンという建築界のアレキサンダー大王に仕えたライトは、師匠から独立すると、今度は自分が主人公になって人生を指揮し、演出した。劇の中では世間の常識や慣習に従う必要はない。嘘も許される。ライトの人生は事実と虚構を織り交ぜながら進んだ。ライトは髪を伸ばし、リボン風のタイを締め、ステッキをかざし、まるで役者のように振舞った。

ウェインライトビル
（*Louis Sullivan, prophet of modern architecture* より）

歌う建築

ライトは、サリヴァンの作品の中で、特にオーディトリアムビル、ウェインライトビル、ゲッティの墓、シカゴ万博の交通館が好きだった。ライトは、オーディトリアムビルを「建てた」のはアドラーだが、それを「歌わせた」のはサリヴァンだと評し、ゲッティの墓を「彫刻であり、詩であり、レクイエムである」と讃え、ウェインライトビルを、階を次々と積み上げていく従来の高層ビルとは違って、高さ全体が持つ力を利用して美を創り上げた最初の「摩天楼」だと賞讃した。

サリヴァンは「高層ビルの芸術的意味」（一八九六）の中で、高層ビルの魅力を次のように語る。

高層ビルの命とは何か。それは聳《そび》え立つということである。この点が芸術家にとって最大の魅力である。オルガンの主音と言ってもよい。従って芸術家はその音を中心にして表現を考えなくてはいけない。想像力を働かせなくてはいけない。高層ビルは高くなくてはいけない。すなわち、高さが持つ力と勢いが表現され、上昇することへの栄光と誇りが表現されなくてはいけない。一インチ一インチが誇りと喜びを持って上がっていかなくてはいけない。下から上まで不協和音が一つあってもいけない。……

(Morrison, *Louis Sullivan*, p. 122)

建物の階の数が高層ビルを作るのではなく、高く聳えたいという意志と誇りが高層ビルを作るとサリヴァンは言う。「大きな弧を描いて空を舞うから鷲《わし》なのであり、羽ばたくだけの雀とは違う」と。サリヴァンにとって建築とは意志であり、行為であり、詩であり、芸術作品であった。それは一篇の壮大な叙事詩、または流麗な抒情詩であった。彼の大好きなホイットマンの詩やワーグナー(一八一三〜八三)の音楽に匹敵する、優れた芸術作品であった。晩年、サリヴァンから何を学んだかと尋ねられたライトは「彼の存在そのもの」「彼が詩人であること」と答えた。

事務所のチーフ・ドラフトマン(製図工)となり、「サリヴァンの鉛筆」と呼ばれたライトは、サリヴァンの家や別荘を設計し、事務所に来る住宅の設計を任されるようになる。給料は週給六〇ドルに上がっていた。

結婚

ジェンキン叔父の教会でヴィクトル・ユゴーの『レ・ミゼラブル』の読書会に参加していたライトは、一八八七年、その仮装パーティで出会った一人の美しい女の子と恋に落ちる(ライトは、思い掛けず、愛読していたシェイクスピアの劇『ロミオとジュリエット』のロミオ役を演じたことになる。そのためか、ライトは一八九六年故郷のヘレナ谷に建てた給水塔を「ロミオとジュリエット」と名付けた。

キャサリン・トービン・ライト
（『ライトの装飾デザイン』より，
ドレスはライトによるデザイン）

叔父達はそんな高い塔はすぐに倒れると反対したが、叔母達はライトを信じて建設を許可した。塔は四十年以上建ち続けたが、ライトの結婚は十八年で崩壊した）。ライトは弱冠二十一歳、相手のキャサリン・トービンはまだ十七歳の高校生であった。結婚には早すぎるという母と叔父の反対を押し切って、二人は一八八九年六月一日、結婚式を挙げた。

当時ライトは、シカゴの西一二キロのオークパークに住んでいた。ライトを追ってシカゴにやって来た母と二人の妹と一緒に、ユニテリアンの牧師の家に下宿していた。結婚したライトはサリヴァンと五年契約を結び、給料五〇〇〇ドルを前借りして、オークパークに家を建てた。三角形の切妻屋根のシングルスタイル（柿板張り）の小さな家で、新郎から新婦への贈り物であった。ライトの尊敬する建築家ウィリアム・モリスは、若く美しい新妻のためにレッド・ハウスを設計したが、その家にも急勾配で大きな三角形の切妻屋根があった。暖炉の上に銘を記した点も似ていた。

解雇

サリヴァンへの借金の返済、次々と生まれる子供達（男四人、女二人）の養育費、贅沢な生活スタイルのために、ライトはつねにお金を必要とした。ライトはサリヴァンとの契約を破って、師に内緒で七軒の住宅を設計した。それがサリヴァンに見つかり、ライトは叱責された。一八九三年春、ライトは事務所を去った。入所六年目のことであった。

二十五年後の一九一八年、師が病気で経済的にも困っていることを知ったライトは師に小切手を送った。それがきっかけで師弟の交遊が再開し、ライトは晩年のサリヴァンを経済的、精神的に支えた。一九二四年、サリヴァンが世を去った。ライトは次のような弔辞を読んだ。

芸術的建築家としてのルイス・サリヴァンの偉大な価値は、原理をきちんと把握していたことです。彼は誰よりもよく建築の原理を理解しており、それを作品で見事に表現しました。……オーディトリアムビルの上品で落着いた外観、自由に広がる美しい内部空間、建物の内と外を一つにまとめ上げる見事な装飾、濃いクリーム色と柔らかい金色が醸し出す静寂、内部の豊かな装飾を思い描いて下さい。そして、周囲の野心的で気取った建物の、ちぐはぐで意味のない装飾と較べてみて下さい。彼らは装飾の意味を理解していません。サリヴァンこそが「芸術としての建築」を創造したのであります。

（"Louis Henry Sullivan : His Work", *Frank Lloyd Wright Collected Writings*, vol. 1, p. 197）

ライトによるオーディトリアムビルの描写はそのまま、ライトが設計し、この文章が書かれた一年前に竣工した帝国ホテルにも当て嵌《は》まる。ライトがサリヴァンの建築哲学を賞讃し、継承していたことがわかる。

『天才と衆愚政治』（一九四九）の中でライトは、サリヴァンは人に教えるというよりは、人にインスピレーションを与える師匠であったと語る。これはライトの弟子達がライトを評価した言葉でもある。サリヴァンに六年間仕えたライトは、建築を芸術とみなし、新しい時代のアメリカにふさわしい建築を生み出すことを使命と感じ、師のスタイルまでも身につけてしまっていた。

ウィンスロー邸

サリヴァンから独立したライトが初めて建てた建物がウィンスロー邸である。（口絵6頁）ウィンスローは鉄細工鋳造会社の社長で、サリヴァン事務所時代からライトと付き合いがあった。ウィンスロー邸はオークパークの西隣、その名の通り木々が茂り、川が流れるリヴァーフォレストの町に建っている。黄褐色の煉瓦のこの家をライトは「プリマベラ」（ノウセンカズラ。黄赤色の花を多数つける）と渾名《あだな》したが、高い楡《にれ》の木々に囲まれ、大きな屋根と深い軒にすっぽり包まれた黄赤色のウィンスロー邸は、プレーリーの自然の中に咲くプリマベラであった。

家を優しく包み込む大きな屋根、深い軒、すっきりとしたシンプルな形のウィンスロー邸は、当時流行していたクィーン・アン様式の、小塔や複数の煙突、屋根窓、張り出し窓、ポーチ、玄関などがあちこちに突き出て、ごちゃごちゃした家とは全く異なっていた。あまりにシンプルで、のっぺらぼうのこの家を嘲笑する人も多く、ウィンスローは人目を避けて歩いたという。

シンプルな外観とは対照的に、室内はまるで古代ローマの貴族の館のように優美で上品である。細い柱が玄関ホールに並び、太いギリシア式列柱が食堂を飾る。外壁のテラコッタ、入口の扉に施された精緻な模様、ステンドグラスや壁絵の模様には、サリヴァンの強い影響が見られる。

一八九四年のある日、シカゴ建築界の大御所であるダニエル・バーナム（一八四六〜一九一二）がウィンスロー邸を訪れた。バーナムはシカゴに最初の高層ビルを建て、一八九三年のシカゴ万国博の建築総合責任者を務めたシカゴを代表する建築家であった。バーナムはウィンスロー邸を「隅から隅まで紳士の家だ」と絶賛して、ライトに次のような魅力的な提案をした――パリのボザールに四年、ローマに二年留学する。その間、家族の面倒も見る。帰国後は私の事務所で働く。ライトはしばらく考えて答えた。「サリヴァンの弟子である私の使命は、ヨーロッパの建築を学ぶことではなく、自由の国アメリカにふさわしい建築を創り出すことです」。

3　日本の美術品

フェノロサとアメリカの建築

ライトがアメリカの新しい建築を考案する際に一つのヒントを与えたのは日本の美術品であった。そのヒントは、日本美術の輸出の可能性を探っていたフェノロサから得た。

お雇い外国人として一八七八年に来日し、東京大学で財政学、政治学、哲学を講じたフェノロサは、日本の美術に興味を持つようになり、本格的に蒐集、研究を始めた。やがて、日本の美術行政、美術教育、美術保存についても大きな発言力を持つようになった。一八八六年からは二年間、日本政府の美術取調委員として、岡倉天心らと欧米を視察した。欧米視察を通してフェノロサは、日本美術品の輸出の可能性はヨーロッパでなくアメリカにあると感じた。

建築様式に関する最大の多様性、新様式を産み出す最大の成功はアメリカにおいて見出すことができる。西洋建築の将来はアメリカにおける実験、アメリカ的趣味によって決定されるであろう。建築材料、装飾的特色、科学的応用の面でも、最大の多様性は今日のアメリカに見ることができる。そして木造建築に関してはアメリカの建築家は日本の様式を導入しようとしている。ヨーロッパ的建築習慣の大なる弊害は、建造と装飾という二つの機能を分離したことにある。世界の全文明国における絵画、彫刻、美術工芸の健全かつ永続的発展は悉《ことごと》く建築に付随するものであった。しかるに装飾的効果の可能性と工芸美術品の応用は近代ヨーロッパ建築において未だ発展の緒についていない。アメリカの建築家は日本の製品が受注に応じ得る限りこれを導入することに極めて熱心である。

(「欧米視察報告書草稿」山口静一『フェノロサ』上、三四一頁)

フェノロサは「建造と装飾」の統合を試みるアメリカの建築に大いに期待を寄せているが、それはまさにサリヴァンやライトが試みたことであった。

シカゴの建築雑誌『インランド・アーキテクト』一八九〇年十一月号で、フェノロサの従兄で、ライトが一時期師事したシルスビーの自邸の室内が紹介された。居間の天井は和風で、真ん中には格天井らしきものが作られ、そこから和風のランプが吊り下がっている。暖炉の上には仏像や日本の壺や鉢が並んでいる。食堂には花を描いた掛け軸が掛かっている。フェノロサの指導の下に、シルスビー邸を日本風にアレンジしたものと思われる。

浮世絵との出会い

ボストン美術館に職を得たフェノロサは、一八九〇年七月に日本を去るが、その後三回来日して、帰国の度に大量の美術品をアメリカに持ち出した。フェノロサは一八九五年の離婚が原因でボストン美術館の職を失い、しかも前妻から莫大な慰謝料を請求されたからである。フェノロサは日本の美術品をボストン、ニューヨーク、ワシントンD.C.（チャールズ・フリーアは得意客だった）などで売却し、シカゴも何度か訪れた。シカゴにはフレデリック・グーキン、クラレンス・バッキンガム、アレキサンダー・モズル、チャールズ・チャンドラーなどの有名な浮世絵コレクターがいた。客の中にはライトの姿もあった。

二十五年ほど前、私は初めて浮世絵版画を見てすっかり魅せられてしまった。……フェノロサは日本からたくさんの美しい浮世絵を持って来ていた。私は柱掛け［浮世絵版画の判型の一つ。縦約七〇センチ、横一二センチほどの細長い画面。柱にかけて装飾とする］を数枚手に入れた。……浮世絵は誠実と簡潔の使徒であり、その使命は不要なものを省くことであった。

("The print and the Renaissance", *Collected Writings*, vol.1, p. 149)

二十五年ほど前というのは一八九二年前後のことである。フェノロサが日本からアメリカに戻るのは一八九〇年七月、次は九六年十一月である。ライトは晩年インタヴューに答えて次のように語った。

私が浮世絵を初めて見たのはシカゴ万博の年［一八九三］だった。シカゴのセントラルミュージックホール（一八七九、アドラー建設）の中にあるシロコという男の店で浮世絵を数枚買った。

(Peter, *The Oral History of Modern Architecture*, p. 117)

これらの言葉から、ライトが浮世絵を初めて見て購入したのは一八九三年頃のことと思われる。ちょうどサリヴァン事務所を解雇された時期である。フリーハンドのデッサンの腕では、サリヴァンに適わないことを自覚していたライトにとって、浮世絵との出会いは大きな意味を持った。サリヴァンのような多くの複雑な線が絡み合った華麗な模様や時には盛り上がった豊満な模様を使わなくても、美しい絵が描けることをライトは知った。少ないシンプルな線で二次元の平面に美を創り出す浮世絵は、まさにライトが求めていた芸術であった。以後、「不必要なものを省く」ということがライトの信念となる。日本の美術に興味を持ち始めたライトにとって、日本の文化を直接目にする絶好の機会が訪れた。シカゴ万博である。

シカゴ万博

一八九三年五月一日から十月三十日まで、ミシガン湖に面するジャクソンパークで、コロンブスのアメリカ大陸発見四百年を記念する万国博覧会が開催された。六〇〇エーカー（二四〇〇ヘクタール）の会場内を高架鉄道が走り、二一六〇人乗りのフェリス式大観覧車が回った。参加国数七二、入場者数延べ二七〇〇万人という史上最大の万国博であった。

シカゴは、ニューヨーク、ワシントンD．C．、セントルイスを破って開催地となった。会場設計を担当したのはダニエル・バーナムとジョン・ルート（一八五〇〜九一）であった。彼等は展示館の高さを六〇フィート（約一八メートル）に揃え、外装を白のスタッコ塗りに統一した。そのため、会場は「ホワイトシティ」と呼ばれた。一五〇の展示館の設計は、バーナムとルートが指名した建築家が行った。殆どの建物はチャールズ・マッキム（一八四七〜一九〇七）、ウィリアム・ミード（一八四六〜一九二八）、スタンフォード・ホワイト（一八五三〜一九〇六）、リチャード・ハント（一八二八〜九五）といった東部の保守派の建築家が担当した。彼等はギリシア列柱が並ぶ新古典様式を採用した。当時の優秀なアメリカの建築家はパリのボザールに留学して、新古典主義を学んでいたからである。ハントはボザールへの第一回留学生であった。

そのボザール様式に異議を唱えたのがサリヴァンであった。交通館を担当したサリヴァンは、新古典様式を採用せず、彼独自のシンプルな形にして、入口のアーチを華麗な装飾模様で飾った。サリヴァンは、万博のせいでアメリカ建築の歩みが半世紀逆戻りしたと嘆いた。事実、万博後、アメリカ各地に壮大な古典主義建築が建てられた。首都ワシントンには議会図書館（一八九七）、スミソニアンの

鳳凰殿（『岡倉天心全集』（第二巻）より）

自然史博物館（一九一〇）を始め、ドームと列柱から成る古典様式の巨大な建物が町の中心に並んだ。首都の玄関となる鉄道のユニオン駅（一九〇八）を手掛けたのはバーナムであった。古代ローマの凱旋門と大浴場をヒントに設計された巨大な駅にはイオニア式列柱が並んだ。

シカゴ万博の準備中、ライトはまだサリヴァン事務所で働いていた。交通館のすぐ近くでは日本の鳳凰殿が建設中であった。

鳳凰殿

シカゴ万博は日本にとって重要な意味を持ち、日本が力を入れて臨んだ万博であった。東京美術学校校長の岡倉天心が日本事務局鑑査官を務めた。万博の参加は五回目であったが、この時初めて日本の作品が美術品と見做《みな》されて、工芸館ではなく美術館に展示された。高村光雲（一八五二～一九三四）の木彫「老猿」、鈴木長吉（一八四八～一九一九）の銀細工「十二の鷹」、濤川惣助《なみかわそうすけ》（一八四七～一九一〇）の「七宝富嶽図」などが美術館に展示されて、観客の注目を浴びた。

日本の最大の見世物は、日本で最も美しい建築の一つといわれる宇治平等院鳳凰堂を模した「鳳凰殿」であった。鳳凰殿はその美しい姿を池に映すよう中州に建てられた。左翼廊は藤原時代の建築の特徴を採り入れ、平等院鳳凰堂と京都御所の殿舎を模した。右翼廊は足利時代の建築の代表として銀閣寺の書院造と茶室を再現した。中堂には江戸城の一室を再現した。

白木《しらき》、銅瓦などの資材は日本から送った。一八九二年十月、工事監督の久留正道《くるまさみち》が大工、石工、銅細工師、鳶人足《とびにんそく》ら職人一八名を伴ってシカゴに到着した。彼等はシカゴの強風や雪の中でも作業を進め、その仕事ぶりは市民の注目を浴びた。久留正道は、工部大学校でジョサイア・コンドル（一八五二～一九二〇）の下で建築を学び、一八八一年（明治一四）に文部省に入った。山口半六と組んで旧制高等学校の設計を行ない、東京音楽学校（現東京藝術大学、一八九〇）、東洋一の図書館を目指した旧帝国図書館（現国際こども図書館、一九〇六）、香川県の琴平金比羅宮宝物館（一九〇五）などを設計した。久留は工部大学校時代から日本の伝統建築に興味を示し、造家学会で日本建築について講演したことがあった。その久留が工事を監督した鳳凰殿は、博覧会向けの見世物建築ではなく、日本の建築史上の代表作を見ることができる本格的な建築であった。万博終了後はシカゴ市に寄贈され、一九四六年に火災で焼失するまで五十年以上市民の目を楽しませた。

グッドリッジ邸（イリノイ州）

　ライトが設計した建物の中には明らかに鳳凰殿の影響を受けたものがある。グッドリッチ邸（一八九六）、ファーベック邸（一八九七）、スミス邸（一八九八）、ヒルズ邸（一九〇〇）などの大きな屋根、深い軒は明らかに日本風である。鳳凰殿の中央棟と左右対称の両翼から成る構造は、ライトが好きな構造で、ウィンスロー邸の馬車小屋（一九〇一）、クーンリー邸（一九〇七）、帝国ホテル（一九二三）、自由学園（一九二一）などで用いられた。

岡倉天心

鳳凰殿については、英語の達人である岡倉天心が記した英文のパンフレットがある。ライトは後に岡倉の『茶の本』（一九〇六）を読んで大いに感銘を受けるが、このパンフレットも、いかにもライトが好きそうな美文調で書かれている。ライトは建築だけでなく、岡倉の文章によっても、日本の文化、歴史、芸術に強い興味を覚えたに違いない。ライトが後に日本で帝国ホテルを建てた時、大宴会場の装飾モチーフをピーコック（孔雀）としたことにも鳳凰殿の影響があるかもしれない。天心の文章を読んでみよう。

日出ずる国日本は、古代から鳳凰の生誕地と考えられてきた。日本の隣国であり心温かき友であるアメリカ合衆国は、このたび一大博覧会を開催することとなったが、その規模と構想の雄大さは、かつて世界が見たいかなるものをも凌ぎ、また鳳凰誕生の際にあらわれる瑞祥《ずいしょう》にも似たあらゆる成功の前兆を伴っている。日本はこの壮大にして栄光ある企画に同感し、翼を張り歌声を天に響かす鳳凰の喜びをもって、主催者の希望に呼応した。すなわち日本国民の過去一千年の遺産たる美術宝物を持って博覧会に臨んだのである。……

鳳凰は鶏の頭、雀の嘴《くちばし》、動く蛇のような頸《くび》、重なり合う龍の鱗のような羽毛、麒麟の翼、魚尾に似た尾をもつ。羽毛はあらゆる色に輝き、超自然の美しさである。……

鳳凰は、慈愛に満ちた政治を行い、人間や生き物の命を奪うことがなく、国民が平和と繁栄を享受する君主の治世にのみ姿を現わすという。

鳳凰が権威ある重要な品々の装飾意匠に使われるのはそういう理由に拠る。皇后の冠、神鏡、御所の調度、社寺や神仏への供物の容器などには必ず鳳凰が描かれる。鳳凰の形をしている寺さえある。古都京都に近い宇治に建つ寺〔平等院鳳凰堂〕である。

（"The Hō-Ō-Den", *Okakura Kakuzo Collected English Writings*, vol. 2, pp. 5-6, 金子重隆訳、ただし一部筆者が変更を加えた）


岡倉の日本文化への誇りと雄弁な文章に、ライトはもう一人のサリヴァンを感じたかもしれない。ライトは白木の美しい建物、シンプルな外観、内部の装飾の妙、日本美術の粋を盛り込んだ展示品を驚きと感動の眼で眺めたに違いない。そこには師サリヴァンが唱えた建築思想が見られるし、アメリカにはない繊細な美術工芸品が並んでいる。サリヴァンを失ったライトにとって、日本は新たな師匠となった。

室内装飾

鳳凰殿の室内装飾は、天心が校長を務めた東京美術学校が担当し、教授の橋本雅邦（一八三五～一九〇八）、川端玉章《ぎょくしょう》（一八四二～一九一三）、高村光雲らが生徒を指導して製作に当たった。展示用の調度品と美術品は帝国博物館が選定した。

鳳凰殿を訪れたあるアメリカ人の富豪は、すっかり気に入って自邸の装飾を東京美術学校に依頼した。

岡倉は、鳳凰殿で、日本の居住空間には美術品や工芸品が不可欠であることを示したが、別会場の工芸館では西洋の住宅を再現して、その中に日本の金工、陶磁、漆工、染織などの工芸品を飾った。フェノロサは、日本美術審査員を務め、会場で「世界における日本美術の将来」など数回講演を行ない、日本美術の紹介に努めた。

ライトは、室内装飾、家具調度品、照明器具などのデザインや配置を考えることが大好きで、週末にはよく骨董市に出掛けていた。この頃からライトは、少しずつ日本のもの（浮世絵、壺、鉢など）を買い始め、やがて家中に日本の美術品が溢れるようになっていく。そのきっかけが、フェノロサが装飾したシルスビー邸であり岡倉が企画したシカゴ万博日本館であった。フェノロサと岡倉が主張したトータルアートという考え方に共鳴したライトは、装飾を建築の一部と考え、建物だけでなく、室内装飾、家具調度品、照明器具、絨毯、食器類など全てをデザインする最初のアメリカ人建築家となる。

下田菊太郎

鳳凰殿はライトにとって、一人の日本人建築家との出会いの場でもあった。万博会場のカリフォルニア館の工事に携っていた下田菊太郎は、ライトが鳳凰殿を熱心にスケッチする姿を目にした。

下田は一八六六年秋田県角館《かくのだて》に生まれた。工部大学校造家学科（現東京大学工学部建築学科）で建築を専攻するが、主任の辰野金吾（一八五四～一九一九）と意見が合わず、大学を中退してアメリカに渡った。下田はサンフランシスコのページ・ブラウン事務所に仕事を得た。ブラウンがシカゴ万博のカリフォルニア州館の設計者に選ばれると、下田も一緒にシカゴに赴いた。万博後はバーナム事務所に移り、一時期（一八九四年頃）ライトの事務所で製図工として働いた。

下田は学生時代に完成したばかりの明治宮殿（一八八八年竣工）を見学して、特に豊明殿の美しさに感動した。それ以来、日本人は欧米の建築を真似るのではなく、日本の伝統建築、なかでも屋根の美しさを活かすべきだと考えるようになった。後に彼は帝冠式（西洋式建物に日本式の瓦屋根を載せる折衷様式）を提唱する。ライトは下田から日本の建築について学んだことだろう。

しかし二人は一人の女性をめぐってけんかとなり、下田はライト事務所から追放された。二人は二十年後に再び、帝国ホテルの設計をめぐって争うことになるが、これについては後述する。

林青吾による下田菊太郎伝に拠ると、下田の妻となるローズ・キャンベルは、シカゴ万博の日本館の受付嬢を務め、その後ライトのオークパークの事務所に秘書として雇われた。ローズの父親は、図書館の東洋部に勤め、浮世絵の知識があったという。下田はイリノイ州の建築士資格を取り、ローズと結婚し、一八九八年に帰国した。

4　アーツ・アンド・クラフツ運動

ライトの浮世絵への関心は、アーツ・アンド・クラフツ運動との関連でも考える必要がある。

アメリカへの伝播

ライトは、美しいものが大好きな母親の影響で、イギリスのアーツ・アンド・クラフツ運動に興味を持った。十九世紀後半にイギリスで始まったアーツ・アンド・クラフツ運動は、機械生産による製品の画一化と十九世紀の折衷主義への反動として生まれた。手作りの美しい工芸品の製作を試みるこの運動は、ジョン・ラスキンの思想から強い影響を受けた。運動のリーダーであったウィリアム・モリスは、生活に芸術を取り入れることを主張した。

イギリスのアーツ・アンド・クラフツ運動がアメリカに広まるきっかけは一八七六年のフィラデルフィア万博であった。この時期、大英帝国は絶頂期にあり、芸術面でも優れた作品が作られていた。ウィリアム・モリス、クリストファー・ドレッサー（一八三四〜一九〇四）、ウォルター・クレーン（一八四五〜一九一五、クレーンは日本の版画を研究した）等の見事な作品にアメリカ人は驚嘆した。会場を訪れて美術に開眼したフェノロサは、ボストンに帰ると早速美術学校に入学した。

アーツ・アンド・クラフツ運動は、ボザールの擬古典様式に満足せず、新しい様式を模索するシカゴの若い建築家達にも影響を及ぼした。彼等はスタインウェイホールの最上階の事務所に集まった。ライトもその中の一人であった。彼等の教師はサリヴァンであり、イギリスのアーツ・アンド・クラフツ運動であった。彼等は一八九六年に建築雑誌『ハウス・ビューティフル』を創刊し、ウィリアム・モリス、ウォルター・クレーン、チャールズ・アシュビーなどイギリス人運動家の作品を紹介した。

ライトは一八九七年に創立されたシカゴのアーツ・アンド・クラフツ協会の創立会員であった。同じ年にボストンで創立された協会の会員には、フェノロサの親友で大の日本贔屓《びいき》のウィリアム・ビゲロウ（一八五〇～一九二五）がいた（フェノロサは日本にいた）。

ライトは、自らが設計したウィンスローの馬車小屋の中に作った印刷所で、『ハウス・ビューティフル』という、アーツ・アンド・クラフツ運動の精神を体現した手作りの美しい小本を印刷した。その本には、「野の草」「野の花」と題するライトが自ら撮影した一二枚の写真が挿入された。それらは和紙に貼られ、朱印が押されて、浮世絵風仕立てとなっていた。

「野の花」と「野の草」
（*The House Beautiful* より）

ライトの浮世絵への関心の背後には、アーツ・アンド・クラフツ運動と浮世絵を巧みに結びつけた一人の日本人の存在があった。

執行弘道

フィラデルフィア万博の翌年の一八七七年、ニューヨークでアーツ・アンド・クラフツ運動の流れを汲み、装飾芸術の奨励を目的とするクラブが結成された。陶製のタイルに絵を描く人々の集いという意味で「タイルクラブ」と命名された。

執行弘道

（『フランク・ロイド・ライトと武田五一』より）

会員は一二名限定、ウィンスロー・ホーマー（一八三六〜一九一〇）、ウィリアム・チェイス（一八四九〜一九一六）、スタンフォード・ホワイト（一八五三〜一九〇六）、A・セント＝ゴーデンス（一八四八〜一九〇七）など、アメリカを代表する画家や彫刻家が会員となった。会員数はやがて三一名に増えたが、会員になれるのは空きが出た時に限られ、しかも会員全員の同意を必要とした。この名誉ある会員に選ばれた日本人がいた。執行弘道《しゅぎょうひろみち》（一八五三〜一九三七）である。佐賀県出身の執行は、陶磁器の鑑定家であり、コレクターであった。

執行は一八五三年（嘉永六）、佐賀県に生まれた。同郷で明治建築界のパイオニアである辰野金吾や曽禰《そね》達蔵（一八五四〜一九三七）より一歳年上であった。執行は藩命を受けて、英語習得のために東京に留学し、同郷の先輩大隈重信（一八三八〜一九二二）の門下生となった。その後大学南校（一八六九年に開成学校が改称された）で学び、一八七一年から三年間アメリカに留学した。帰国後は外務省、続いて三井物産に勤め、一八八〇年、起立《きりゅう》工商会社（フィラデルフィア万博をきっかけに明治七年に活動を始めた、政府補助による日本美術工芸品輸出会社。社長は佐賀県出身の松尾儀助）のニューヨーク支店長としてアメリカに渡った。

なお、フランスで日本美術の紹介に尽力した林忠正（一八五三〜一九〇六）は、翌年の一八八一年に起立工商会社パリ支店に入社した。林と執行は同年生まれ、共に藩の貢進生として大学南校で学んだ。林は一八七八年パリ万博の通訳としてフランスに渡った後、美術商となった。林はゴンクール兄弟らの、執行はライトらの浮世絵研究に協力した。

執行は美術家のクラブ「タイルクラブ」に加えて、一八八四年ニューヨークに創立された愛書家の社交クラブ「グローリエクラブ」の会員になった。グローリエは十六世紀フランスの愛書家である。愛書家《ビブリオフィル》達は版画入りの美しい本を刊行した。アメリカ最古で最大のこの愛書家クラブの会員には、チャールズ・フリーア（一八七一〜一九四〇）、ルイス・ティファニー（一八四八〜一九三三）、ヘンリ・ハヴァマイヤー（一八四七〜一九〇七）などの著名な浮世絵コレクターや日本美術の愛好家も含まれていた。会員数は約七〇〇名。殆どがアメリカ人だが、ヨーロッパ人やアジア人もいた。浮世絵のコレクターであり鑑定家である執行は、クラブルームで浮世絵の制作に必要な道具を展示したり（一八八七）、自分の所有する二〇〇点の浮世絵や絵本を展示したり（一八八九）、シカゴのコレクターから借用した浮世絵を展示したり（一八九六）して、浮世絵の紹介、普及に努めた。

一八八六年、フェノロサと岡倉天心が欧米視察旅行でニューヨークに到着した時、彼らを出迎えたのは執行であった。フェノロサとビゲロウが最も多くの日本の古美術品を購入した店は、執行の起立工商会社ニューヨーク支店とボストンの山中商会（後述する林愛作が主任）であった。

明治大正の「万博男」とも呼ばれた執行は、シカゴ万博（一八九三）、パリ万博（一九〇〇）、セントルイス万博（一九〇四）、ロンドン日英博（一九一〇）、パナマ太平洋博（一九一五）などの日本政府委員を務めた。日本においても、内国勧業博覧会を始め数々の博覧会の評議員を務めた。彼はまた、日本美術協会、日本浮世絵協会、日米協会の会員となって日本美術の振興、輸出に尽力した。

執行はフェノロサと共にシカゴ万博の日本美術審査委員を務め、万博終了後も一八九七年までシカゴに留まった。執行は一八九五年に創立されたシカゴの愛書家クラブ「カクストンクラブ」の創立会員の一人であった。会の目的は、アーツ・アンド・クラフツ運動の精神に則った美しく優れた本を出版することであり、会の名前は十五世紀イギリスで最初に活版印刷を手掛けたウィリアム・カクストンに由来した。一五名の創立会員の中にはフレデリック・グーキン、チャールズ・モース、ハワード・マンスフィールドといった有名な浮世絵コレクターがいた。ライト自身は会員ではなかったが、後に会長となるグーキンとは非常に親しい浮世絵仲間であった。会員のチョンシー・ウィリアムズ、ジョージ・ミラードはライトに家の設計を依頼した。ラルフ・セイムールは、一九一〇年代前半、後述するライトの愛人メイマ・ボースウィックの翻訳書とライトの『浮世絵、一つの解釈』（一九一二）の出版に協力した。

一八九三年サリヴァンのもとを去ったライトが注目したのが、当時流行のアーツ・アンド・クラフツ運動であり、その精神を共有する日本の浮世絵であった。イギリスと日本の美しい作品を手本とし、アメリカ中西部プレーリーの美しい自然を背景に、ライトは独自の建築を開拓していく。

5　日本への関心

ライトの日本趣味

ライトは、一八九五年に設計した友人ウィリアムズの家の外壁の下部に、日本風に自然石を積んだ。石はライト夫妻とウィリアムズ夫妻が近くの河原から運んできた。同じ年に増築したオークパーク自邸の二階のプレイルームには行灯風の照明器具を設置した。シカゴの弁護士フォスターの家（一九〇〇）の入口には「鳥居」を建て、屋根の軒先を反り上げた。浮世絵からヒントを得たといわれる。この家は、近くに住むロバーツ一家がすっかり気に入って、家財を全て売却して手に入れた。現在四代目の子孫が住んでいる。

日本に大きな関心を懐くようになったライトは、日本に関する著書を読んだ。その中にはイギリス人のアーツ・アンド・クラフツ運動家のクリストファー・ドレッサーの『日本――その建築、美術、工芸』（一八八二）や、フェノロサの友人で、大の日本好きのエドワード・モースの『日本のすまい』（一八八六）、岡倉天心に捧げられたジョン・ラファージの『画家東遊録』（一八九七）などがあったのではないだろうか。ドレッサーは植物学者、モースは動物学者で二人の観察は細かく鋭かった。ラファージはステンドグラス作家として知られるが、色と光について鋭い感覚を持っていた。彼は浮世絵に注目した最初のアメリカ人でもあった。

ドレッサー

ドレッサーは一八七六年、イギリスのサウス・ケンジントン博物館からの寄贈品三一五点を持って日本を訪れた。ドレッサーの旅行は、明治政府の公的な視察として認められ、彼は明治天皇に謁見し、正倉院の御物も見せてもらった。彼の四ヶ月間の日本滞在が『日本——その建築、美術、工芸』にまとめられ、一八八二年、ロンドンとニューヨークで出版された。この本には、彼が旅先で雇ったカメラマンが撮影したか、或は彼が購入した写真千枚をもとにして描かれた精緻な挿絵が二〇二枚入っており、日本の建築や美術工芸を欧米に紹介する上で重要な役割を果たした。ドレッサーは序文で建築家であり、また装飾デザイナーである自分は一般人が気が付かないような点も多く記録したと自負している。ドレッサー研究家の佐藤秀彦氏は、

装飾を施された梁や破風、組み手などの構造や釘隠しの造形に至るまで、ドレッサーは日本建築に対して驚くべき執着心を持って詳細に観察している。「願わくば、このような内部諸般の模様を写真にし、模写して、ロンドンの建築家の知学を広めたい」と述べているように、これら日本建築における「美的な構造 "Beauty structures"」を詳細に西洋へ紹介したのは、ドレッサーが最初だったといえるのではないだろうか。……ドレッサーが紹介した、日本建築の構造とディテールは、イギリスにおける、アングロ＝ジャパニーズ・スタイル（英国風日本様式）に強い影響を与えた。

（佐藤秀彦「ドクトル・ドレッセル博士が日本に残したもの」『クリストファー・ドレッサーと日本』展カタログ、五四頁）

ドレッサーは日本建築の簡素な美を「日本建築の家屋の精良なものは、園庭の美観を備え、室内もとても清麗である。そのため、室内に入るとたいへん清々しく精神が爽やかになり、大いに欧州の建築を超過している」と評価する。その一方、彫刻や装飾で飾られた寺院にも興味をそそられ、芝の徳川家の霊廟、京都の東本願寺、知恩院、宇治の平等院などを称賛し、日光東照宮を「私が今まで見た中で最も見事な建築」と絶賛した。

ドレッサーは一八万円分の大量の美術品を購入して帰国し、デザインの考案にあたって日本の作品、特に葛飾北斎（一七六〇～一八四九）の浮世絵や、尾形乾山（一六六三～一七四三）、宮川香山《こうざん》（一八四二～一九一六）の陶磁器のように、器形と装飾が相互に融合し合って一体となった作品から多くのヒントを得た。

マッキントッシュ

スコットランドのグラスゴーにも日本の美術から大きな影響を受けた建築家がいた。ライトと同年齢のチャールズ・レニー・マッキントッシュ（一八六八～一九二八）である。グラスゴーは造船を通して日本と交易があり、日本の美術品も輸出されて人気があった。マッキントッシュも日本の工芸品や浮世絵を所有しており、浮世絵風の花の絵を描いた。彼はドレッサーの『日本――その建築・美術・工芸』を読んで日本の家における空間に注目した。

［マッキントッシュは］すべて木材を使用し、内部はふすまで仕切った（取り払うと数個の部屋を一部屋として使える）日本の伝統的な住居に触れた部分から、特に強い影響を受けたのだった。彼にとって、日本の家屋は斬新な美学ばかりか、自由と空間的広がりと融通性という、まさに刺激的な可

能性を示唆するものだった。その後、透かし細工の間仕切りやバルコニー、支柱と横木を使った構成など、ミス・クランストンのティールームやグラスゴー美術学校の図書室の内装に明らかに認められるような諸要素を取り入れるようになった。（ハクニー『マッキントッシュ』一二三頁）

マッキントッシュとライトには幾つか共通点がある。自然、とりわけ花への愛着、木材の使用、格子の応用、幾何学的デザインの家具、ハイバックチェアーや照明器具、上下左右に広がる空間構成、建物と一つの芸術空間として統合的に設計するやり方、建物と周囲の環境の調和への配慮などである。新しい建築を生み出そうとする意欲、日本の建築や芸術からの影響、ケルト文化への愛着も共通しており、それらが反映された二人の建築にも共通点が見られる。特にマッキントッシュのグラスゴー美術学校（一八九七～一九〇七）の図書室、ウィロー・ティールーム（一九〇三）、ヒルハウス（一九〇四）などはライトの空間やインテリアとよく似ている。

モース

大森貝塚の発見者として知られるエドワード・モースは、ドレッサーが来日した翌年の一八七七年に日本にやって来た。腕足類《わんそくるい》の採集が目的であったが、日本政府に請われて東京大学で生物学を講じることになった。日本の文化に強い興味を覚えたモースは、フェノロサやビゲロウと親しくなり、帰国後再び来日して日本中を旅した。観察魔で記録魔のモースは、滞日日記『日本その日その日』や蒐集した陶磁器の詳細な研究書を著したが、日本の家についても『日本のすまい』（一八八六）を書き上げた。この本にもスケッチが得意なモースの絵がたくさん入っていて、家の外観から室内の細部の装飾まで詳しく紹介されている。

本の序文でモースは、一八七六年のフィラデルフィア万博をきっかけに、アメリカで日本の工芸品が注目されるようになったが、日本の家は依然として価値のないつまらないものとしか思われていない。そこで自分がその魅力を紹介することにしたと述べる。

モースはアメリカの家について「木箱に穴を開けた壁の上に、四角い屋根がのり、赤い煙突が突き出ているという住宅が何百軒も立ち並ぶ。キューポラ屋根や鍔《つば》の広い帽子のような屋根もあるし、コリント柱が並ぶ家もある。どれも悪趣味極まりない」と批判し、「日本の家が絵に描いたように美しいのは、主として屋根の形のせいだ」と言う。モースは日本の家の特徴として、(一)煙突、屋根裏部屋、地下室がない、(二)空間を仕切る壁がなく、代りに開閉、取り外しができる襖や障子がある、(三)外壁がなく、代りに開閉する障子がある、このため外気と光が室内に入り、窒息しそうな西洋の家と違って、心地よい空気の流れを感じることができる、(四)床の間という芸術空間がある点を挙げた。

モースが挙げた日本の家の特徴は全てライト建築の特徴である。日本を訪れる以前のライトは、浮世絵からはわからない日本の家の様子をモースの本から学んだのではないだろうか。なお、モースは数回シカゴを訪れて日本について講演している。

ラファージ　ライトが読んだと思われるもう一冊の本は、ジョン・ラファージ(一八三五〜一九一〇)の『画家東遊録』である。この本の冒頭にはラファージが日本で世話になった岡倉天心への献辞が記されているが、それを日本語に訳して記したのは執行弘道であった。

ラファージはアメリカ人の画家で、色彩画家として知られる。ボストンのトリニティ教会の壁画（一八七三）や、大富豪ヴァンダービルト邸のステンドグラス、ダービー邸の「孔雀のステンドグラス」などが有名である。

ラファージは浮世絵に注目した最初のアメリカ人であった。彼は一八五六年から五九年の間にパリ或いはニューヨークの骨董屋で葛飾北斎の浮世絵を見て、その色彩の美しさに魅了された。一八六三年からは色彩研究の手本として、日本から直接に、安藤広重（一七九七～一八五八）の作品を買い付けるようになった。一八七〇年には「日本美術論」を書き、一八九六年にはニューヨークのセンチュリー・クラブで北斎について講演した。一九〇〇年にはパリ万博のために「日本美術史」を執筆した。

一八八六年（明治一九）には、友人のヘンリー・アダムスと日本を訪れ、日光の寺に二ヶ月滞在し、一ヶ月で鎌倉、箱根、京都、奈良、岐阜などを廻った。その時の体験記が『画家東遊録』として出版された。この中には僅か八頁だが「日本の建築」という章があり、日本の家の室内は簡素で、飾りが全くないこと。湿潤な気候のために家が自由に開閉できるようになっていること、柱と梁の構造は地震に強いこと、建物が周囲の環境と調和共存していること、庭が見事なことを指摘している。

ライトとラファージには日本、とりわけ浮世絵を愛し、研究したことの他に、ジョン・ラスキンを礼讃したこと、自然の中に神を見たという共通点があった。

第三章　第一の黄金時代

1　プレーリーハウスの誕生

十九世紀後半から二十世紀初頭にかけて、欧米の芸術家達は過去の歴史様式に別れを告げ、新世紀にふさわしい芸術様式を模索していた。フランスのクールベ、マネ、後に印象派と呼ばれる画家達は、歴史や神話に画題を求める古典主義絵画を否定した。アメリカではサリヴァン、ライトやシカゴの若い建築家達がボザール様式やヴィクトリア様式を過去のものとして捨て去った。

歴史様式の否定

マネの親友の画家アンリ・ファンタン＝ラトゥール（一八三六〜一九〇四）は「真実を描け。他人が何と言おうと気にするな」と気勢をあげた。ライトのモットーは「世に抗しても真実を」であった。マネを先頭とする若い画家達はラトゥールのアトリエのあるバティニョールに集い「バティニョールギャング」と呼ばれた。シカゴの若い建築家達はスタインウェイホールビルの最上階の事務所に集い「十八人クラブ」を結成した。

ラトゥールが描いた「バティニョールのアトリエ」（一八七〇）には若い画家達の脇に、技芸の女神ミネルヴァの像と日本風の七宝の壺が描かれている。異国日本は彼等のインスピレーションの源の一つであった。ライトの事務所には野の花が活けられ、浮世絵が飾られた。彼等のインスピレーションの源は自然であり、日本であった。

その頃のライトについて、仲間のロバート・スペンサーはこう語った。

この若い建築家は、みんなが歩く安易な道を避け、彼が生まれ育った美しいプレーリーの木々や花の中を軽快に走ることで、近代建築の第一歩を築いた。

（*Architectural Review*, 7 (June 1900), Manson, p. 101)

プレーリーハウス

アメリカ東海岸はヨーロッパ文明の入口であり、町の名前はニューヨーク、ボストン、マンチェスターなどヨーロッパの町の名に由来するものが多い。少し内陸に入るとイサカ、シラキューズ、ユーレーカなどギリシア系の名前が登場する。さらに西に進むと固有名詞ではなく、スプリング・グリーン、リヴァーフォレスト（川と森）、オークパーク（樫の木立）、リヴァーサイド（河畔）などその土地の自然が町の名となる。その中西部にはプレーリーの自然と調和する家を建てるというのがライトの考えであった。プレーリーハウスである。

一九〇一年、ライトは二種類のプレーリーハウスのモデルを雑誌に発表した。「プレーリータウンの家」（七〇〇〇ドル）と「小さいけれど広々とした家」（六〇〇〇ドル）である。低い屋根が水平に長く伸び、深い軒が家をやさしく包み込む。連続したリボン窓が家を開放し、光と風を十分に採り入れる。家の背後には木が茂り、正面には花壇があり、窓辺には花が咲きほこる。外観は飾りが一切なく

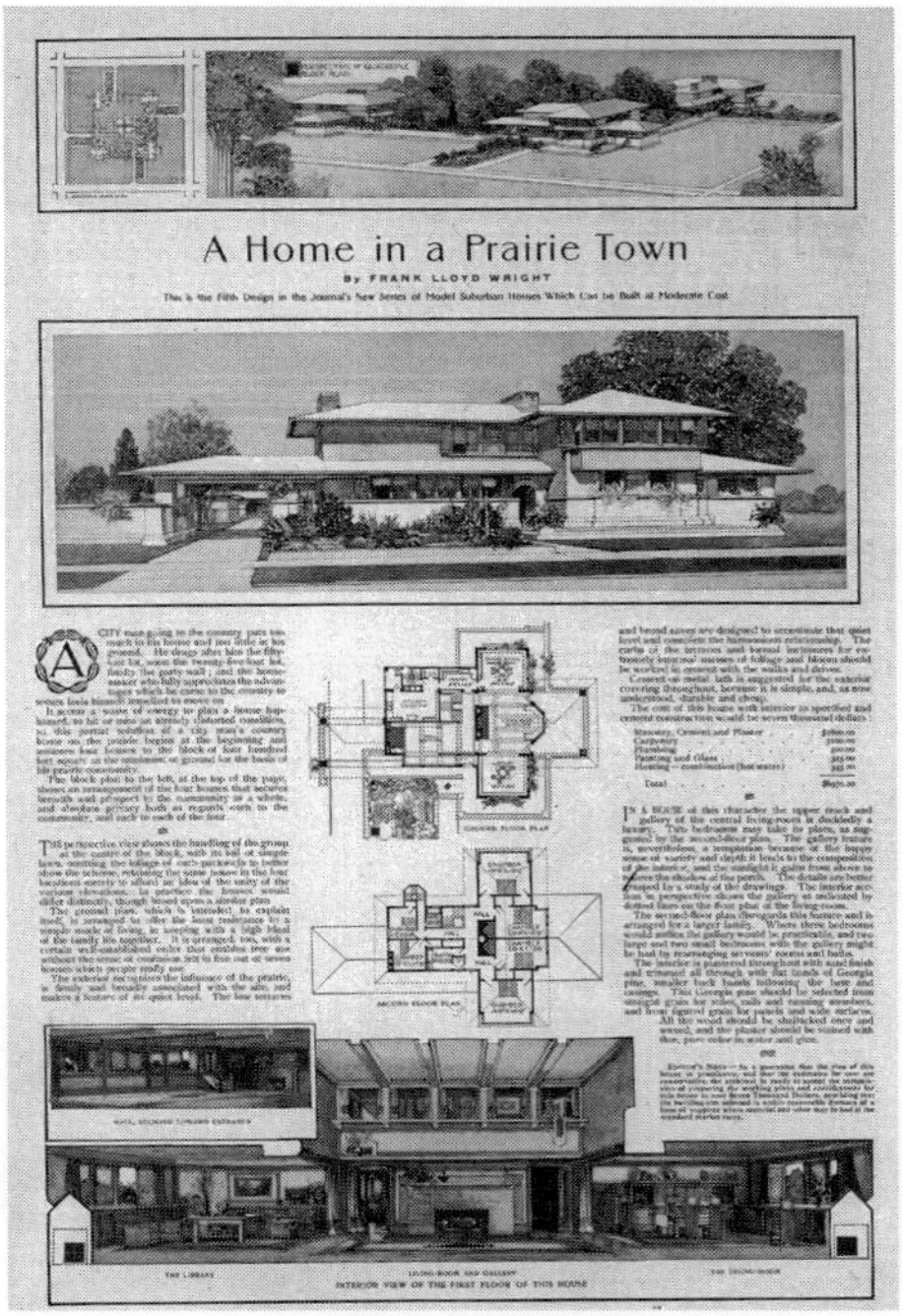
A Home in a Prairie Town

By FRANK LLOYD WRIGHT

This is the Fifth Design in the Journal's New Series of Model Suburban Houses Which Can be Built at Moderate Cost

プレーリータウンの家（***Ladies' Home Journal*** **1901年1月号より**）
（*Frank Lloyd Wright Quarterly,* winter 2006, Vol. 17, No. 1 より）

シンプルで、木材も色を塗らずに白木のまま用いる。室内は仕切りをなくして、広い空間を楽しめるようにする。ライトは家の中心にある大きな暖炉のもとで、家族が暖かく幸せな家庭を営むことを理想とした。

ウィリッツ邸

ウィリッツ邸（一九〇二）は初期のプレーリーハウスの代表作の一つで、現在でもシカゴ北部の高級住宅地ハイランドパークに美しい翼を広げて建っている（口絵6頁）。鳳凰殿と同じく中央棟と両翼から成る構造で、低い両翼が水平に長く伸びている。木と白い漆喰の壁が、日本的な印象を与える。一九〇五年、ウィリッツ夫妻はライト夫妻と一緒に日本へ旅するが、日本への興味が読み取れる家である。ウィリッツは真鍮と青銅製品製造会社の社長で、一九五一年に九十二歳で亡くなるまでこの家に住んだ。

ウィリッツ邸は木々に囲まれ、テラスや庭には花が咲き乱れる。それらの自然を楽しむためにリビングの外壁は天井から床までガラス張り。二階には窓が連なり、光が寝室に入る。夜になると暖炉の火、天窓とランプの光が室内を照らし、ハイバックチェアーの背もたれや、格子の手摺《てすり》を透過する光が床や壁に規則正しい縞柄の模様を描く。光と火の黄色やオレンジ、天窓の琥珀《こはく》色、窓のアートガラスの茶色の線、家具や柱の茶色といった茶系の色のヴァリエーションが、格子のある京都の町家のような、温かく上品な光の夜を演出する。

ライトは空間の演出にも配慮した。狭い玄関から家に入り、階段を数段上り、左折して狭く短い廊下を進むとリビングルームに着く。このことで、リビングがより広く落ち着きのある空間に感じられる。広狭、高低、長短を操作して空間を演出するライトの手法からは、「交響曲は音による建物」と言った父親の言葉が思い出される。

ライトスクリーン

ライトの「美しい家」へのこだわりは、彼がデザインした家具や壁絵、絨毯などからも窺えるが、ライトが最も力を入れたのは窓、天窓、照明器具などのガラスのデザインであった。ライトは窓についた霜の美しい模様からヒントを得たという。ライトの独創的な装飾ガラスは通称の「ステンドグラス」ではなく、「アートガラス」「ライトスクリーン（光の障子）」などと呼ばれる。ガラスに施された美しい装飾文様によって、ガラスだけでなく建物全体が輝く。

一九〇二年にライトに家の設計を依頼したダナ夫人は宝石が大好きであった。ライトは夫人のために宝石のような家を建てた。一九〇四年に完成したダナ邸はアーツ・アンド・クラフツ運動の美学を盛り込んだ美の館である。ダナ邸はシカゴの南西二八〇キロに位置するイリノイ州の州都スプリングフィールドにある。近くにはリンカーンが州議員時代に住んだ家がある。ダナ夫人の父親はコロラドで金鉱と銀鉱を掘り当てた成金で、莫大な遺産を一人娘に残した。「シカゴ建築家クラブ展」でライトの作品が気に入った夫人は「予算のことは心配せずに、どの町にもないような素晴しい家を建ててほしい」と言って、ライトに全てを任せた。それはライトにとって、自分の美学を思う存分追求できる絶好の機会となった。

ライトの装飾デザインの研究家、ハンクスはダナ邸の魅力をこう語る。

外観も美しいが、内部にふみ込むと、その美しさはもう息をのむようだ。……アーチの入口が、なにか別世界に引き込まれるような謎めいたアプローチであるが、上を見上げると、アーチの装飾ガラスの美しさにまず圧倒される。実は、これがこの家のメイン・モチーフなのだ。

（ハンクス『ライトの装飾デザイン』一三二頁）

ダナ邸には四五〇枚以上のアートガラス（うち二〇〇枚は照明器具）が使われ、蝶と黄櫨《はぜのき》の模様が宝石好き、社交好きの夫人の広い館を飾った。特に見事なのがハンクスが指摘した入口のアーチ状のガラスで、外側と内側で違った色に輝く（口絵8頁）。アートガラスが季節、時刻、天候によって光と色の輝きを変える様《さま》は、印象派の「光の画家」といわれるクロード・モネ（一八四〇〜一九二六）の「連作」（「ルーアン大壁堂」「睡蓮」など）を連想させる。

植物模様

ライトのプレーリーハウス時代のアートガラスの模様には、プレーリーに咲く花を幾何学的にデザインしたものが多い。その際ライトは浮世絵の単純化の手法を用いて、植物を出来るだけ少ない線で表現しようとした。第二章で言及したアーツ・アンド・クラフツ派のドレッサーも植物模様のデザイン化に取り組んだ。植物学の博士号を取得し、植物学者を目指したドレッサーは、植物の生態に秘められた数学的、普遍的な規則性をデザインに応用しようとした。ドレッサーは作品をアーツ・アンド・クラフツ運動の雑誌『ステュディオ』に発表したが、ライトはこの雑誌を講読していた。日本への興味に加えて、植物デザインの面でも、ライトがドレッサーに注目したことが考えられる。二人は、また、イギリス人の装飾デザイナー、オーウェン・ジョーンズの『装飾文法』をテキストにして装飾デザインを勉強した。ドレッサーのデザイナーのデビュー作は、ジョーンズの花の模様をアレンジしたものであった。ライトは大学時代に『装飾文法』を何百枚もトレースした。サリヴァン事務所の採用試験でライトが描いた図面の一枚は、サリヴァンの唐草模様をジョーンズ風にアレンジしたものであった。

富本憲吉

日本人の芸術家にもイギリスに留学してアーツ・アンド・クラフツ運動に強い影響を受け、植物を装飾デザインのモチーフとした人がいた。陶芸家の富本憲吉（一八八六～一九六三）である。

デザイナーを目指した富本は東京美術学校で学び、卒業作品には音楽家の家を設計した。卒業後、イギリスに留学し、ウィリアム・モリスらのアーツ・アンド・クラフツ運動の影響を受けた。美しいデザインは生活を豊かにするという思想に共鳴した富本は、家、室内装飾、家具、食器などあらゆるものをデザインした。

ライトと富本は伝統の模倣ではなく、独自のデザインを考案した点でも似ている。彼等の発想の源は自然であった。二人は自然を観察し、自然と対話しながら自然をデザインした。ライトは野生の百合を好み、富本は野あざみを頻繁に用いた。琳派が好きな二人は、金や銀を施して豪華さを演出することもあった。

ライトは羽仁もと子の依頼で自由学園を設計した。富本は数年後、同じく羽仁もと子の依頼で学園の校章をデザインした。富本はライトの設計に心を躍らせたかもしれない。

ダーウィン・マーティン

ダーウィン・マーティン（一八六五〜一九三五）は三十年にわたってライトを経済的に支えたパトロンであった。彼がいなければ、後述するライトの日本旅行も、ヨーロッパ滞在も、ヴァスムート作品集の出版も、タリアセンの建設も不可能であった。ライトの母親と同じく、超絶主義《トランセンデンタリズム》（ニューイングランドを中心に起こった理想主義運動。ロマン主義、汎神論的傾向が強い）を唱えたエマソンの信奉者であったマーティンは、ライトの建築に強く共鳴した。マーティンはライトに何度も騙され、裏切られても、ライトの才能を信じてライトを経済的に支援し続けた。

マーティンは幼くして両親と別れ、苦労して育った。石鹸の製造とカタログ販売を行なうラーキン会社に丁稚《でっち》として入り、副社長まで上りつめ、富と名誉を手にした。

ラーキン会社本社ビルの設計者を探していたダーウィンと兄のウィリアム・マーティンは、一九〇二年、知人の紹介でオークパークを訪れた。二人はトマス邸（一九〇一）、フリック邸（一九〇一）、ヒユートレー邸（一九〇二）の美しさに魅了された。全てがライトの作品と知ると、二人は自分たちの家の設計をライトに依頼したいと思った。一ヶ月後、ライトに面会した兄は早速弟に報告した。

ダーウィン、僕はライトに会って話をした。立派な紳士だ。スポーツマンタイプで、髪の毛は黒く（ふさふさしているが長くはない）、三十二歳位だろう。素晴らしい人物だ。詐欺師や「奇人」ではない。教養があり、洗練されていて、きざな奴ではない。率直な実業家タイプだ。しかも高い理想を持っている。……

お前だって十分も話せば彼に惚れ込むことだろう。ライトはお前のためにバッファローで一番美しく、一番使いやすい家を建ててくれるだろう。お前はバッファロー中の金持ちから羨まれ、お前の家は東部中の話題となるだろう。彼の作品なら決して飽きることはない。どうだい、何も言うことはないだろう。いつこちらに来れるかい？……僕はもうすっかり夢中だ。彼は純金だ。

（Quinan, *Frank Lloyd Wright's Martin House*, pp. 29-30）

弟のダーウィンは、ラーキン本社のあるニューヨーク州のバッファローに住んでいた。敷地にはアメリカのランドスケープデザイナーの父といわれるフレデリック・オルムステッド（一八二二～一九〇三、ニューヨークのセントラルパーク、シカゴ万博の景観設計他数多くの作品がある）の親族が手掛けた「百万長者の並び」と呼ばれる高級住宅地があった。

ダーウィンは早速ライトをバッファローに招いた。そして妹の家（バートン邸、一九〇三）、自邸（一九〇四～〇六）、ラーキン会社本社ビル（一九〇四～〇五）など次々と九件の設計を依頼した。兄のウィリアムはオークパークに彼の家（一九〇二）の設計を依頼した。

バッファローのダーウィン・マーティン邸はプレーリースタイルの家で、横幅が約五〇メートルと普通の家の五軒分あり、部屋数が一六の豪邸である。玄関に入ると、三〇メートルのパーゴラ（植物

D・マーティン夫人
（*Frank Lloyd Wright and the Art of Japan* より）

をはわせた棚を屋根としたあずまや）とそれに続くガラスの温室まで視線が広がる。外壁は高価な褐色の細いローマレンガで、屋根は赤褐色の煉瓦葺き。二六〇枚のアートガラスが嵌《は》められ、その中には虹色に輝くガラスや真珠光沢のガラスもある（口絵8頁）。リビングの四方の壁にはモザイクで藤の花が描かれ、柱には浮世絵が飾られている。

マーティン夫人がリビングに飾られた磯田湖竜斎《こりゅうさい》の美人画の柱絵の前に立つ興味深い写真がある。東西の美女対決のようである。ライトが夫人の衣装をデザインし、髪形を決め、花を活けるポーズをさせて、写真を撮ったに違いない。

マーティン夫人が色々と実に細かい注文をつけるので、ライトは大いに苦労したようだが、マーティン邸は細部の細部まで考え抜かれた芸術空間であり、ダナ邸と並ぶ宝石箱といえよう。

マーティン邸のパーゴラ、温室、馬車置き場は一九六〇年に解体されたが、一九九七年から三五〇〇万ドルをかけて一九〇七年の完成時の状態を再現する工事が行なわれ、二〇〇七年に終了した。現在はツアーで内部を見学することができる。本邸の方は一部がまだ修復中で、完成後は美術館となり、二六〇枚のアートガラス、リビングの壁を飾る藤の花のガラスモザイク、家具調度品、浮世絵などが展示される予定である。

2　日本への旅

ライトは「シカゴ建築家クラブ展」に毎年作品を出品していたが、一九〇二年の展覧会で、ライトの出品数が多すぎるという批判が出た。ライトは活動拠点をシカゴからオークパークに移し、数年間出品を控えた。この間ライトの浮世絵熱が高まっていった。

浮世絵への関心

ライトは自邸の隣のスタジオに浮世絵を飾り、浮世絵鑑賞用の特別なスタンドを考案した。常時五名ほどいた事務所の所員達も競って浮世絵を買い、その美を分析したり、浮世絵に描かれた日本の家を研究したりした。

ハーディ邸外観透視図
（『ヴァスムート作品集』より）
（『フランク・ロイド・ライト回顧展』より）

ライトの設計した家の美しい透視図を描いたマリオン・マホニーは女性として初めてMITの建築学科で学び、一八九六年から十四年間ライトの下で働いた。マホニーは浮世絵の繊細な美しさに惹かれ、透視図に浮世絵の手法を取り入れた。ハーディ邸を始めとする浮世絵風の美しい透視図は多くの顧客を魅了した。

一九〇二年と一九〇四年五月、フェノロサがシカゴを訪れて日本美術に関する一連の講演を行なった。

執行弘道は一九〇四年にセントルイスで開催された万国博の日本館の展示責任者を務めた。ライトは万博を訪れて浮世絵を購入した。この年の長男ロイド（十四歳）へのクリスマスプレゼントは浮世絵であった。

ライトの浮世絵蒐集の様子について、友人で仕事仲間の彫刻家リチャード・ボック（一八六五〜一九四九）が興味深いエピソードを語っている。ラーキンビル建設中のことで（設計は一九〇四年、竣工は一九〇六年）、ライトの一九〇五年の日本旅行の前か後か不明であるが、次のような話がある。

ラーキンビル建設中のある日ライトが、バッファローで工事の視察をしてからニューヨークに行くと言うので、私も同行することにした。バッファローに着いて現場の視察が終わると、ライトは事務所に行って、仕事の前金として一五〇〇ドルを請求した。お金を受け取ると私達はニューヨークに向かった。当時最高級といわれたベルモントホテルに部屋をとり、豪華な食事をした。翌日はライトの従兄のリチャード（ジェンキン叔父の息子）に連絡を取り、彼のクラブで夕食をご馳走になった。その前に買い物に出掛け、主に日本の浮世絵の店で時間を過ごした。ライトは浮世絵を集めており、お金がなくなると浮世絵を高く売って生活費を稼いでいた。その日彼は、揃い物の中の欠けた一枚を探していて、その一枚になんと七〇〇ドルもの大金を払った。それは素人の眼にはこれ以上単純な絵はないというような作品だった。私はもっと面白い浮世絵を七〇セントで購入し、ライトに笑われた。でも、私の目はそれほど悪くなかったようだ。というのは、ホテルに戻ったライトが、私が買った版画が彼が所有する揃い物の中の一枚であることを知って、彼の版画と交換してくれと頼んできたからである。

翌朝私達はバッファローに向かった。ホテルの支払いを済ませて駅に着くと、ライトは汽車賃が足りないことに気が付いた。仕方なく私が払った。いつものことだが。

(Bock, *Memoirs of an American Artist*, p. 83)

ラーキンビルとダーウィン・マーティン邸というオークパークから遠く離れたバッファローでの大工事が一段落した一九〇五年二月、ライトはついに憧れの国日本に向けて旅立った。ライトは『自伝』の中で、日本旅行の目的を「ラーキンビルとマーティン邸の仕事で疲れ果て、休養のため」と語っているが、実は彼には浮世絵の購入と日本の美術工芸教育の視察という大きな目的があった。

日本の印象

一九〇五年二月十四日、ライトと妻キャサリンはオークパークを発ち、ヴァンクーヴァー経由で三月七日横浜港に到着した。四年前に家を設計したウィリッツ夫妻が同行した。ライト夫妻は五十三日間滞在して、四月二十八日に横浜から帰路についた。

ライトの日本の第一印象は次のようであった。

六十余州名所図絵　安房小湊（安藤広重作）
（『広重の諸国六十余州旅景色』より）

この国を知らない人は、山がちの険しい土地を想像してください。海が非常に高い所まで上ってきたために、なだらかな斜面が全て海底に沈んでしまいました。だから海岸線はどこも絶壁です。今は朝です。黄金《こがね》色の空が青海原の上に広がり、遠くに小舟の白い帆が見えます。まるで海に浮かぶ白い鳥のようです。……

木の中に作られた鳥の巣のように、山の隅にひっそりと並ぶ茅葺きの家の集落が見えます。植物のようにぴったりと急斜面に張り付いた家があります。振り向くと、船を漕ぐ漁師たちの、朝日を浴びて赤銅色に輝く肉体が見えます。顔を戻すと、畑で働く農民が見えます。藍色の動いている点です。それらの点は花や鳥のように自然の中で生きています。鳴くこともなく、香りも出しませんが、本物の人間です。

(*An Autobiography*, pp. 194-195)

外国人の旅行記の多くが、富士山の美しく雄大な姿の描写から始まるのに対し、ライトは日本の地形、風景、そしてそこで働く人々の姿に眼を留める。漁師は早朝から漁《りょう》に出、農民は畑仕事に精を出す。人間も鳥や花のように自然の中で生きていることにライトは注目する。

日本の風景を見るライトの目は、ライトが少年時代を過ごしたウィスコンシンのヘレナ谷の自然を見る目である。そこには緑の草原に赤い百合を見つけて小躍りし、純白の雪のキャンバスに草の青い影を見つけて胸をときめかせたライトがいる。

ライトは日本の自然とそこで働く人々の姿に、故郷ウィスコンシンの自然と少年時代の自分を重ね合わせたに違いない。到着の瞬間から日本はライトにとって第二の故郷となった。

ライトが描写する日本の風景は広重や北斎が描いた日本の風景でもある。まっ青な海に浮かぶ白い帆舟、緑の木々が生い茂る断崖絶壁、シンプルな家が醸し出すのどかな情景は、広重が「六十余州名所図絵」やその他の風景画で頻繁に描いた風景である。

執行弘道の協力

ライトの来日にあたっては執行が大いに協力した。執行は一八八〇年、起立工商会社ニューヨーク支店長としてアメリカに到着したが、一八九七年七月、農商務省委嘱で一九〇〇年のパリ万博参加業務担当となり帰国した。九月には帝国博物館委嘱で『日本帝国美術略史』の編集副主任（主任は岡倉天心）となった。一八九八年九月からは著名な写真家の小川一真《かずまさ》（一八六〇～一九二九）と組んで『日本美術帖』（*Japanese Art Folio*）全一二帖を出版した。これは毎回の日本の名画六点（うち一点は浮世絵美人画）を紹介し、和英両文で簡単な解説を付けた本で、日本美術に関心がある外国人を対象にしたものと考えられる。小川はボストンで写真術を学んでおり、岡倉天心が一八八九年に創刊した美術雑誌『国華』の写真と印刷を担当していた。

執行は一九〇〇年、渡仏してパリ万博の準備にあたった。その功績に対し、フランス政府よりレジオン・ドヌール勲章（フランスの最高勲章。五級に分れ、軍事上あるいは文化上の功績者に授与）、日本政府より勲六等旭日章が授与された。一九〇三年には第五回内国勧業博覧会（大阪）で、農商務省内国博覧会事務局事務官、評議員を務め、藍綬褒章《らんじゅほうしょう》が授与された。一九〇四年にはセントルイス万博の担当となって渡米した。ライトがセントルイス万博を訪れたことは先に述べたが、執行は十月にシカゴで「セントルイス万博と日本」と題する講演を行なった。この頃ライトは、浮世絵仲間のフェノロサやグーキンを通じて親しくなった執行に、日本行きについて相談したものと思われる。執行は一九〇四年の冬に日本に戻り、翌年三月東京でライトを迎えた。春は日本の美しい桜を賞でるにふさわしい季節である。執行はそんなことまで考慮してくれたのかもしれない。

日本美術への深い造詣《ぞうけい》、古美術商、美術品所有者や日本美術輸出商との交友、美術界、美術行政界、美術産業界、美術教育界に幅広い人脈を持つ執行の紹介で、ライトは日本の最高の美術品を見、一流の美術商を訪れ、職人の仕事場を訪問し、美術教育の現場を視察することができた。

国内の旅

ライトの日本での行程はよくわからないのだが、残された写真と手紙を手掛かりに辿ってみよう。一九〇五年三月七日横浜に到着したライトは十八日まで東京に滞在した。日露戦争の最中で、三月十日は日本大勝利、奉天陥落のニュースに日本中が興奮した。ライトは執行の案内で両国の古美術商大黒屋を訪れて葛飾北斎の摺物《すりもの》に目を付けた。執行は三月十八日付手紙でライトに「京都の宿は『澤文』がよいだろう、支配人の中澤に会え、彼は美術鑑識家、よいヒントが得られるはずだ。……奈良では法輪寺の北畠男爵に……」と細かいアドヴァイスをした（谷川正己『フランク・ロイド・ライトの日本』一一一頁）。執行は、また、京都の織物商川島甚兵衛や日光の名物骨董商小林も紹介した（Meech, *Frank Lloyd Wright and the Art of Japan*, p. 110）。

三月十九日東京を発ったライトは名古屋（東本願寺別院。明治天皇が泊まられたことがある）、京都（知恩院、醍醐寺）、奈良、大阪、神戸（能福寺、生田神社）、岡山（後楽園）を訪れ、高松まで足を伸ばして、四月二十日頃東京に戻った。そして、日光（二十三～二十五日）と箱根（二十五～二十七日）を訪れ、二十八日に横浜を発った。なお、地名の後の（　）内の場所は、三男ディヴィッド（当時九歳）に贈った写真帖に写っている場所である。ライトが当然訪れたと思われる平等院鳳凰堂、金閣寺、銀閣寺、法輪寺などの写真がないこと、ライトには十五歳を筆頭に六人の子供がいたことから、他にも写真帖があったのかもしれない。当時、来日外国人の土産物として「横浜写真アルバム」が人気であった。それは日本各地の名所や風俗を写した写真を、五〇枚単位でアルバムに仕立てたものであった。ライトの写真帖は、写真が趣味のライトのいわば私家版「日本名所五十景」であった。ライトの『自伝』には旅の描写が無いので、同じ時期に来日した他の外国人の旅行記によって、当時の日本の様子を探ってみよう。同じ頃に京都を訪れた知日家のイギリス人写真家ハーバート・G・ポンティングは、知恩院、清水寺、金閣寺、銀閣寺、東本願寺、西本願寺、大徳寺、北野天神、下鴨神社、伏見稲荷を訪れ、京都を「自然と芸術の組み合わせが、これほど惜しみなくその恩恵をばらまいた場所はない」「最も優美で心を奪われる都」と絶賛した（『英国人写真家の見た明治日本』三九頁）。ポンティングは日本を「この世の楽園」と形容したが、ライトは『自伝』の中で日本旅行の章を「天国への歌」と題した。

高松は外国人の間でも骨董屋の町として知られていた。一八八二年に来日したイギリス人のヘンリー・ギルマールは、高松には百軒以上の店があると述べ、四〇〇〇ポンド（現在の五〇〇〇万円相当）の骨董品を買ってロンドンで売り捌《さば》いたと語った（小山騰『ケンブリッジ大学秘蔵明治古写真』一二二頁）。

工芸教育の視察

執行はライトが京都高等工芸学校初代校長中澤岩太（一八五六〜一九四三）に会うよう手配した。一九〇二年に創立されたばかりのこの学校は、本格的なデザイン教育を行なう日本で最初の学校で、ヨーロッパの新しいデザイン動向を積極的に取り入れた。校長の中澤はお雇い外国人ゴッドフリード・ワグネル（一八三一〜九二）のもとで陶芸を学び、ドイツに留学して陶磁器製法を学んだ。帰国後は日本の陶芸並びに美術教育の近代化に尽した。

京都高等工芸学校（現京都工藝繊維大学）には欧州留学から帰国したばかりの浅井忠《ちゅう》や武田五一《ごいち》もい

た。中澤は一九〇〇年パリ万博の仕事で渡仏した際、パリ留学中の浅井忠(一八五六〜一九〇七)を説得して、京都高等工芸学校への就任を依頼した。アントニオ・フォンタネージ(一八一八〜八二)のもとで西洋画を学んだ浅井忠は、一九〇〇年パリ万博の監査員かつ文部省の留学生としてパリに滞在していた。浅井はパリで見たアール・ヌーヴォーを通して、日本の伝統美術や装飾工芸の美に目覚めた。帰国後は京都に住んで、伝統的な図案の近代化に挑戦した。これはまさにライトが試みたことであった。

京都高等工芸学校の図案科の主任にはヨーロッパ留学から帰国した武田五一(一八七二〜一九三八)が就任した。武田はイギリスでアーツ・アンド・クラフツ運動のウォルター・クレイン、グラスゴーのマッキントッシュ、ウィーンでオットー・ワーグナーやウィーン分離派というライトと全く同じ芸術家達に興味を懐いた。日本の伝統芸術を愛する武田は和洋の折衷、融合を試みた。ライトは武田に会い、浮世絵をプレゼントされたようだが、武田を知ったことは、後にライトが帝国ホテルの仕事を受注するにあたって大きな意味を持つことになる。

中澤岩太はライトに、ユニークな美術教育を行なっている高松の香川県立工芸学校を訪れることを勧めた。ライトは高松に赴いた。初代校長の納富介次郎は、欧州に留学したにも拘らず、教育方針は伝統的な「古物模写」で、次世代の批判を浴びた。第二代の黒木安雄(東京帝国大学で漢文学を専攻し、漢詩、書画、篆刻《てんこく》に優れていた)は実習を重んじた。工芸学校には木材彫刻、用器木工、金属彫刻、用器金工、用器漆工、描金の六科があり、定員は一〇名であった。卒業後、東京美術学校に進学する者もいた。

日本の浮世絵展（シカゴ美術館，1908年）
（『フランク・ロイド・ライトと武田五一』より）

このように日本の工芸教育に強い関心を持っていたライトは、東京で先ず東京美術学校や帝室博物館を見学したであろう。東京美術学校の初代校長はライトが知るフェノロサであり、後任はシカゴ万博の鳳凰殿を企画した岡倉天心であった。ところが、岡倉はスキャンダルによって一八九八年、校長職と帝国博物館理事兼美術部長の職を失っていた。ボストン美術館に職を得た岡倉は、美術品蒐集のために一九〇五年三月二十六日に一時帰国した。その時ライトは日本にいた。しかし、日程的にライトと岡倉が会った可能性は極めて低い。強い個性の持ち主で、日本の伝統美術を愛し、詩人であり、芸術家である二人が会っていたら面白かったであろうか。

日本での買物

五月十四日、ライトは大量の浮世絵、美術品、着物、装飾図案帖などを抱えてオークパークに戻った。その額は四万ドルとも五万ドルともいわれた。ライトの借金はさらに膨らんだ。お金を借りた所員のグリフィンには、浮世絵で返済せざるをえなかった。別の所員はライトの借金が増えたことを悔んで、ライトは日本に行くべきではなかったと言った。

ライトと妻は、知人や友人に浮世絵や日本の美術品を売り、婦人会や教会で日本の話をしては美術品の販売に努めた。一九〇六年に新居に移ったダーウィン・マーティン夫妻には室内装飾として広重、勝川春章《かつかわしゅんしょう》、磯田湖竜斎らの浮世絵を購入させた。同年三月にはオークパークのユニティテンプルで日本の夕べを催し、日本旅行のスライドを上映した。同じく三月にはシカゴ美術館で、日本で購入した浮世絵による、世界初の広重展を開催し、『東海道五十三次』『江戸名所百景』『六十余州名所図絵』などから二一六点を展示した。この展覧会のカタログの序でライトは、「浮世絵の魅力は、自然と共生する日本人の生き生きとした姿を描いているところにあり、彼等の真摯な生き方が見る者の心を打つ」と述べた。

二年後の一九〇八年春、ライトは再びシカゴ美術館で、今度はグーキンと共同で、大規模な浮世絵展を開催した。この時はシカゴの有名なコレクターであるバッキンガム、ウエブスター、レンも参加して、出品数六四九点というアメリカ史上最大の浮世絵展となった。グーキンが詳細なカタログを執筆し、ライトが会場設計とインスタレーションを担当した。

展示場にはギャラリー六部屋が使われ、各室とも最高の効果をもたらすべく設備が整えられた。浮世絵のかかる壁面は、ピンクを帯びたグレーに統一され、絵の台紙もまた日本のベラム紙［高級羊皮紙に似せて作った紙］を使用、額縁には細い栗の木枠が使われ、額をつるす緑のコードが壁の上部を旋律的に飾った。また、会場のそれぞれの入口には、日本の花台や盆栽が置かれていた。

（上田収「シカゴ美術館の浮世絵」二一九頁）

フレデリック・グーキン
（*Frank Lloyd Wright and the Art of Japan* より）

額縁の茶色は木の枝、コードの緑は葉、壁のピンクは桜の花。春の自然の中に大きく咲くのが浮世絵。そして、浮世絵の花は会場に活けられた花と響き合う……見事な演出である。ライトはこの美学を用いて家を設計し、室内をデザインした。

フレデリック・グーキン

フレデリック・グーキン（一八五三〜一九三六）はライトと日本の関係を語る際に非常に重要な人物である。ライトの浮世絵熱に火をつけたのも、帝国ホテルの仕事をライトに斡旋《あっせん》したのも、ボストンの大浮世絵コレクターであるスポールディング兄弟をライトに紹介したのもグーキンであった。グーキンはフェノロサ、執行弘道、林愛作と親しく、岡倉天心の著作を愛読する大の日本贔屓であった。

グーキンはシカゴのノースウエスタン・ナショナル銀行に丁稚として入行し、努力の末に銀行家として成功を収めた。趣味は文学と美術で、「シカゴ文芸クラブ」や前述した愛書家の「カクストンクラブ」の会員であり、後者の会長を務めたこともあった。グーキンはまた大の浮世絵ファンで、とりわけ勝川春章の役者絵に目がなかった。五十歳で銀行を退職してからは浮世絵一筋に生きた。

グーキンは一八八五年頃、駐米特命全権公使九《く》鬼《き》隆一《りゅういち》（在職一八八五〜八八）のワシントン公邸で古画や浮世絵を見て感動し、日本美術の研究を始めた。九鬼隆一（一八五二〜一九四一）は文部官僚を長年務めたが、日本古美術の庇護者としても知られ、ワシントンの公使館の大広間には三百余幅の日本画や掛け軸が飾られていた。九鬼は一九〇八年には日本美術論を著し、一九一四年には生まれ故郷の兵庫県三田《さんだ》に私設美術館を創設して、雪舟、探幽、光琳、応挙、北斎他多くの作品を展示した。ライトは一九一三年に来日した時に、九鬼の茶会に招かれた。なお、『「いき」の構造』の著者九鬼周《しゅう》造《ぞう》（一八八八〜一九四一）は隆一の息子である。

グーキンはアメリカでフェノロサに次ぐ浮世絵の専門家となり、浮世絵を蒐集し、鑑定した。彼の勤める銀行の頭取であったクラレンス・バッキンガムは、グーキンの影響で浮世絵の蒐集を始めた。一九〇八年九月、フェノロサが旅先のロンドンで狭心症で急死した時には、未亡人からの働きかけもあってグーキンが、フェノロサが所有する大量の浮世絵をバッキンガムコレクションに買い入れて、その管理にあたった。一九一三年バッキンガムが亡くなった時には、遺族が千四百点余りの浮世絵をシカゴ美術館に委託した。それらの管理を任されたのもグーキンだった。彼は毎年美術館で浮世絵展を開き、バッキンガム・コレクションを市民に紹介した。

グーキンは数々の浮世絵目録を執筆した。一八九六年にフェノロサがニューヨークで開催したアメリカ初の浮世絵展のカタログに始まり、一九〇八年にシカゴでライトと共催した浮世絵名品展、一九一二年のシカゴでの広重展、一九一六年ニューヨークのメッツガーコレクション展、一九二二年のパリのコレクターA・ルアールの競売カタログ、一九二六年ニューヨークでの森コレクションの競売カタログ等々。
森コレクションの競売カタログの序でグーキンはいう。

シカゴのファインアーツビルにある森氏の店は十年以上にわたって、日本の美しい美術品を鑑賞することができる場所であった。美術品を買おうが買うまいが、森氏は客を温かく迎え、友達のように話をしてくれた。

グーキンが会員であったカクストンクラブやライトの設計事務所は一時期このファインアーツビルにあった。ライトはこの店の常連で、一九一四年には店の改装や家具のデザインを手掛けた。浮世絵と引換えの仕事だったかもしれないが。

浮世絵の魅力

グーキン、ライトを始めとする当時のアメリカの熱狂的な浮世絵ファンは、浮世絵の何に惹かれ、どこに魅力を感じたのだろうか。

一九〇八年シカゴ美術館で開催された浮世絵展の一三二頁に及ぶ浩瀚《こうかん》なカタログを執筆したグーキンは、序文で浮世絵の魅力を次のようにまとめた。

色の輝き、美しい色合い……淡く澄んだ色の絶妙なバランス、色がもたらす恍惚。
着想の妙、線の力、光と影の遊び、構図の妙。浮世絵は構図を学ぶ上で最良の手本である。

浮世絵の文法は完璧であり、技術的にも秀逸である。

二〇〇七年三月、NHKのテレビ番組「歌麿・紫の謎」で、百年近く人目に触れることなく大事に保管されてきた、ボストン美術館のスポールディングコレクションの中の歌麿の作品が紹介された。このコレクションの中にはライトが来日した折に執行弘道を介して購入した浮世絵もある。百年ぶりに姿を現した浮世絵の鮮やかな色彩は番組の中で「澄んで清らかで美しい」と形容されたが、それはグーキンが指摘した浮世絵の第一の魅力であった。

フランス人のコレクター達は、先ず構図に注目したが、グーキンやスポールディング兄弟は先ず浮世絵の色の美しさに注目した。スポールディング兄弟は、その美しい色が褪せることを恐れて、ボストン美術館に寄贈したコレクションの展示を禁じた。そのためスポールディングコレクションは、今日でも当時の美しい色合いを保っている。

少ない色を細心の注意を払って刷った浮世絵には淡い色調がもたらす繊細な美しさがある。他方、ウィリアム・モリスやラファエロ前派の絵の色は濃く重く、画面には一寸の余白もない。ライトはアーツ・アンド・クラフツ運動の精神には賛同したが、彼らの作品よりは、余白があり静謐な浮世絵を好んだ。

3　ユニティテンプル

帰国後の作品

日本から戻ると、ライトのプレーリーハウスはさらに日本的になった。ダナ邸、トマス邸、ヒュートレー邸などに見られたアーチ型の入口は姿を消した。アダムズ邸（一九〇五）、ブラウン邸（一九〇五）、ホイト邸（一九〇六）、ボイントン邸（一九〇八）等では寄せ棟屋根、格子窓、格子戸、木の箱型階段などが使われた。予算が少ない家の場合は漆喰の白壁に木の縁取りを付けた。高価なアートガラスや照明器具の代わりには、ライトが日本で購入してきた浮世絵や置き物を飾った。

日本旅行の明らか、かつ重要な影響が現れるのは、ユニティテンプル、クーンリー邸、マコーミック邸（計画案）である。

チャールズ・ロバーツ

ライトが日本から帰国して間もない一九〇五年六月、落雷によってユニティ教会《チャーチ》が焼失した。同年九月、ライトのほか八人の建築家が再建プランを提出した。

ライトの斬新なデザインに反対の委員もいたが、再建委員の一人で、ライトのパトロンであったチャールズ・ロバーツが説得して、ライトを設計者に選定した。

シカゴスクリュー（ねじ）会社社長のロバーツは、ライトと同じくウェールズ人の血を引き、発明好きであり、ライトと気が合った。彼は自邸の改装（一八九六、バーナム設計）、親戚のヒコックス邸とブラッドリー邸（一九〇〇、この二軒は最初のプレーリーハウスといわれる）、親友のファーベック邸の仕事をライトに依頼した。娘のジュリアはライト事務所の秘書を務め、娘婿のチャールズ・ホワイトは事務所で建築の修業をした。ライトはロバーツへの感謝の意をこめて、自邸タリアセンを建てた時に一部屋を「ロバーツ・ルーム」と名付けた。このようにライトには、つねに彼の味方となり、窮地から救ってくれるパイロンがいた。

正方形

ユニティ教会建設の条件は、四百名収容しかも予算は僅か四万五〇〇〇ドル。そこでライトは、最も廉価な素材であるコンクリートを使うことを考えた。コンクリートは当時はまだ新しい素材で、四年前にフランス人のペレやガルニエが実験的に使っただけであった。ライトは建物の形を立方体にすると、コンクリートの型枠の使い回しができ、工事費を削減できると考えた（口絵4頁）。

立方体という形には、もう一つ、重要な意味があった。ユニテリアンというのは、三位一体《トリニティ》（神、キリスト、精霊）ではなく、唯一神《ユニティ》を信じるキリスト教の一派である。ユニテリアンにとって教会は神と人間が一体となる場所である。ユニティとは神と人間が統一《ユニファイ》された完全な状態で、視覚的には縦と横の比が一対一の正方形で表される。そこでライトは正方形を教会の重要なモチーフとした。建物全体の形は立方体、天窓や照明器具の形、ステンドグラスや天窓のデザインも全て正方形とした。

立方体の建物ということでライトは、ヨーゼフ・マリア・オルブリヒ（一八六七～一九〇八）が設計したウィーンの分離派会館（一八九八）を参考にした可能性がある。ライトが共鳴したアーツ・アンド・クラフツ運動はウィーン分離派に注目しており、ライトは一九〇四年のセントルイス万博で、オルブリヒが手掛けたドイツ館を見学していたからである。一九〇九年にベルリンを訪れたライトは「アメリカのオルブリヒ」と紹介された。

光の聖堂

ライトは光を最も重視し、教会内部を光に満ちた空間にしたかった。信者達に「雲一つなく晴れ渡った幸せな気分」を味わってほしいと思った。そのために大きな天窓と広い窓を設けた。

光の空間という意味で、ユニティテンプルをロマネスク様式の教会や修道院、例えば南仏プロヴァンス地方のル・トロネ修道院と較べてみるのも面白いと思う。清貧を重んじ、装飾や彫刻を禁止したシトー派の修道僧にとって神は光であった。

天窓と高窓のガラスの正方形のデザイン、柱、梁、手摺、祭壇、タピストリー、パイプオルガン、照明器具、木枠の直線のラインが響き合い、黄色、琥珀色、褐色、緑色が美しく調和して教会内部が宝石のように輝く。ライトはこの空間を「私の小さな宝石箱」と呼んだ。ライトの装飾デザインの研究家ハンクスは、この空間を次のように絶賛した。

ユニティ教会の室内では、［ライトは］また新境地をひらいた。格天井のあいだの琥珀色のガラスを通してふりそそぐ太陽の光は部屋に満ち、純白の石膏で仕上げた壁は圧迫感を感じさせない。祭壇の後ろはタピストリーが立体的に下げられ、パイプオルガンのパイプはスクリーンのようにリズミカルに立ち並び、高窓の装飾ガラス、ランプスタンド、房飾りのついた皮張りの司祭席などが見事な構成をつくり出している。こうした線と光の交錯はすばらしいもので、部分々々を取り上げて話してみても、この美しさを伝えることはできない。（ハンクス『ライトの装飾デザイン』一五四頁）

このように描写されるユニティテンプルの室内デザインの美学は、先に見た一九〇八年の浮世絵展の会場設計の美学と非常によく似ている。

日本の影響

ライトの叔父ジェンキンは、シカゴの有名なユニテリアンの牧師であったが、非常に自由な宗教観の持ち主であった。彼は一八九四年にシカゴで開催された「世界宗教者会議」の実行委員の一人であった。彼は、会議に参加した日本人の神主と話したり、インドのラビナント・タゴールを甥（ライト）のオークパークのスタジオに案内したりした。叔父の教会の建築も宗教建築としては全く異色であった。ライトが一八九七年から一九〇三年まで六年間設計建設に関わったその教会は、直方体で、まるでオフィスビルのようであった。

一九〇五年日本を訪れたライトは、次のような疑問を持った。なぜ我々西洋人は現世を天国に近づけることに苦心するばかりで、日本の神道のように天国を現世で実現しようとしないのだろうと。ライトは天に向って伸びる尖塔を建てずに、教会の中を神の世界、光の世界とした。透視図を見るとわかるが、ユニティテンプルは木々に囲まれ、窓辺には花が咲き乱れ、天国のようである。

町の雑踏からこの聖なる空間に入る入口は、建物の正面ではなく脇にある。入口を入って何度も曲がりながら聖堂に近づくアプローチは、市中の山居である茶室へのアプローチをおもわせる。

聖堂の仕切りのない広い空間、石膏壁の木の縁取り、照明器具のデザイン、格天井に似た天窓などは、日本で訪れた京都醍醐寺本堂などからヒントを得たのかもしれない。

以上のように、ライトの設計案は極めてユニークであり、当然反対する信者もいた。その一人が、献堂式が終わるとライトに電話をかけてきた。「これまでの批判は全て撤回する……教会の中には光が満ち溢れている。皆大満足だ……教会は明るいし、音響もいい。君の考えがやっとわかった。」嬉しさのあまりライトは抱いていた娘を高く放った。娘はきゃーきゃー笑って喜んだ。

柱を壁から離す

一九〇四年にダーウィン・マーティンが経営するラーキン会社の本社ビルを建てた時、ライトは無意識に四隅の柱を壁から少し離した。ユニティテンプルでは意図して柱を壁から離した。そうすると、壁ではなく柱が建物を支えるので、壁が自由になる。これが、カンティレバー（片持梁）構造とカーテンウォールの萌芽であり、近代建築誕生の第一歩であった。

ライトはこの発明がゴシック建築のフライング・バットレス（飛び梁）の発明に匹敵すると得意になった。ゴシック建築は、ロマネスク建築の厚い壁を何とか薄くして、教会の内部を明るくしようと思案した。ついにフライング・バットレスによって外側から壁を支えることを考えついた。その結果、壁を薄く高くして窓を開け、教会内部を広く明るくすることができた。

ライトは自分が初めて壁が自由な建物を建てたと得意であった。ライトは建物で重要なのは壁や屋根ではなくて、それらが作り出す空間にあることを自分が発見したと思っていた。その後ライトは岡倉天心の『茶の本』を読んで、老子が大昔にその事を指摘していたことを知ってショックを受ける。

私は船の帆のようにしぼんでしまった。私は予言者ではなかった。老子はイエスより五〇〇年も早い。しかし、よく考えると、老子は建物を建てたわけではない。私は建てた。真理は永遠である。老子のものではない。老子は真理に気が付いた。私は気が付いて、それを形にした。

(Peter, *The Oral History of Medern Architecture*, p. 121)

そう考えてライトは再び自信を取り戻した。建物の本質が壁や屋根ではなく、それらが作り出す空間にあるという発見が、ライトの近代建築の出発点となった。ユニティテンプルが処女作であった。

来日は一九〇六年?

ライトは『自伝』で、来日した年を一年遅い一九〇六年としている。何故だろうか。ライトの『自伝』は必ずしも事実の正確な記録ではない。誕生年が二年遅くなっていることを始め、かなりの操作が加えられている。

ライトは一九〇五年三月に横浜に到着し、五月にオークパークに戻った。その一ヶ月後にユニティ教会《チャーチ》が火災に遭った。ライトが教会の設計を始めたのは日本から戻った後で、設計図は一九〇六年二月に完成した。ところが、来日の年を一年遅らせて一九〇六年とすると、教会の設計図を完成させてから日本に旅立ったことになる。教会の設計にあたっては日本旅行の影響が全くないということになる。逆に言うと、日本旅行の影響があったからこそ、それを隠すために来日の年を一年遅らせたということになる。

日本の影響とは何か？　諸説あるが一つは、ライトが近代建築誕生のきっかけのヒントを与えてくれたという壁のない建物との出会いである。日本の木造建築は柱と梁から出来ていて壁はない。障子や木の引戸が建物の内と外を仕切る役目を果たしている。ライトが撮った写真の中にも知恩院や東本願寺名古屋別院、生田神宮、岡山後楽園本殿など、壁のない柱と梁の建物の写真が何枚もある。壁のない日本の建物はライトにとって大きな発見であり、啓示であったと思われる。

ライトはラーキンビルでは無意識のうちに柱を壁から離したが、ユニティテンプルはそれを意識的に行なったことを繰り返し述べる。「無意識に」を「意識的に」に変えたのが日本の建築との出会いであった。

火災に弱い木ではなくて、火災に強いコンクリートを使って柱と梁の建物を建てる。これがユニティテンプルを設計する際のライトにとっての挑戦であった。壁に囲まれた教会ではなく、日本の神社や寺のように壁のない建物を建てる。ユニティチャーチ（教会）ではなく、ユニティテンプル（寺）と呼んだことにはそんな意味が込められているのではないだろうか。

茶室的教会

ユニティテンプルの隣には、日曜学校や教会員達の集会や文化活動のためのユニティハウスが建てられ、一九〇七年の春に完成した。ライトは建物を設計しただけでなく、そこで行なわれる行事の計画も立てた。一九〇八年二月には「芸術のシンポジウム」を開催して、シカゴ交響楽団の指揮者を始めシカゴの著名な音楽家、画家、彫刻家、詩人、作家、俳優を招いた。

ユニティテンプルとユニティハウスは宗教的、芸術的、文化的空間であった。岡倉天心のいう「茶室」であり、四角いシンプルな洋風の「数寄屋」であった。

簡素で卑俗なものが一切ない茶室は外界の喧噪から離れた真の聖域である。ここでのみ、人は美しいものを心置きなく愛でることができる。

(Okakura, *The Book of Tea*, pp. 72-73)

一九〇八年十月に最初の礼拝が行なわれて以来、ユニティテンプルの評判は高まり、ライトはオークパークで「世界中で最も有名な建築家の一人」といわれた。翌年には全米各地から何百人もの人々が教会を見に訪れた。ライトの名声は一気に上がった。

ライトはヨーロッパで出版したヴァスムート作品集の掉尾《とうび》をユニティテンプルで飾った。近代建築の出発を記念する自信作だったからである。後述するアントニン・レーモンドは一九一九年にこの教会を見て、「コンクリートのモノリス［一枚岩］のこの教会は近代建築の最も見事な作品だ」と評した。

4　富豪からの注文

クーンリー邸

ライトの後期プレーリーハウスの傑作はクーンリー邸（一九〇七～〇八）とロビー邸（一九〇八～一〇）である。

クーンリー邸
（『フランク・ロイド・ライト回顧展』より）

クーンリー邸はプレーリーハウスの中で最も大きく、ライトが最も気に入っていた家である。クーンリー夫妻の可愛らしい娘が晴着を着て、家のあちこちで撮った写真が残っている。クーンリー夫妻は金持ちで教養があり、夫人は建築に興味があった。一九〇七年四月、「シカゴ建築家クラブ展」でライトの作品を見た夫人は「建築哲学」が読み取れるライトの作品が気に入った。夫妻はライトの作品を次々と見て、ライトに設計を依頼することを決めた。

敷地はオークパークの南西の町リヴァーサイドにあった。この町はアメリカのランドスケープデザイナーの父フレデリック・オルムステッドが手掛けたアメリカ最初の近代的郊外として知られた。木々や草花、川に囲まれたこの美しい土地に、ライトは自然の一部となる家、自然の中にいることを満喫できる家を建てた。この家でライトは初めてゾーニングという、機能別に翼を分けるシステムを使った。こうすると各翼が自然と接する面積が増えるからである。リビングを取り囲むガラス窓からは光が燦燦《さんさん》と注ぎ、暖炉の両脇にはシダの壁画が広がる。天井の木枠もシダを形取り、天窓の装飾模様とアートガラスの模様もシダ、絨毯や家具にもシダが描かれている。天井と壁はモスグリーン色。室内のあちこちには本物のシダが飾られる。まさにシダ尽しの家である。ライトは日本を訪れた時、香川県立工芸学校で木材彫刻、用器木工、金属彫刻、用器金工などの教育を視察したことを紹介した。その時見た日本の工芸技術がクーンリー邸の装飾に活かされているのかもしれない。池を前にして低い屋根が左右に伸びる姿は、シカゴ万博の鳳凰殿や後に建てる帝国ホテルによく似たライトの好きな構造である。

広大なクーンリー邸は一九五〇年代に五軒に分譲して売りに出された。その一軒を購入したのは終戦後日本に駐留した連合国軍の元兵士であった。彼は連合軍が使用していた帝国ホテルに魅せられ、ライトの設計した家に住むことを夢見るようになった。頑張って働いてようやく手に入れたのがクーンリー邸であった（山口由美『帝国ホテル・ライト館の謎』一八二～一八三頁）。別の住人は「休暇から戻ると、日本を再訪した気分になる」と語った（Aguar, *Wrightscapes*, p. 120）。現在のオーナーであるイーストマンは大規模な修復を行なって、一九〇八年の竣工当時の姿に戻すことを検討している。

ロビー邸（イリノイ州）

ロビー邸

ロビー邸（一九〇八～一〇）はライトのプレーリーハウスの中では最も有名で、長く水平に伸びた流線型の姿が大型定期船に喩えられ、写真でもよく紹介される。非常にシンプルで直線的、そしてコンクリート、レンガ、スチールという素材が

ロビー邸リビングルーム
（『巨匠フランク・ロイド・ライト』より）

機械的、機能的な印象を与え、ヨーロッパの近代建築家達に大きな影響を与えた作品である。

施主のフレデリック・ロビーは三十代の若いエンジニアで、自転車製造会社の社長であった。彼は、広々とした空間があり、外からは見られないが、中からは外の眺望が楽しめる耐火性の住宅を望んだ。シカゴの著名な建築家を訪ねると、どこでも同じ返事が返ってきた。「お望みのものはわかります。ライトが建てるような家でしょう」。

一九〇六年、ライトと初めて会った時のことをロビーはこう回想した。「私が技術的な言葉で話すとライトは建築的な言葉で応えた。彼は私と同じ世界にいるなと思った」。

白い天井には横木が等間隔で走り、非常に広いリビングルームの細い壁も白く、木の縁取りがある。ソファもテーブルも絨毯の模様も全て茶色の直線である。色も形も非常にシンプルですっきりしている。リビングを取り巻く壁には多数のアートガラスが障子のように並ぶ。このアートガラスの面積はそれらの間の白壁の二倍もある。

仕切りのないロビー邸で興味深いのは、リビングルームの椅子がリビングルームを、ダイニングルームの椅子がダイニングルームを仕切っていることである。ゆったりとした肘掛け椅子が並ぶ場所がリビングルームであり、ハイバックチェアーに囲まれた空間がダイニングルームである。部屋を壁で仕切る代りに、ライトは椅子のデザインによって空間を仕切った。

ロビー邸とユニティテンプルは同じ頃構想された。両方から閉鎖的な壁が消え、外の光が明るく射し込む。室内には仕切りがなく、一つの広い空間が広がる。これらは建物の本質は外側の枠組ではなく、内部空間にあるという老子の言葉を体現した建物であるといえよう。

ロビー邸は二〇〇二年から八〇〇万ドルの予算で、十年計画の改修工事が行なわれている。外装工事は二〇〇三年に終了して、現在は少しずつ内部を修理して、一九一〇年竣工当時の姿に戻している。改修後は内部を美術館にして公開する予定である。ガイドツアーは改修中も実施されている。

マコーミック邸

ライトはシカゴの大富豪からも別荘の設計案を提出するよう依頼された。小麦の刈取り機の発明によって巨万の富を得たマコーミック・ハーヴェスティング・カンパニーの創業者の息子ハロルド・F・マコーミック（一八七二〜一九四一）である。妻のイーディスはスタンダード・オイルの創業者ジョン・D・ロックフェラーの娘であった。一九〇七年、マコーミック夫妻はシカゴの北のミシガン湖に面した高級別荘地レイク・フォレストに二六〇エーカーの広大な土地を購入した。二〇メートルの崖の上からのミシガン湖の眺めは素晴らしく、敷地内を小川が流れ、滝となって落ちていた。

この変化に富む自然の中にライトは桂離宮のように、雁行《がんこう》する部屋が立ち並ぶ一連の建物を設計した。しかし、マコーミック夫人はライトのプレーリースタイルの家が気に入らなかった。代りに設計にあたったのは、東部の著名な建築家チャールズ・プラット（一八六一〜一九三三）だった。プラットは当時上流階級の間で流行していたイタリア・ルネサンス様式のヴィラを建てた。「ヴィラ・トュリカム」と名付けられた別荘は一九〇八年から十年かけて建設された。部屋数四四、建設費五〇〇万ドルの大豪邸であった。因《ちな》みにライトが雑誌に発表した最初のプレーリーハウスは七〇〇〇ドルであり、ユニティテンプルの総工費は七万九〇〇〇ドルであった。

マコーミック邸を受注できなかったことはライトにとって精神的にも経済的にも大きな痛手であった。一九〇八年は注文も少なく、辛い時期であった。

フォード邸

一九〇九年には別の大富豪がライトに接触を試みた。自動車王ヘンリー・フォード（一八六三〜一九四七）である。フォードは開拓農民の息子で、ライトと同じように自然の中で育ち、自然を愛し、農作業に追われる少年時代を過ごした。フォードは生まれ育った土地に近いミシガン州ディアボーンに広大な土地を購入した。そして家の設計をライトに相談した。その時ライトはヨーロッパに旅立つところであった。代りに弟子のマリオン・マホニーがライト風のプレーリースタイルの家をデザインした。

フォード夫人と事務所の意見調整が手間取る中、フォード夫妻は初めてのヨーロッパ旅行に旅立った。そこで見たイギリスのマナーハウス（荘園領主の館）が気に入った夫妻は、自邸の設計デザインと設計者を変更してしまった。三〇〇エーカーの広大な敷地にはマナースタイルの館が建ち「フェア・レーン」と名付けられた。部屋数五六、総工費二四二万ドル、ランドスケープは著名な造園家であるシェンス・ジェンセン（一八六〇～一九五一）が手掛けた。

プレーリーハウスとは

一九〇〇年代の十年間にライトは約六〇軒のプレーリーハウスを建てた。水平に伸びる低い屋根、深い軒、連続する窓が特徴のプレーリーハウスは、外観はシンプルだが室内には美しい芸術空間が広がる。家具調度品、照明器具、アートガラス、絨毯などがライトの手でトータルにデザインされた。工事が遅れたり、予算を超過することが多かったが、施主達は芸術作品の中に住む喜びを味わった。

自然の中に溶け込むシンプルで素朴な日本の民家、自然を贅沢に賞《め》でるよう設計された皇族の離宮や貴族の別荘、無駄を省いた少ない線と美しい色で描かれた浮世絵、これらの美学を取り入れてアメリカ中西部のプレーリーにふさわしいように設計されたのがライトのプレーリーハウスであった。ライトの第一期黄金時代である。

第四章　試練の時代

1　ヨーロッパへの旅立ち

駆け落ち

建築家としての名声が高まる一方で、ライトの私生活は危機に陥っていた。一九〇三年、ライトは近くに住むチェイニー夫妻の家を設計して、夫人と親しくなった。一九〇七年頃には二人の関係が世に知られ、ゴシップの種になった。

メイマ・ボースウィックは一八六九年アイオワ州に生まれた。父親は鉄道関係の技師だった。メイマはミシガン大学で学士号と修士号を取得し、ミシガン州ポートヒューロンの高校で英語、仏語、歴史を五年間教えた。一八九九年、大学時代の友人で電気技師のエドウィン・チェイニーと結婚して、オークパークに住んだ。一九〇二年に長男、一九〇六年に長女が生まれた。

ライトの次男ジョンによると、メイマは「教養があり、繊細で、人柄もよいオークパークの花」で

メイマ・ボースウィック・チェイニー
（*Collected Writings*, vol. 2. より）

あった。ライトの心は次第に、六人の子供の世話に明け暮れる家庭的な妻のキャサリンから知的なメイマに移っていった。ライトはメイマを「気の合う友」「忠実な仲間」と呼んだ。

二人はゲーテ（一七四九～一八三二）の読書会で一緒だったらしい。ゴシック様式のストラスブルグ大聖堂を見て感激し、「ドイツ建築について」という文章を著し、ドイツ的なもの、中世的なものへの回帰を訴えたゲーテにライトは共鳴したようだ。メイマはゲーテの詩や文章が好きで、ゲーテの伝記を愛読した。一七八六年、ゲーテは突然ワイマール公国の公務を投げ出してイタリアに旅立ち、二年間イタリアで自由に暮らした。そんなゲーテの行動がライトとメイマのヨーロッパ行きに影響を及ぼしたかもしれない。一九〇九年アメリカを離れた二人は、イタリアのフィレンツェ郊外に居を定めた。

ライトにはヨーロッパ行きを望むもう一つの理由があった。一八九四年にパリのボザールへの留学を断ったライトも、その後のヨーロッパの新しい建築運動には関心があった。ウィーン分離派の活躍するウィーン、友人のアーツ・アンド・クラフツ運動家チャールズ・アシュビー（一八六三～一九四二）のいるイギリスのカムデンを訪れたいと思っていた。

ライトにヨーロッパ行きの機会が訪れた。一九〇八年、ベルリンの有名な美術出版社ヴァスムート社から作品集出版の誘いが来た。ライトとメイマは、シカゴのゴシップから逃れ、二人の愛と仕事の成功を夢見て、ヨーロッパ行きを検討した。一九〇九年一月、ライトはイギリスにいるアシュビーに手紙を書いた。今は仕事で忙しいが、一年以内には必ずそちらへ行くと。

九月ライトは大量の浮世絵をカンザスシティのセイヤー夫人に売却し、パトロンのダーウィン・マーティンとフランシス・リトルから浮世絵を担保に金を借りた。九月二十日、ライトは妻キャサリンにベルリンで作品集の準備をすると言ってオークパークの家を出た。二十二日、事務所の仕事をマリオン・マホニーと急遽雇ったハーマン・フォン・ホルストに任せる契約を結んだ。

メイマは六月、二人の子供を連れて親友の住むコロラドに行き夏を過ごした。九月末、メイマはコロラドから単身ニューヨークに出てライトと落ち合った。十月、二人はヨーロッパ行きの船に乗った。十一月七日、シカゴトリュビューン紙の特派員が「ライトとその妻」がベルリンのホテルに宿泊していることをスクープした。二人は日本に行くと言って姿を晦《くら》ました。冬の間二人は別行動をとった。メイマはライプチヒ大学で英語を教えた。ライトは十一月二十四日ヴァスムート社と最初の出版契約を交わし、フィレンツェ市内に部屋を借りて作品集の準備にあたった。ライトはウィスコンシン大学の学生であった長男と事務所の所員一人をフィレンツェに呼び寄せた。その頃の様子を長男のロイドが一九六六年、次のように回想した。

父はメイマとドイツに旅立った。……しばらくして、父から連絡があった。お金を送るから、イタリアに来て仕事を手伝ってくれと。私がフィレンツェに着くと、ドラフトマンのテイラー・ウリーが先に到着していた。ウリーは数年前から父の事務所で働いていた。ソートレークシティ出身の働き者で、製図が上手だった。

父はフィレンツェで、ダビデ像があるミケランジェロ広場のすぐ近くに部屋を借りていた。父は事務所から必要な図面を船で送っていた。マホニーらが描いた透視図や図面、父自身のスケッチや図面一式を。父は日本の版画とヴィエルジュ(1)の影響を受けていた。早く作業を終えるために私達三人は毎日一所懸命働いた。図面を丸ペンでトレースし、修正し、簡略化し、全ての図面をそろえていった。……

図版の準備には数ヶ月かかった。この間父は何度かベルリンに赴いた。……

図版が完成すると父がドイツに運び、リトグラフ印刷された。

作業が完了すると、父は私とウリーにイタリアを旅して、庭園、都市の姿、優れた芸術作品などを見て来いと言った。私達はイタリアを隈なく旅した。ウリーはソートレークシティに戻って、ヴァスムート作品集を西部で販売する可能性を探ることになった。私はフランスに行き、パリで父と落ち合った。私が造園学に興味があったので、父とヴェルサイユ宮殿、チュイルリー公園などを見て、ルーブル美術館を訪れた。……

私はアメリカに戻ったが、父はイタリアに戻り、さらに数ヶ月滞在した。

（1）スペインの挿絵画家。ダニエル・ウラビエタ・ヴィエルジュ（一八五一～一九〇四）。パリで活躍し、新聞や本の挿絵を描いた。『ドン・キホーテ』の挿絵が最も有名だが、ライトの好きなヴィクトル・ユゴーの挿絵も描いた。

(Kaufmann J. Jr., "Crisis and Creativity", pp. 292-295, 注は筆者による)

ヴァスムート作品集

ヴァスムート作品集には『モノグラフ』と『写真集』の二種類がある。『モノグラフ』はフォリオ判の大型本、リトグラフ（石版画）刷りで、六六枚帙《ちつ》入り。浮世絵を意識したライトの言わば「名建築選」である。一二七五部刷られ、一〇〇部がヨーロッパ販売用（一部一二〇マルク）であった。二五部は特装版で、日本の和紙に刷られ、半革製の帙入りだった。『写真集』は、アメリカ用が一四一頁、図版一九三枚、ヨーロッパ用が一一三頁、図版一四八枚、各各五一〇〇部と三九〇〇部刷られた。ライトはこの出版のために一万五〇〇〇マルク支払った（Alofsin, *Frank Lloyd Wright —— the lost years, 1910-1922*, p. 318）。

『モノグラフ』の序でライトはその土地に根ざした建築、すなわちフォークアーキテクチャーの必要性を説いた。フォークソングやフォークロアー（民話）と並んで、フォークアーキテクチャーが必要だと訴えた。それはその土地の自然条件である岩、崖、川、木などを活かした。その土地の顔となる建築を意味した。ライトがプレーリーハウスで実行した建築であった。

『写真集』の序はチャールズ・アシュビーに依頼した。アシュビーはイギリス人のアーツ・アンド・クラフツ運動に参加した建築家、工芸家であった。一九〇〇年シカゴを訪れ、ライトのハッサー

ユニティ教会透視図（『ヴァスムート作品集』より）
（『フランク・ロイド・ライトと武田五一』より）

邸に感銘を受けてライトと親交を結んだ。
ライトはアシュビーの序から数ケ所を削除した。その一つはライトが日本の浮世絵から影響を受けたことを指摘した部分である。

ライトは否認するだろうが、彼の作品には所々に日本の影響、日本の形をアメリカの環境に適応させようとした形跡が見られる。日本の影響は無意識的なものかもしれないが、私は彼の図面に日本の浮世絵の影響を強く感じる。ライトは図面によって施主の心を摑もうとした。それらの図面は実に魅力的である……。

（Alofsin, *Frank Lloyd Wright —— the lost years, 1910–1922*, pp. 313-314）

ライトは自分で書いた『作品集』の序の最後で彼のユニークな透視図についてこうコメントした。

これらの透視図は建物の写実的な描写ではない。家と周囲の雰囲気を絵画風に描いたものであり、オリジナルはカラーである。これらの図は日本の［浮世絵の］の影響を受けている。

ライトにとって、設計図も一つの芸術作品であった。

作品集の影響　ヴァスムート作品集は、新しい建築を模索するヨーロッパの若い建築家達に強い影響を与えた。ドイツのグロピウス（一八八三〜一九六九）、ミース・ファン・デル・ローエ（一八八六〜一九六九）、フランスのル・コルビュジエ（一八八七〜一九六五）、オランダのデ・シュティール派の人々、チェコのアントニン・レーモンド、オーストリアのルドルフ・シンドラー、リチャード・ノイトラらがライトの作品の美しさに魅せられた。ライトによると、グロピウスは母親からライトの作品集を贈られ、それが彼の「聖書」となったという。ミースの次の言葉（一九四〇年）もよく引用される。

われわれ若い建築家は内面的な不協和音に苦悩していた…そのころ建築理念の潜在的生命力は失われていたのだ…このようなわれわれにとって危険きわまる時期に、フランク・ロイド・ライト作品展がベルリンに廻ってきた［作品展ではなく、作品集であろう］。この偉大な巨匠の作品は、並々ならぬ力を持った建築の世界を、明澄な語り口を、そして当惑するほど豊かなフォルムを、示していた…ここに再び、長い空白のすえ、真に有機的な建築が開花したのだ…

ライトの弟子となり帝国ホテルの仕事に携わったレーモンドは、作品集との出会いを次のように語る。

私はベルリンのワスムスから一九〇九年頃出版された、小さなフランク・ロイド・ライトの作品集［写真集］に、プラーグの学生たちが夢中でとびついたのを覚えている。のちに一九一一年頃だったか、ライトの大きな作品集［モノグラフ］が出された。それらの本は、まぎれもなく知識の源泉となり、いつ果てるともしれない討論の主題ともなった。

（シュルツ『評伝　ミース・ファン・デル・ローエ』七四〜七五頁）

ライトは再び建物の原則をのべていた。彼は小部屋を破り、平面を解放し、空間を流れさせ、建物に人間の尺度を与え、自然と調和させた。すべてがロマンチックで、しかも刺激的、その上独創的であって、息をする間もなかった。彼はわれわれが期待していたその人であり、まことに革命そのものであった。

（レーモンド『自伝アントニン・レーモンド』一八頁）

ライトの作品に感銘を受けた建築家達は、アメリカに行ってライトの作品を見ることを夢見た。レーモンドは一九一六年、シンドラーは一九一七年、ノイトラは一九二四年に渡米し、ライトに弟子入りした。近代建築運動の一つであるバウハウスに関係したグロピウスとミースは、ナチスの弾圧を受けアメリカに亡命し、一九三〇年代にライトの作品に接した。ル・コルビュジエは一九三五年にシカゴを訪れた。

他方、アメリカでは思ったような反響がなかった。駆け落ち事件や、留守中の事務所の管理をめぐるいざこざなどで、ライトの評判が失墜していたからである。折しも、後述するタリアセン放火事件で『モノグラフ』五〇〇部が燃えてしまった。結局、ヴァスムート作品集はアメリカでは殆ど注目されずに終った。この作品集は日本でも翻訳出版されるが、それについても後述する。

ヨーロッパの近代建築

ヨーロッパの建築家はライトの建築から強い影響を受けたが、ライトもヨーロッパの建築から影響を受けた。ヨーロッパにはライトよりも先に近代建築を模索する人々がいた。一八九〇年から一九一〇年にかけてイギリスと大陸で、古い伝統を捨てて自由な設計を試みる新世代の建築家達が登場した。イギリスのチャールズ・レニー・マッキントッシュ、オーストリアのオットー・ワーグナー、ヨーゼフ・マリア・オルブリヒ（一八六七〜一九〇八）、ヨーゼフ・ホフマン（一八七〇〜一九五六）、ベルギーのヴィクトール・オルタ（一八六一〜一九四七）、フランスのエクトール・ギマール（一八六七〜一九四二）等である。彼らは、装飾的で有機的なデザインや、シンプルで直線的なデザインを生み出していた。ライトは建築雑誌で紹介される彼らの作品に注目していた。ライトはヨーロッパに発つ前に、ウィーンを訪れるのが楽しみだと語った。ウィーンでは一八九七年「分離派（ゼツェッション）」が結成され、オットー・ワーグナー、グスタフ・クリムト（一八六二〜一九一八）、ヨーゼフ・ホフマン、コロマン・モーザー（一八六八〜一九一八）らが歴史からの分離、保守的なアカデミーからの分離を訴えた。オルブリヒが設計した分離派会館（一八九七〜九八）は、ライトのユニティテンプルに影響を与えたといわれる。分離派会館は、日本の芸術とも関係がある。会館の地下の壁を飾るベートーヴェン・フリーズを始め、グスタフ・クリムトの絵は浮世絵の影響を受けているし、一九〇〇年の第六回分離派展は、日本の美術品だけを展示した。

ライトはクリムトの絵や版画を購入し、家具や実用工芸品の最新デザインを展示するウィーン工房を訪れて、創設者のヨゼフ・ホフマンにも会った。

ウィーンには『近代建築』を著したオットー・ワーグナーの作品があった。マジョリカハウス、カールス・プラッツ駅、そして代表作のウィーン郵便貯金局（一九〇四～一二）等。ワーグナーは郵便貯金局で、新素材のアルミとガラスを使って軽快で明るい空間を創り出した。

アドルフ・ロース

ウィーンの建築家、アドルフ・ロース（一八七〇～一九三三）もライトに影響を及ぼした可能性がある。ロースはヨーロッパで最初にアメリカに注目した建築家であった。二十三歳の時アメリカに行き、シカゴ万博を訪れ、ニューヨークで三年間働いた。ロースはシカゴの摩天楼やサリヴァンの建築に感銘を受け、ヨーロッパに紹介した。それまでヨーロッパでは、アメリカの建築はヨーロッパの模倣にすぎないと思われていた。

ウィーンに戻ったロースは、ケルントナー・バー（一九〇八～〇九）の装飾にアメリカの星条旗を使った。ヨーロッパから帰国したライトは、クーンリー邸のプレイルーム（一九一二）のアートガラスに星条旗のデザインを使った。

ライトがウィーンを訪れていた頃、ロースが手掛けたミヒャエラー・ハウス（一九〇九～一一）の工事が市の命令で中断した。全く装飾がないプレーンなファサード（建築の正面）に市民が激怒して市議会に訴えたからである。保守的なウィーンではロースの建築は全く理解されなかったが、ロースは孤立しても自分の道を進んだ。ライトの処女作ウィンスロー邸（一八九三）が外観があまりにプレーンだと嘲笑されたことが思い出される。

ロースとライトには興味深い共通点がある。（一）無用な装飾を排除したこと。ロースには「装飾は犯罪である」という有名な言葉があるが、その装飾とは建物が必要としない装飾のことで、ライトの「建物と一体になった装飾はよいが、後から加えた装飾は取り除け」と同じ主張である。（二）建築空間を重視し、建物を外から内ではなく、内から外へ向かって設計した。（三）独学で建築を学び、職人の技を大事にした。（四）建築学校を創立した。（五）挑戦的、攻撃的で、傲慢であった。（六）お洒落であった等々。

このロースと、ロースの師のオットー・ワーグナーから強い影響を受けたのがシンドラーとノイトラであった。二人はヴァスムート作品集によってライトを知り、ライトに惹かれてアメリカに渡った。

メイマとケイ

ライトと駆け落ちしたメイマは、二人の幼い子供を放って家を出たことへの罪悪感に苛《さいな》まれていた。そんな時（一九一〇年一月頃か）、フランス、ナンシーの小さなホテルでエレン・ケイの著書を手にした。メイマにとってケイの思想は大きな救いとなった。

私が闇の中で悩み苦しんでいる時、私は貴方に出会いました。私が弱々しい光を頼りに進もうとしていた道を、貴方は松明で明るく照らして下さいました。

（Friedman, "Frank Lloyd Wright and Feminism", p. 143）

エレン・ケイ（一八四九～一九二六）はスウェーデンの社会思想家、フェミニストで、母性と子供を尊重する立場に立って、結婚、恋愛、育児、教育問題を論じた。『言論の自由と出版の自由』（一八八九）が注目され、『恋愛と倫理』（一九〇三）はベストセラーとなって外国語にも翻訳された。ケイの著書は大正デモクラシー期の日本にも『青踏』などを通して紹介され、日本の婦人運動に影響を与えた。『自伝』でライトは、駆け落ちの弁明として、社会的慣習にすぎない結婚よりも、自由な意志にもとづく恋愛の方が尊いとするケイの思想を引用した。ケイの思想に救いを得たメイマは、ケイの著書を翻訳することを望み、ライプチヒの修道院で英語を教えながらスウェーデン語を学んだ。

ヴァスムート作品集の準備が終わると、ライトはフィレンツェの北八キロのフィエゾーレの町に部屋を借りて、メイマを呼び寄せた。そこでライトは作品集の序を書き、メイマはケイの翻訳を進めた。ライトも時々翻訳に協力した。仕事に疲れると二人は糸杉が並び、花が咲き、鳥が啼くトスカーナの丘陵を散策した。町にはローマ時代の遺跡が点在し、ロマネスクの教会があり、丘の上からは美しいフィレンツェの町を眺めることができた。ライトはメイマのためにフィエゾーレの夢の家の設計図を描いた。

メイマは一九一〇年六月九日、単身スウェーデンのストックホルムにあるケイの新居ストランドを訪れた。メイマはケイに私生活上の悩みを打ち明け、助言を仰いだ。またケイの著作の英語への正式な翻訳者として認めてもらった。

2　アメリカへの帰国

ライトは一九一〇年九月、ベルリンを発ってアメリカに戻った。メイマはベルリンに残り、教師のアルバイトをしながらケイの翻訳を続けた。

一時帰国と再渡欧

ライトは十月八日、オークパークの自邸に戻った。妻キャサリンは即座にライトの心がすっかり彼女から離れてしまっていることを悟った。それまで彼女はライトの恋が一時的で、やがて夫は自分のもとに戻ってくると信じていた。それでも彼女は離婚を拒んだ。

ライトがアメリカに戻ったのはお金の準備のためであり、自邸の改築など別居の準備をするためであった。ライトは例によってダーウィン・マーティンを口説いて二万五〇〇〇ドルの大金を借りた。ヴァスムート作品集の出版費用は別のパトロンのフランシス・リトルから浮世絵を担保に一万ドル借りた。

一九一一年一月十六日、ライトは再びヨーロッパに渡り、先ずロンドンを訪れた。ロンドンでは日英博覧会の準備にあたっていた執行弘道に会った。一月二十四日から四日間サザビーのオークションがあり、浮世絵も出品された。ライトは執行から二〇〇ドル借りて浮世絵を数点購入した。二月十三日、ベルリンでヴァスムート社と出版契約の変更を行なった。三月、ライトはベルリンを発ってアメリカに戻った。

メイマはベルリンに残り、六月に再度スウェーデンにケイを訪れて帰国した。夏休みは子供二人とカナダをキャンプ旅行した。八月、夫との離婚が成立した。しかし、ライトの妻は離婚を拒み、ライトは再婚することができなかった。

ライトはメイマが翻訳したケイの著書を三冊自費出版したが、保守的なアメリカでは全く注目されなかった。『女性の倫理』（一九一二）は二〇〇部、ライトと共訳の『恋愛と倫理』（一九一二）は僅か二八部しか売れなかった。

一九一〇年に一時帰国したライトは、オークパークの自邸とスタジオを改築して、妻キャサリンの収入源として三軒のアパートを作った。

タリアセンの建設

一九一一年、母アナの弟で、少年ライトが毎年夏に世話になったジェームズ叔父が投機に失敗して破産した。ライトはウィスコンシン州ヘレナ谷の叔父の土地三一エーカーを二三〇〇ドルで買った。そしてそこにメイマと住むための家を建てた。タリアセンである。

一九一一年四月末、タリアセンの建設が始まった。近くに住むライトの妹ジェーンが工事人の世話をした。メイマが夏に到着してからは彼女が世話を引き継ぎ、多い時には三六人分の食事と宿泊の世話をした。十二月タリアセンが完成した（口絵5頁）。

メイマは早速ケイに報告した。

これは「自然の家」であり、貴方のおっしゃる「理想の愛の精神に基づく家」です。土地と家の結びつきの見事さという点では私がこれまで見た最高の家です。(Friedman, *ibid.*, pp. 140–141)

ケイからタリアセンという名前の由来を尋ねられると、メイマは六世紀のウェールズの宮廷詩人の名前であり、またリチャード・ハヴェー(一八六四〜一九〇〇、アメリカの詩人、劇作家、作曲家)が書いた仮面劇の題であると答えた。

タリアセンの由来

ハヴェーの仮面劇とはアーサー王伝説に基づく楽劇三部作である。第一部では円卓の騎士ランスロットが社会の掟に背いて主人アーサー王の妃グウィネヴィアに恋する。第二部では愛し合う二人の間に葛藤が生じる。第三部では全ての問題がめでたく解決する。以上が九つの劇で演じられ、四番目の劇が「タリアセン」(一九〇〇)と題された。タリアセンは芸術の栄光を歌ったウェールズの詩人である。ライトにもウェールズの血が流れ、禁じられた恋の相手のメイマと共に詩を愛し、芸術を愛することから、ライトはウェールズの詩人タリアセンに共鳴したのだろう。

アーサー王の妃、グウィネヴィアは、ケルト伝説では女神であり、「花の乙女《フラワー・ブライド》」と呼ばれた。王妃は、男を駆り立てて人並み以上の高みを目指すよう鼓舞する女性であり、聖なる存在であった。ライトにとって、知的で、花を愛するメイマはまさにグウィネヴィアであった。

人里離れた辺鄙な土地に、中世の騎士伝説を意識して建てられた家という意味でタリアセンは、ドイツ、バイエルンの人里離れた山の中に建てられたノイシュバンシュタイン城(一八六九〜八六)を連想させる。バイエルン国王ルードヴィヒ二世（一八四五～八六）は、中世の騎士伝説に夢中であったが、幼い時は積み木遊びが大好きで、設計にも関心があったという。

タリアセンは六世紀のウェールズに実在した宮廷の吟遊詩人である。言葉を大切にするケルト人にとって、吟遊詩人はあらゆる叡智の宝庫であった。中世ウェールズの叙事詩『マビノギオン』（シャーロット・ゲスト女史が一八四九年にウェールズ語から英訳して出版した。一八七七年にウェールズ語なしの一巻本として再版され、大いに関心を集めた）の中に「タリアセン」の話が入っている。それによると、タリアセンは大変な美男子で、学識があり、あらゆる言語を操り、将来を読むことができる詩人であった。ライトが多くの文章を書き、言葉によって建築を語ったことは、自らの「詩人」としての役割を自覚していたからだろう。ライトの『自伝』は一種の叙事詩であり、抒情詩である。またライトは、自分の設計した建物に「ワークスペース（台所、洗濯場など家事をする場所）」「ギャラリー（美術品を飾った廊下）」「カーポート（屋根被いだけの簡易駐車場）」など、新しい名前をつけた。「アメリカ合衆国」は「ユーソニア」、「田園都市」は「ブロードエーカー・シティ」と呼ばれた。ライトは言葉にこだわった詩人建築家であった。

タリアセンはウェールズ語で「輝く額」を意味する。そのため「タリアセン」は丘の頂上ではなく、少し下がった「額」の部分に建てられた。丘の上に立つ建物の代表はアテネのパルテノン神殿である。高さ七〇メートルのアクロポリスの丘に建つギリシア神殿は、人間ではなく神々の棲み家であった。ルネサンスのヴィラも丘の上に建てられることが多かった。ライトが丘の上ではなく、丘の「額」に建てることを強調するのは、彼が否定した古典主義やルネサンスの建築と違って、自分の建築が自然と一体化したものであることを強調したかったからであろう。

自然の中の家

ウェールズの詩人タリアセンは木々を愛した。ライトは自邸タリアセンの建材に現地の木と石を用いた。深い軒に守られた漆喰の壁には近くを流れるウィスコンシン川の川底の砂を用いた。家の外側の木材の仕上げは、近くに立つ木の幹が太陽の光を浴びた時の色とした。屋根の線は周囲の山並の線に、屋根の傾きは丘の傾きに合わせた。

ル・コルビュジエの晩年の代表作、ロンシャン礼拝堂（一九五〇〜五五）は、「屋根の曲線が周囲の山並の線を映し、礼拝堂の内と外が一体となった建物」と解説されるが、同じ特徴を持つタリアセンは、四十年も前に建てられている。

一九〇〇年代のプレーリーハウスが自然にヒントを得て、それをアーツ・アンド・クラフツ風に美しく細工した家だとすると、タリアセンは自然から生まれ、自然のままで、自然の一部となったナチュラルハウスであった。それは自然を愛し、自然を尊び、自然に救いを求める人の家であった。

メイマはタリアセンを「丘と結ばれた家」と言い、友人の建築家アシュビーは「崖の上に作られた猛禽類《もうきん》の高巣のよう」と言い、建築家シンドラーの妻は「家というよりも自然の中に作られた巣のようで自然と見事に調和した、やすらぎのある家」だと言った。

ライトはメイマのために家を四軒設計した。一軒目は二人が知り合うきっかけとなったオークパークのチェイニー邸。プレーリーハウスの中では小さく控え目な家である。二軒目はイタリア、フィエゾーレのヴィラ計画案。三軒目はシカゴの「ゲーテ通り」の住宅兼事務所計画案。ヘレナ谷の土地を購入する以前に構想された二人のシカゴの家である。建物の中央ホールは吹き抜けで、天窓から光がホール全体に注ぎ、壁には日本の屏風が飾られる。四軒目はタリアセン。何れもシンプルでしかも洗練された美しい家であり、木々に囲まれ、花々に飾られている。メイマがいかにライトのデザインを好み、自然を愛したかが読み取れる。ライトの建築哲学を理解し、彼の建築美学に共鳴し、自然と芸術への愛を共有したのがメイマであったと言えよう。

メイマとケイの文通

スウェーデン、ストックホルムのエレン・ケイの応接間に一枚の浮世絵が飾られていた。裏にはケイの自筆で「アメリカの偉大な建築家フランク・ロイド・ライトからの贈り物」と書かれていた。この広重の浮世絵がきっかけで、ケイとメイマ、ライトの交遊が明らかになった。ストックホルムの王立図書館には、一九一一年から一四年にかけてメイマがケイへ宛てた手紙が一〇通、ライトからケイへの手紙が一通保管されている。手紙の中でメイマは、ケイの著作の翻訳についての事務的な話に加えて、私生活の悩みも相談した。ケイとの再会を望む手紙や、一緒に日本に行こうと誘った手紙もある。メイマの死の一ヶ月ほど前に書かれた手紙では、夏休みで子供達がタリアセンに遊びに来たことが最も嬉しかったと報告している（Friedman, *ibid.*, pp. 141-151）。

離婚できないライトと一緒に暮らすことや、幼い子供二人を放棄したことへの罪悪感、子供達と一緒に生活できない寂しさ、世間の非難の目、ケイの思想がアメリカでは受け入れられないことへの失望、翻訳をめぐるケイとのトラブル等々、メイマは多くの不安をかかえ、悩み苦しんでいたようである。

ミッドウェーガーデン

一連のスキャンダルで顧客を失ったライトに設計を依頼したのは、以前の顧客のクーンリー夫妻（プレイハウス、一九一二）ライトの弁護士のシャーマン・ブースとウォラー・ジュニア（一八九〇年代に数々の注文をくれた不動産業者エドワード・ウォラーの息子）であった。ウォラーはシカゴ万博の跡地、ミッドウェーに大規模なドイツ風ビヤガーデンを建てることを計画し、ライトに設計を依頼した。

ライトは新たな建築家人生の出発の意味で、それまでのプレーリースタイルとは異なる様式を模索した。ヒントとなったのは、ヨーロッパで見た過去の偉大な作品であり、近代の新しい作品であった。フィレンツェの町を頻繁に散策したライトは、ブルネレスキ、ブラマンテ、ミケランジェロ、ダヴィンチといったルネサンスの巨匠が、彫刻家であり、画家であり、建築家であることに気が付いた。そこでライトは彫刻のような三次元の建物を建てることを考えた。

アメリカで最初の彫刻的建築となるミッドウェーガーデンの彫刻を担当したのは、古くからの親友、リチャード・ボックと新しく雇ったアルフォンソ・イアネリ（一八八八〜一九六五）であった。ボックはドイツからの移民で、ライトとはサリヴァン時代からの友であった。ボックはライトのオークパークの家、ダナ邸、ラーキンビルなどの彫刻を担当した。イアネリはイタリアからの移民で、彫刻とリトグラフを学んでいた。人物像を建物に合体させたウィーン分離派のヨーゼフ・ホフマンから強い影響を受けた。ミッドウェーガーデンに幾何学模様の彫刻を施すことを考えていたライトにイアネリを紹介したのは、次男のジョンであった。カリフォルニアの劇場で登場人物を幾何学的に表現したポスターを見たジョンは、早速父に知らせた。

ミッドウェーガーデンの壁画や絨毯のデザインはライトが描いたが、以前のものとは全く異なっていた。それは一九二〇、三〇年代のカンディンスキー（一八六六〜一九四四）やデロネー（一八八五〜一九四一）の抽象画を先取りする純粋な幾何学模様で、色も白や黒、原色の赤黄緑など、プレーリーハウス時代には使われなかった色を使った。有名なクーンリー邸のプレイハウスのアートガラスはこの頃デザインされたものである（この明るく楽しいデザインはアメリカの子供部屋の壁紙として人気があり、子供向けの人気テレビ番組「フルハウス」の子供部屋の壁紙にも応用されている）（口絵8頁）。

ミッドウェーガーデンは突貫工事で短期間に建てられたが、赤字経営、禁酒法の施行、第一次世界大戦勃発などの悪条件が重なり、早くも一九二九年に取り壊されてしまった。

ミッドウェーガーデンと帝国ホテルは、ほぼ同時期に設計が開始され、共に総合娯楽施設であることから多くの共通点がある。コンクリートブロックと煉瓦の素材、それらに施された細かい幾何学模様、建物と庭《ガーデン》が一体になった構造、テラスや屋上庭園の存在、壁画、絨毯、食器類の抽象的幾何学模様のデザイン等である。

大惨事

一九一四年八月一五日、ミッドウェーガーデンの現場で作業中のライトに電話があった。「タリアセン炎上！」ライトが現場に駆けつけた時にはメイマ、彼女の二人の子供、事務所の所員ら計七名が殺害されていた。犯人は雇われて間もない黒人の使用人。家に油を撒いて火をつけ、逃げようとする人々を一人ずつ斧で殴り殺したという。犯人は薬品を飲んで自殺を図ったが、死にきれず、隠れているところを捕えられた。しかし、一言も喋らずに牢屋で餓死した。

このおぞましい事件の原因は何か？　犯人が気が狂っていた、事件の数日前に所員から差別用語で呼ばれた、給料への不満があった、タリアセンの環境や仕事が好きではなかった、熱心なキリスト教徒で、ライトとメイマの関係が許せなかった等々種々の理由が推測されたが真相は究明されなかった。

二〇〇七年一月『プレーリーハウスでの死』と題する著書が出版された。著者は地元ウィスコンシン大学の英語教師、ウィリアム・ドレナン。ドレナンの調査によって幾つかの新しい事実が明らかになった。（一）事件の日は使用人がタリアセンで働く最後の日であった。（二）その日の午後仕事を終えてから、使用人夫妻はシカゴに行ってライトから給料をもらうことになっていた。（三）ライトは翌日の日曜日に帰宅する予定だった。（四）使用人は数日前にガソリンの保管場所を所員に尋ねていた。つまり犯行は前もって計画されていた。（五）殺害は二回に分けて行なわれた。最初にメイマと二人の子供を殺し、それから所員達が食事をしている部屋にガソリンを撒いて、所員達を殺害した。

これらの事実からは、気が狂った人物の衝動的な行動とは考えにくい。真相は依然として謎のままである。

二〇〇七年八月『フランクを愛して』というライトとメイマの関係をテーマにした小説が出版された。著者は長年オークパークに住んだ元ジャーナリストのナンシー・ホランである。この小説では、事務所の人々と折り合いの悪い黒人の使用人をメイマがライトの留守中に解雇し、その腹いせに使用人がメイマや所員を殺したことになっている。

ライトのショックは非常に大きかった。ライトはメイマの亡骸を自ら作った簡素な白木の柩《ひつぎ》に納め、メイマが育てた花で埋め尽した。柩はヘレナ谷のロイド家の墓地に埋葬された。

事件から四ヶ月経った十二月八日、ライトはケイの悔み状に返事を書いた。

親愛なるエレン・ケイ様
メイマへの温かいお言葉は私にとって大きな慰めです。別便で彼女の写真を送ります。今年の六月の私の誕生日にもらったものです。

申し上げることは何もありません。私達は雷に打たれてしまいました。何故？　それは誰にもわかりません。

私はいつまでも悲しみに沈んでいるわけにはいきません。彼女が望んだように仕事をし、彼女の思いを私の手で形にしなくてはなりません。

私達は生きたのです――充々した日々を――すると突然――彼女が連れ去られてしまいました――何の予告もなく、苦しむ間もなく。辛い戦いが終わり、私達が切望した静けさと安らぎがようやく手に入ったと思った時にです。

いつかお目にかかってメイマのことを語り合いたい。あなたは私達にとって力であり、心の支えでした。私達はあなたに巡り会えたことを何度も感謝しました。

愛と尊敬をこめて

あなたの忠実なるフランク・ロイド・ライト

（Friedman, *ibid.*, pp. 148-149）

メイマの思いとは自然への愛であり、ライトの使命とは「自然に捧げられた家」を設計することであった。それ以後ライトは、「自然で」「詩的に美しい」建物を建てることを、メイマへの供養と考えた。

第五章　帝国ホテル

1　ホテル受注まで

最愛の女性を失ったライトは悲嘆に暮れた。タリアセンでは悪夢に苦しめられた。一刻も早くその地を離れたかった。ライトの望みは遠い日本での帝国ホテルの仕事であった。

グーキンの紹介

三年前、ライトは浮世絵仲間のフレデリック・グーキンから帝国ホテルの仕事を紹介されていた。

親愛なるライト

この前君に会った時、東京の帝国ホテル新館の設計をやる気はないかと僕が君に尋ねたことを覚えているかい？　私は林さん［帝国ホテルの支配人林愛作］に長い手紙を書き、建築家には君が最適だと強く勧めた。今日林さんから返事が来た。「ライト氏についての貴方の御意見どうも有難うございます。私の考えにそった素案が出来次第、彼に手紙を書きます。彼があまりラディカルでなく、然るべき条件で仕事をしてくれるなら、彼を第一候補としましょう」。

（一九一一年十月十六日付、『帝国ホテル百年史』一七一頁、訳は筆者による）

初代帝国ホテル（渡辺譲設計）
（『帝国ホテル百年史』より）

その時ライトはヨーロッパから帰国して半年、多額の借金を抱えていた。大好きな国日本で、「インペリアル・ホテル（帝《みかど》のホテル）」新館の設計をする、支配人は浮世絵を通じて知り合った古美術商の林愛作、それはライトにとって夢のような話であった。何としても受注したい仕事であった。ライトの受注が確定するのは一九一六年のことだが、先ずはそれまでの経過を振り返ってみよう。

井上馨と帝国ホテル

帝国ホテルは一八九〇年（明治二三）、外国貴賓の接待や宿泊用の「一大客館」として日比谷の地、鹿鳴館の北隣りに建設された。ヨーロッパのグランドホテルに相当する日本で最初の本格的なホテルであった。生みの親は、不平等条約改正を悲願に鹿鳴館を建て、欧化主義を推進した外務大臣井上馨（一八三六〜一九一五）で、実業家の渋沢栄一（一八四〇〜一九三一）、大倉喜八郎（一八三七〜一九二八）、益田孝（一八四八〜一九三八）らが資金面で協力した。

設計を担当したのはドイツ人のヘルマン・エンデ（一八二九〜一九〇七）とウィルヘルム・ベックマン（一八三二〜一九〇二）。二人は井上による官庁集中計画の設計者として来日していた。ところが一八八八年（明治二〇）、井上外相の辞職でホテルの計画も頓挫した。翌年工部大学校造家学科（現東京大学工学部建築学科）第二期生で内務省技師の渡辺譲（一八五五〜一九三〇）が起用され、ドイツネオルネサンス様式の美しいホテルが建てられた。煉瓦に木材を交えた三層構造で、外装は漆喰塗り、一見石造のようであった。総建坪一三〇〇坪、客室数六〇であった。

林愛作（帝国ホテル提供）
（『帝国ホテル百年史』より）

林愛作を支配人に

ホテルの支配人は代々外国人が務めたが経営が思わしくなく、客数が低迷していた。明治四〇年頃になると、国際経験豊かな日本人を支配人にしようという声が上がった。候補に上ったのがニューヨークの古美術商、山中商会主任の林愛作であった。

山中商会は大阪、堺の古美術商、山中定次郎が一八九四年、五万円相当の美術品を運び出してニューヨークのマンハッタンに開いた店であった。日本美術愛好家のフェノロサ、ビゲロウ、モースらの支援を得て商売は繁盛し、一八九九年にはボストンとロンドンに支店を置いた。

林愛作は一八七三年（明治六）、群馬県に生まれた。父親が破産したため横浜に出て、一八九二年（明治二五）、米国に渡った。現地の高校を卒業後ウィスコンシン大学に学び（ライトが一時期学んだ大学である）、山中商会に就職した。深い教養と才気の持ち主で、ニューヨークの社交界とも付き合いがあった。美術品の蒐集、取引などで、米国各地、欧州、中国、日本を往復し、欧米の一流ホテル、上流階級の習慣、嗜好にも詳しかった。帝国ホテルの理事で古美術蒐集家の大倉喜八郎、益田孝とも親交があった。

林は美術品の売買を通じてフェノロサと非常に親しくなった。一九〇七年には山中商会主催で、フェノロサの連続講演会全一二回が行なわれた。この講演をもとにまとめられたのが『東亜美術史綱』である。翌一九〇八年、ロンドンを旅行中のフェノロサが狭心症の発作で急死した。未亡人から依頼を受けた林は、遺骨を日本へ持ち帰って、フェノロサが戒を受けた琵琶湖畔の三井寺《みいでら》法明院に埋葬した。林はフェノロサの遺稿『東亜美術史綱』の出版にも協力した。

帝国ホテルの支配人就任を打診された林は「日本美術を海外に紹介するのを自分の使命と心得ており」支配人に就く気はないと断った。そこへ帝国ホテルの会長を辞任したばかりの渋沢栄一から直接依頼の手紙が来た。林はついに折れ「懸案になっている帝国ホテル改築を私が実行する事と、私が支配人になった以上、株式会社帝国ホテルでなく、林愛作の帝国ホテルと考えてすべてを一任してもらいたい」という条件で支配人就任を承諾した。林は一九〇九年（明治四二）八月に着任、十月に帝国ホテルの常務取締役に就任した。会長は明治を代表する実業家の一人、大倉喜八郎であった。林は就任早々、着任の二つの条件であるホテルの改築と「林愛作の帝国ホテル」作りに取り組んだ。

林の帝国ホテルに寄せる情熱は並々ならぬものだった。林はこのホテルを、単に商業的な施設ではなく、日本の芸術的な伝統にふさわしい、講演会や演劇、音楽会などの会場にもなりうる文化的スペースとしたかった。既存のホテルにはない、あたかも、ひとつの町として機能しうるようなホテル――つまり、文化と芸術を愛する林の思想をホテルという形態に昇華させたものこそが、林の理想だったからだ。

（遠藤陶『帝国ホテルライト館の幻影』四一頁）

林は一流のホテルの条件として「建築の壮麗、装飾の美観、設備の完全、食饒の精選、社交場裡の中心」を挙げた。

英字新聞ジャパン・タイムズは、一九一一年初め、帝国ホテルの林支配人が新館の建設を計画していることを報じた。

下田菊太郎案

ライトより早く帝国ホテル新館の設計案を林に提出した建築家がいた。下田菊太郎である。下田はアメリカの建築事務所で働き、日本人で初めてアメリカの建築士免許を取得したが、不況のため仕事がなくなった一八九八年に帰国した。

下田はしばらく帝国ホテルに宿泊して、施設の管理顧問を務めた。その後、オリエンタルホテルと並ぶ神戸の名門ホテル、トーアホテル（一九〇七年開業、一九五〇年焼失）の設計を行なった。谷崎潤一郎の『細雪』（一九四六〜四八）にも登場するトーアホテルは、日本の城郭、スイスのシャレー、イギリスのハーフティンバー、古典様式の柱というように、和洋様々な様式から成るが、全体としては落ち着いた雰囲気があり、快適なホテルだったようだ。下田は一九〇九年上海に渡り、社交倶楽部英国商会の豪華なバーのカウンターのデザインで注目された。

上海にいた下田に、林愛作から、帝国ホテル新館の設計案を提出するよう依頼が来た。一九一二年三月、下田は設計図二通を持って林を訪れた。林は下田の案が気に入ったようだが、明治天皇の崩御（七月）のためにホテル新館建設計画が中断した。下田はその間にライトからの働きかけが始まったという。

林のホテル新館案

下田は、平等院鳳凰堂にヒントを得た彼の案をライトが盗んだと抗議した。ところが、足立裕司氏の調査によると、鳳凰堂をモデルにするというのは林愛作の考えであった。林は建築家の武田五一に「宇治平等院式を加味すれば面白きもの」になるのではないかと尋ねた。建築批評家の黒田鵬心は、一九一二年に「帝国ホテルにおいて、支配人林愛作氏から同氏の案なる同ホテルの新築計画を見せられた。それは宇治平等院がアイデアとして、モチーフとして、とられていることがすぐわかった」と書いている（足立裕司「武田五一とフランク・ロイド・ライト『フランク・ロイド・ライトと武田五一』一五五頁）。

林は宇治平等院式のホテル案を一九一二年二月三日付ジャパン・タイムズに発表していた（この記事の存在は谷川正己氏から教えられた）。立面図が掲載されているが、平等院鳳凰堂を五階建てに引っぱり上げたような形である。記事の中で林は、「スエズ運河以東で最高のホテル」を建てたいという彼の熱い念《おも》いを語る。その時の林の頭には、一八九九年に改築されたシンガポールのラッフルズホテルがあったのだろう。コロニアル様式のこのホテルはヨーロッパで「スエズ以東で最も素晴らしい施設」と高い評価を得ていた。なお、一九一四年に竣工した三越本店新館は「スエズ運河以東最大の建築」と形容された。帝国ホテル新館は、総費用二〇〇万円、建設地は未定だが、敷地面積四〇〇〇坪以上、建坪は一五〇〇坪、建築詳細図を夏の間に完成させ、遅くとも年末までには着工する。監督は林自身が行ない、施行はアメリカ人の専門家に依頼する。建物は、日本建築の優雅さと西洋建築の美しさを併せ持つものとする。奈良時代の様式を採用し、外観は宇治平等院鳳凰堂に似せる。鉄骨、コンクリート造で、所々に花崗岩で装飾を施す。基盤は石で地上二〇フィート、屋根には京都瓦を使う。耐火耐震には細心の注意を払う。一階には事務所と二五の社交室、八〇〇名収容の舞踏室、大小の宴会場、一二〇〇名収容の大講堂、国賓用の特別室を設ける。二～四階は客室で総数二五〇……温水、暖房、換気設備にはアメリカの最新技術を取り入れ、これにはアメリカ人の専門家があたる。最上階には夏用の食堂と屋上庭園を設ける。林支配人曰く、「お客様が快適に過ごされ、贅沢な気分を味わっていただくことが一番です。建物は和風、内装も和風です。日本建築の美しさと西洋建築の快適さを兼備したホテルとします」。

この記事から、林自らプランを練り、細部まで詰めていることがわかる。林が必要としたのは、彼の設計案を実現してくれる建築家であり、最新技術を導入してくれる技師であった。

一九一三年の来日

ライトは一九一三年（大正二）二月、同棲していたメイマを伴って来日し、四月まで滞在した。ライトにとっては一九〇五年に次ぐ二度目の来日であり、目的は帝国ホテル受注への働きかけと浮世絵の買付であった（「ライトの来日と帝国ホテルに関する年表」参照）。

林愛作はこの時のライトの来日について次のように語った。

私はニューヨーク時代に、建築家ライトと古美術の商売上の関係で昵懇の間でしたので、大正三年頃に［正しくは二年］たまたまライト氏が日本漫遊で来朝しましたので、ホテルの建築のことを相談した。

（山口由美『帝国ホテル・ライト館の謎』八一〜八二頁）

ライトの来日は「たまたま」でも「日本漫遊」でもなく、林への働きかけが目的であった。ライトは帝国ホテルに泊まって土地や周囲の環境を調査した。

ライトは来日にあたって、ヴァスムート作品集を携えていた。日本では無名のライトが帝国ホテルの仕事を受注するためには、彼の作品を日本人に知らせる必要があり、ヴァスムート作品集は彼の自信作であった。ライトは一九〇五年の訪日の時に知り合った武田五一に『モノグラフ』の日本での出版を依頼した。『モノグラフ』が浮世絵の影響を受けているという事実を、欧米の読者には知られたくなかったライトも、帝国ホテルの受注にあたっては、浮世絵の影響が有利に働くと考えた。

武田五一

武田五一は一八七二年（明治五）広島県福山市に生まれた。一八九七年東京帝国大学工科大学造家学科を首席で卒業。卒業論文の「茶室建築」が妻木頼黄《つまきよりなか》（一八五九〜一九一六）の眼に留まり、妻木が手掛けた日本勧業銀行本店（一八九九）の意匠を手伝った。この銀行は華族会館（旧鹿鳴館）の隣、つまり帝国ホテルの隣の隣に建っていた。木造の純和風の建物で、明治建築界の大御所、辰野金吾（一八五四〜一九一九）が設計した石造の洋風建築の日本銀行本店（一八九六）とは対照的な建物であった。日本の建築界がヨーロッパを向く中、武田は日本の伝統建築にも注目していた。

武田は一九〇一年図案学研究のためにイギリスに留学し、その後ヨーロッパを旅した。一九〇三年に帰国して、京都高等工芸学校図案科の主任に就任した。翌年九月から三年間は金閣寺と平等院鳳凰堂の修復に携わった。この頃、初来日したライトに会った。一九〇七年に設計した福島行信邸（東京・六本木）では、ライトと同じように、内装、家具、照明などを全てトータルにデザインした。

武田はライトの『モノグラフ』を紹介するにあたって次のような序を附けた。

> 氏は米国シカゴ市の新進建築家なり夙に日本趣味を解し日本美術を研究せる事多年日本式簡素明

快なる風格を西洋風の建築に応用し一種独創の建築様式を創意し之れを意匠し実施せるもの其数数十種に及べり、由来米国シカゴ市建築界にては近来極めて清新なる様式を試むるもの輩出し斯界に於ける一大革命の正に米大陸に於て其曙光を発せんとするの機運に向ひつゝあり、

ロイド氏は数次我邦に渡来し殊に錦絵に多大の趣味を有し、我古建築物を研究すること深く、之れを米人特有なる見地より解剖咀嚼して極めて適確に欧州建築様式に消化融合し其製図術上に我国錦絵趣味を導入せる巧みさは実に驚異に値するものあり、此書は同氏が大正二年我国に渡来せる際日本美術に感謝するの意を以て同氏より殊に余に寄せられたる図集中より一般的興味ある図案三十二葉を抜粋せるものなり……此図案集が新様式に迷へる我国建築界の為めに一道の光明を与ふるの便ともならば唯々余が本懐のみにあらざるべし

工学博士　武田五一

ライトの作品集は『建築図案集』の名で一九一六年（大正五）大阪の積善館本店から出版された。

林の渡米

一九一五年（大正四）七月、宮内省からホテル新館建設用敷地の使用許可が下りた。十月、ホテルの重役会で林愛作の渡米が決議された。十二月、林は妻と吉武長一技師（一八七九〜?）を伴ってアメリカに向かった。吉武は、幼少にして渡米、三十歳の時に帰国し、一九一〇年より京都の村井銀行建築部長を務め、イオニア式やドリス式のオーダーを持つ典型的な銀行を設計した。村井銀行の創設者、村井吉兵衛（一八六四〜一九二六）は、帝国ホテルの重役であった。

林から渡米の知らせを受けたグーキンはライトに次のような忠告をした。

ホテルの仕事は君にとって大きなチャンスだ。君の考え、希望を主張し過ぎて仕事を失うことのないよう気をつけろ。林さんの希望に沿って君のプランを変えるべきだ。……ホテルの設計が成功すれば、つまり君のホテルが芸術的でかつ機能的に優れていると評価されれば、世界中に知られて君は有名になる。次々と注文が来ることになろう。……君の作品に日本的な要素を加えろ。……林さんは優秀だ。しっかりとした自分の考えを持っている。彼の意見を尊重しろ。一緒に考えるんだ。自説に固執するな。うまくやって大成功を勝ち取れ。私も出来る限り応援する。私のお蔭で君が林さんと接触できたことを忘れないでくれ。林さんは最終決断を下す前に私の意見を聞くだろう。

（一九一五年十一月二十四日付手紙より、Meech, *Frank Lloyd Wright and the Art of Japan*, p. 98）

帝国ホテルの設計には林、グーキンという日本の伝統美術を愛し、大切にする人々が大きく関わっていた。それが「林愛作の帝国ホテル」であった。

日本では、林の渡米を前にして次のような新聞報道がなされた。

［ライトの］基礎設計図によると、新帝国ホテルは日比谷公園に面して入口を有し、入口は真直ぐに玄関に通じ、そこに事務所がある。事務所を中心として……東西両側に客室を置き、事務所の後

部には夏、冬それぞれ人目を楽します庭園を設け、これに対して大舞踏室あり、庭の周囲に食堂を設くるはずである……新ホテルは前面から奥に高くなり、すなわち一階、二階、三階と奥に高くなって、正面から見ると、山の斜面に建ったように見えるのである。

（『時事新報』大正四年十二月一日、『帝国ホテル百年史』一七五〜一七六頁）

ホテルの構造は、一九一二年二月に林がジャパン・タイムズに発表した垂直に伸びる五階建ての館ではなく、中央棟と庭園を挟んで左右に客室が分れ、客室棟は三階建てで低く水平に伸びる一種のプレーリースタイルに変わっている。夏と冬用の庭園を造り、その周囲に食堂を設けるというのは、ライトが前年に建設したシカゴのミッドウェーガーデンのスタイルである。山の斜面に建ったように見えるという点は、ライトの自邸タリアセンに似ている。ライトは都会にありながら、自然に囲まれ、自然の中にいるような雰囲気を出したかったのだろう。ライトが林案を大きく変更して、彼の好みを全面的に打ち出してきたことがわかる。

林夫妻一行はカリフォルニアでホテルを視察して、一九一六年二月、タリアセンに到着した。夫妻は正装の着物姿であった。一行は一ヶ月余りタリアセンに滞在して、設計案の検討を重ねた。三月十七日、林とライトは契約覚書を交した。覚書では設計料は五パーセント、ライトと助手三人の渡航費、宿泊費、食事代はホテルが持つことが取り決められた。

林は帰国すると理事会にライトを推薦した。

タリアセンではホテルの図面作りが進められた。五月にタリアセンを訪れたレーモンドは「おびただしい建築図面、透視図、彩色画や、模型の中で、すでに新しい帝国ホテルは大分進歩した図面ができていた」と語った。

九月、前年の宮内省に続いて内務省より敷地使用許可が下りた。

十一月二十二日、臨時株主総会で新ホテル建設が決議された——内務大臣官邸敷地跡、延建坪約六〇〇〇坪、費用約一三〇万円、設計米国技師、工期二年——。

2　日本への捧げ物

ホテル建設が決議されると、ライトは早速一九一七年一月に来日した（三回目の来日。四月二十一日まで三ヶ月滞在）。ライトは日本の建築界に彼の哲学と抱負を語った。

石の建築

往時の日本は実に美術国として有名な国であって、その風景の絶佳なるに加えてその特殊の構造の庭園や独特の形状の建築物とを以って世界の美術国として又世界建築に於ても優秀卓絶の地位を有しており、且その技術に至りても世の志ある建築家の注意を惹き、研究に没頭した者も少なくない様に思ふ。……

［今日建てられている欧風の建物は］その根元たる純粋の建築技術を相去ること実に遠く、徒らに形

骸のみ欧風であるが、根本思想を離脱した所謂抜け殻というべきもののみである。……建築は気候、風土、民族精神や古来からの口碑等を基礎として、その何れにも最も適する物を統一的に計画し作り上げる事が必要なのである。……

将来の日本に最も適する建築物は石造の夫れであると確信するのである。而して、その石造を如何にせば、最も前述の如き条件に適合するか、その考察を廻らすことが目下の日本の建築界の最大急務である……

［帝国ホテルは］鉄筋コンクリートで、外装は淡黄色の煉瓦で包む。煉瓦も在来の平凡なものでなく独特のもので、已に某煉瓦会社に於て製造中である。……

（「日本建築に対する所感並に帝国ホテルの設計」『建築世界』一九一七年二月号、三〜六頁）

ライトはヨーロッパで多くの美しい石造建築を見ていた。数ヶ月滞在したフィレンツェには薄緑色の美しい大理石の教会が建ち並んでいた。一九一四年にライトが建設したミッドウェーガーデンは「三次元の彫刻」ともいうべき、石と煉瓦の建物であった。石を使った彫刻のような建物の建設はジャーマン倉庫（一九一五、ウィスコンシン州リッチランドセンター）、ボック邸（一九一六、同州ミルウォーキー）と続いた。

大谷石と常滑煉瓦

当時の日本の代表的な石造建築は、ベルギーの国立銀行を参考にしたといわれる日本銀行本店（一八九六、辰野金吾）や、ネオバロック様式の横浜正金銀行本店（一九〇三、妻木頼黄）であり、赤煉瓦の建物には丸の内三菱四号〜七号館（一九〇四〜五、曽禰達蔵）東京火災保険株式会社（一九〇五、辰野金吾）、東京駅（一九一四、辰野金吾）などがあった。何れも西洋建築を真似たものであった。

そこでライトは「日本の伝統建築の精神」を石で表現するという新しい試みに挑戦した。石の選択には慎重を期し、数多くの見本の中から島根県産の蜂の巣石を選んだ。しかし、この石は産出量が少なく、しかも産地が遠かった。ライトは代りに塀に使われていた大谷石に決めた。薄緑色が美しく、軟らかで彫りやすく、硬度は煉瓦より強く、重さは硬質の木より軽く、耐久性もあり、廉価だったからである。ライトは栃木県河内郡城山村（宇都宮の北西十キロ）の山林一町二反（約一万一〇〇〇平方メートル）を買い取らせた。

煉瓦は洋風建築に使われた赤ではなく、黄色を指定した。黄色はライトの師サリヴァンが設計した豪華なシカゴのオーディトリアムの内装の色であり、ライトの初期の傑作ウィンスロー邸の煉瓦の色であった。黄、茶、緑はライトが好きなプレーリーの色であり、プレーリーハウスを飾るアートガラスに使われた色であった（口絵8頁）。大谷石の薄緑色と煉瓦の黄色という色使いから、ライトが帝国ホテルを設計する際に自然を意識していたことがわかる。帝国ホテルは都会の中の自然でありオアシスであった。

ところで、黄色の煉瓦は日本側にとって非常に難しい注文であった。関係者が慌てふためく様子を後に帝国ホテル煉瓦製作所所長となる牧口銀司郎は次のように語った。

スダレ煉瓦［釘で縦に線を入れた煉瓦］の方は色が黄色である。第一黄色に焼上る土など我国にはあるであろうかという段になり話は一寸行きつまった。その折幸い当時重役の一人としてご出席になっておられた故村井吉兵衛翁が発言し申さるるには、調べてみればきっとあるかと思う、そわ先年京都へ建てた私の別荘へ同じような色のタイルが張られているから早速その出処を調べお知らせしましょうと申されたので一同ホッと安堵の色を示された。……該タイルを納めた者は［愛知県常滑の］久田吉之助という御人であるということであった。それを聞き大いに喜ばれた林［愛作］さんは、溺るる者藁をもつかむ思いで早速久田吉之助氏宛に……打電をされた。

（「帝国ホテルのスダレ煉瓦」『水と風と光のタイル』二二頁）

村井吉兵衛は明治の「煙草王」と呼ばれた実業家で、京都の別荘とは長楽《ちょうらく》館のことである。アメリカ人J・M・ガーディナーが設計したネオ・ルネサンス様式の洋館で、二、三階の外壁には黄色いタイルが貼ってある。一九〇九年に竣工、現在でも円山公園の角に建っている。

久田吉之助《ひさだきちのすけ》（一八七七～一九一八）は長楽館や、武田五一が設計した名和《なわ》昆虫所（岐阜県）の外壁の淡黄色タイルと屋根の平瓦を焼いた職人である。久田はライトを知多半島南部の粘土鉱山へ案内し、常滑の地でタイルを焼くことを約束した。ところが病に倒れ、一九一八年に亡くなった。

常滑には「帝国ホテル煉瓦製作所」（一九一七～二二）が設けられ、煉瓦や床用のクリンカータイル（炻器《せっき》質粒土を高温で焼いて作ったタイル）、テラコッタ（建築物の外装に用いる粗陶器板）が合計四〇〇万個焼かれた。装飾デザインは和風で、煉瓦にはスダレ模様が入り、テラコッタには角型、市松模様型、源氏型他数種類の木製枠が指定された。

日本趣味

ホテルの構造は林愛作とライトが好きな平等院鳳凰堂を参考にした。正面の入口前には蓮池が作られた。高く聳える中央棟は城の天守閣のようであり、入口から奥に進むにつれて段々と高くなる姿は山、特に日本のシンボルである富士山のようである。実際、帝国ホテルと富士山を並べた宣伝ポスターがある。左右の低層の客室棟の間から中央棟が聳え立つ姿は、広重の「名所江戸百景」の「駿河町」で富士山が聳え立つ姿を連想させる。

インテリアにも日本のデザインが用いられた。和風のデザインは当時アメリカでも人気があった。例えば、シカゴのオーディトリアムビルの隣にあって、ライトがよく利用したコングレスホテルには「日本の間」があった。これを手掛けたのは河辺正夫（一八七五〜一九一八）で、東京美術学校卒業後、渡米してニューヨークのブロードウェーにジャポニスム趣味のインテリアデザインの店を開き評判となった。一九〇四年のセントルイス万博では日本館の室内装飾を担当した。

帝国ホテルの所々に見られる日本趣味、ロビーに吊されたランプやテラコッタの市松模様、亀甲《きっこう》文様をアレンジしたと思われるピーコックチェアー（大宴会場「孔雀の間」の椅子）等は、林愛作の要望だったのではないかと思われる。一九三〇年、林が遠藤新《あらた》（後述）と組んで建てた「西の帝国ホテル」と呼ばれる甲子園ホテル（現在は武庫川女子学院が所有）では、市松格子、打出の小槌など和風モチーフが多く使われている。

ダイニングルームの柱とピーコックチェアー
（『フランク・ロイド・ライト回顧展』より）

ライトは幾何学模様の中に、市松、亀甲、青海波、鱗、菱、縞などの日本の紋様を巧みに組み入れた（口絵3頁）。林とライト、日本の伝統的な紋様と西洋近代の抽象的デザインが融合して個性的なデザインが生まれた。帝国ホテルは日本の紋様を西洋の色と素材を使って彫刻的に表現した建築であり、西洋の石造建築に日本の紋様を巧みに彫り込んだ建物といえよう。

一九一六年に初めてホテルの図面を見て、一九二〇年から一年間ホテルの現場で働いたレーモンドが興味深いコメントをしている。

当初案は実施案と配置は同じだが、デザインがセセッション風からマヤ風、一部東洋風に変わった。

（三沢浩『A・レーモンドの建築詳細』九一頁）

マヤ風というのは、一九一五年のパナマ太平洋博覧会でライトがマヤの遺跡を見たことと関係があるらしい。ライトがつねに新しい可能性を探っていたことがわかる。

和と洋の融合の例として、例えば、食堂の柱の方杖《ほうづえ》（部材間に斜めに渡す突っ張り）を見てみよう。方杖は日本の社寺建築の複雑に入り組んだ料栱《ときょう》を思わせるが、孔雀の羽を形取っており、その孔雀の羽は幾何学的に表現されている。ロビーの「光の籠《かご》柱」は石燈籠や行灯《あんどん》からヒントを得ているが、彫られた模様は全て幾何学模様である。

ホテルで最も豪華な部屋である「孔雀の間」は中央棟の最も奥の最上階にある。この大宴会場のモチーフを孔雀としたのは、平等院鳳凰堂の鳳凰を意識したからかもしれない。吉祥文様の代表である鳳凰は一八八八年（明治二一）に落成した明治宮殿の「鳳凰の間」などで使われ、一九一二年（明治四五）に完成した帝国ホテル会長大倉喜八郎の向島別荘内の宴会場「蔵春閣」でも襖や格天井に描かれていた。中国の空想上の鳥、鳳凰に匹敵するのが、東洋でも西洋でもめでたいとされた華麗な孔雀であった。

工事の遅れ

石の建築は火災の心配はなかったが、ライトは日本で多発する地震が心配であり、ホテルの庭で何度も耐震実験を繰り返した。敷地の地盤が軟弱なことから、設計変更の必要を感じたライトは一九一七年四月、助手の遠藤新を連れてタリアセンに戻った。遠藤は一年余りタリアセンに滞在して、詳細図面や実施設計図の製作にあたった。

東京では敷地使用条件である内務大官官邸および付属建物の工事に手間取っていた。一九一八年秋、ついに林から待ちに待った着工の知らせがタリアセンに届いた。ライトは早速日本に向かった（四回目の来日。一九一八年十一月〜一九一九年九月まで十ヶ月滞在）。

ところが、着工は再び延期された。ライトは北京を訪れてホテルの絨毯を特別注文した。紫禁城を見たとすると、日光東照宮より豪華な装飾に、ライトの想像力は一層高まり、帝国ホテルの装飾がさらに複雑になったことが考えられる。

施工業者の選定にも手間取った。ライトは最も信頼するポール・ミュラー（後述）を説得した。ミュラーはついに承認して、六月に来日した。

一九一九年九月、ホテル新館の建設工事がついに始まった。ライトと林が契約を結んでから三年半の月日が経っていた。

ライトはその後一時アメリカに戻り、ニューヨークにレーモンドを訪れて、協力を依頼した。ライトは愛人ミリアム（後述）、レーモンド夫妻を伴って一九一九年十二月三十一日、横浜港に到着した（五回目の来日。二〇年六月まで六ヶ月滞在）。

到着の直前にホテルの別館が全焼し、ライトは早速別館の設計と建設に追われた。

一九二〇年三月、新館の杭打ちと地下の湧き水対策などの基礎工事が終了し、ついに本格的な工事が始まった。工事の手順は、松杭の上に鉄筋を組み、その両面に仕上げ材である大谷石や煉瓦を積んでいった。裏側には漆喰下地を塗り、防湿処理の目的でホーロータイルを貼った。ここにコンクリートを注入した。先に積み上げておいた大谷石や煉瓦が仮枠の役目を果たし、コンクリート、大谷石、煉瓦が一体となった。

現場でのライトは新しい素材に触れてインスピレーションが涌くことも多く、その場でディテールが決められることもあった。その上、仕上がりが気に入らないと、出来上がったものを壊し、時には設計からやり直すこともあった。工事は遅々として進まなかった。現場では百人を超す石工と平均六百人の職人が入り乱れて膨大な作業が続いた。特に、梅雨の時期には工事が滞った。

ライトが工事の途中で帰国することもあった（一九二〇年六月〜十二月と一九二一年五月〜八月不在）。ロサンジェルスのバーンズドール邸の設計監理と浮世絵の売却のためであった。

建設費の膨張

ホテルの建設費は膨張し続けた。着工直前の臨時株主総会（一九一九年六月）で、一八〇万円増資され、新資本金が三〇〇万円となっていたが、二年後には銀行から一五〇万円借り入れた。一九二二年一月の株主総会ではさらに一〇〇万円増資して、新資本金を六〇〇万円とした。と同時に、新たに常務取締役と常任監査役を任命して工事の点検を厳しくし、ライトに工事を予算内で予定期日の一九二二年四月十五日までに完成させることを命じた。前年の秋頃から、ライトのデザイン、工事の遅れ、工事費の増大に不安と批判の声が高まっていた。ライトを擁護し続けた林も、ついに厳しい言葉を発した。

もし四月には完成させるというあなたの約束が守られなかったら、私は株主や重役に合わせる顔がない。会社に辞表を出したいところですが、あなたが期日までに決められた予算内で建物を完成させる可能性が残されている限りは私の辞表は留保されましょう。効率が悪いから約束が守れないというなら、ただちにチェンジしてあなたのやり方でやるべきです。もう時間はないのです。……記念すべき建物を実現できるのはあなたしかいないと私は考えた。だからこれまであなたと苦労を共にしてきたのです。今も私はあなたを信頼しています――建築のコストに関してだけは別ですが。それは私の夢だったが、その夢が私を破滅に導くのでしょうか。

（一九二二年二月二日付手紙『帝国ホテル百年史』二〇八頁）

四月十五日の期日が来ても完成にはほど遠かった。翌四月十六日、旧館本館地下室から出火して本館が全焼し、宿泊客一人が亡くなった。会長大倉喜八郎、支配人林愛作以下取締役全員が辞表を提出した。ライトは林の支援を失い、窮地に立った。七月一日には国賓としてアメリカ海軍提督デンビー卿が宿泊する予定であった。ライトは中央棟食堂と客室棟北翼を何とか完成に漕ぎ着けた。そして残りの仕事を遠藤新に任せて、七月二十二日、日本を後にした。

3　ホテルの建設に関わった人々

ここで帝国ホテルの建設に関わった主な人々を一人ずつ紹介しよう。

ミリアム・ノエル
（*Collected Writings,* vol. 2. より）

ミリアム・ノエル

帝国ホテルをミッドウェーガーデンのように三次元の彫刻のような建物にしたいと考えていたライトは、ミッドウェーガーデンの彫刻を担当したボックとイアネリに協力を要請した。ボックは日本は遠すぎると断り、イアネリはミッドウェーガーデンの彼の仕事が正当に評価されなかったと言って断った。彼らの代りに日本に行ったのが、自称彫刻家のミリアム・ノエル（一八六九～一九三〇）であった。

ミリアムはテネシー州の貴族エミル・ノエルと結婚して三人の子供をもうけたが、一九一四年頃離婚した。タリアセンの惨事を知り、お悔みの手紙を送ったところ偶然ライトの目に留まり、二人の交際が始まった。ミリアムはタリアセンに移り住み、ライトの日本行きに同行した。ミリアムは一九一〇年代初め、パリで彫刻の勉強をしたようだが、ホテルの仕事にどの程度関わったのかはよくわからない。

ジョン・ライト

ライトの次男ジョン（一八九二～一九七二）は一九一三年から父の事務所で働き、ミッドウェーガーデンの建設を手伝いながら、現場で建築を学んだ。

一九一七年一月、父の助手として父と一緒に来日した。ホテルの実施設計図を描いたり、模型作りを監督したり、父の耐震実験や柱の耐重実験を手伝った。父が四月に一時帰国し

ジョン・ライト，遠藤新，F・L・ライト，林愛作
（『ライト館の幻影』より）

た後も東京に残り、アメリカの父との連絡にあたった。一九一八年、給料をめぐって父と喧嘩になり、解雇されて帰国した。

遠藤新

ホテルの建設にあたっては、遠藤新、田上《たのうえ》義也、河野傳、内山隈三、藤倉健、渡辺己午蔵ら若い建築家が現場の仕事を手伝った。ライトの髪型や衣裳を真似る人もいた。その中で、ライトが最も信頼し、ライトの右腕となって働いたのが遠藤新（一八八九～一九五一）であった。

遠藤は福島県出身で、一九一四年（大正三）東京帝国大学建築学科を卒業した。卒業制作は「BOKUNO HOTEL」。翌一五年、辰野金吾が設計した東京駅を批判する文章を記した。下田菊太郎、武田五一、遠藤新といったライトと関わりのあった日本人建築家達は、西洋建築一辺倒の辰野金吾とは異なる建築観を有していた。

遠藤は一九一七年一月、帝国ホテルにライトを訪れて、助手に採用された。四月には帰国するライトに伴って渡米。一年半余りタリアセンでホテルの実施設計図の作成にあたった。ライトが工事の大幅な遅れと予算超過で解任されてからは、現場監督として、客室棟南棟と中央棟の残りを完成させた。

ライトの建築に心酔していた遠藤は、ライトの材料の使い方を次のように礼讃した。

凡《およ》そ材料を理解してその本質を表現すること自由にして、奥妙を極むることライト氏の如きは無し、その石を用いるや、その煉瓦をもちいるや、その銅をもちいるや、その木をもちいるやその本質を把握して必ずこれを活用す、ライト氏の建築の生命は脈々《みゃくみゃく》として、其の順当にして自然に置かれたる材料の間より発して人に迫る。

しかも、鉄筋コンクリートを駆使することの自由にして奔放なること、帝国ホテルはまさに至品也。

（遠藤新『建築家遠藤新作品集』三四頁）

ライトはサリヴァンを「リーバー・マイスター（わが敬愛する師匠）」と呼んだが、遠藤はライトを「リーバー・マイスター」と呼んだ。関東大震災の後でホテルの無事を知らせる手紙の中で、遠藤はライトにもう一度日本に戻って震災後の東京復興に携わるよう強く勧めた。

一九三〇年に遠藤は再び林愛作と組んで甲子園ホテルを建てた。一九三三年、満州に渡り、満州中央銀行倶楽部、南満州鉄道公館、北陵ホテルなどを設計した。

遠藤新の次男で建築家の楽《らく》（一九二七〜二〇〇三）も一年間タリアセンで学び、生涯ライト風建築を建てた。

施工を担当したポール・ミュラー（一八六四～一九三四）はアドラー・サリヴァン事務所時代の同僚で、ライトが最も信頼する施工技師であった。

ポール・ミュラー

ミュラーはドイツに生まれ、幼い時にシカゴに移住した。建築技師アドラーの第一助手として多くの高層ビルの現場監督を務めた。彼はライトの独創的で建設が非常に難しいラーキンビル、ユニティテンプル、ミッドウェーガーデンなどの施工を担当した。次はライトとアリゾナの砂漠にサンマルコスホテルを建設することになっていたが、大恐慌のために流れてしまった。

帝国ホテルの工事では、日本人の職人達にコンクリート打ちの経験がないため、基礎杭打ちに大いに苦労した。雨期にはコンクリートを流し込んだ穴がすぐに水であふれ、ミュラーはいつも「ミズ！このミズの野郎！」と叫び、絶望的に腕をふりまわしていたという。遠藤新はミュラーの働きぶりについて「理解ある態度と細密なる用意とを以て、日曜も取らず数年一日の如く建物に目を注いで呉れた」と感謝している。

オークパーク時代にライトの右腕となって働いたウォルター・グリフィンは、「ミュラーは経済的に割に合わない仕事でも、芸術的に素晴しければ引き受けた」と語った。

ライトも帝国ホテルが大地震に耐えたのは、ミュラーの丁寧な仕事によるところが大きかったと、サリヴァンに語った。

レーモンド夫妻

アントニン・レーモンド（一八八八～一九七六）と妻のノエミ・ペルネッシン（一八八九～一九八〇）は日本で活躍した建築家である。東京女子大学（一九二一～三八）、リーダーズ・ダイジェスト東京支社（一九四八〜五一）、群馬音楽センター（一九五五〜六一）などの設計で知られ、前川國男、吉村順三らの日本人建築家を育てたことでも知られる。そのレーモンドを日本に連れてきたのはライトであった。

アントニン・レーモンドはチェコに生まれ、プラハ工科大学で建築を学んだ。チェコでヴァスムート作品集を見てライトに興味を懐いた。一九一四年、アントニンはアメリカ行きの船の中で、フランス生まれのデザイナー、ノエミ・ペルネッシンと出会い、十二月に結婚した。ノエミの親友の画家が、当時ライトの愛人であった彫刻家ミリアム・ノエルと親しかったので、レーモンドはその画家を通してライトに接触した。一九一六年五月、レーモンドはタリアセンを訪れた。レーモンドは、ライトを「最も創造力に富み、勇気ある個性の持ち主」だと言い、ライトとの出会いが彼の人生で最大の出来事の一つであったと語った。

ノエミも私も、それまでは歴史的な古典建築か、さもなければ模倣の建物以外は知らなかった。数日間、私たちは夢の世界をうろついていた。そこには創作の才能がくりひろげられ、独創的な計画と優雅な調和があり、風景と建物とがぶつかり合うのでなくとけ合っている光景が、私たちを恍惚とさせた。ライトのスケッチやプロジェクトを見たり、建築やデザインについて、直接彼の話が聞けるのはまさに魅力であった。

（レーモンド『自伝　アントニン・レーモンド』四〇頁）

夫妻は十二月までタリアセンに滞在し、「アメリカン・システムビルトハウス」の図面描きを行なった。十二月、ライトは日本に行き、レーモンド夫妻はニューヨークに戻った。

一九一九年九月、日本から帰国したライトが突然ニューヨークのアパートを訪れて、帝国ホテルの仕事があるので一緒に日本に行こうと誘った。若い頃から日本に興味を持っていたレーモンドは喜んで誘いに応じた。十二月、レーモンド夫妻はライト、ミリアム・ノエルと一緒に日本に向けて出発した。

日本到着後の最初の仕事は、三日前に焼失したホテル別館の再建であった。四ヶ月ほどでその仕事が終わると、レーモンドはライトのホテル新館の全体デザイン方針に沿って俯瞰透視図、原寸図や詳細図を描いた。ライトのデザイン方針が変わる度に全てを描き直さなくてはならなかった。妻でデザイナーのノエミは「孔雀の間」のモチーフとなる孔雀をデザインしたりした。

レーモンドは「ライトはデザインの想像力を無限に持ち、窓枠も、家具も、木や石の彫刻も、じゅうたんもカーテンも、あらゆるもののデザインが、枯れることのない泉のように、彼の手の中からほとばしり出た」と感嘆した。「緑がかり、多孔質で、不思議な表面をもった」大谷石はライトのロマンチックな性格に訴えるところが多く、デザインは複雑になっていった。レーモンドは次第に、ライトのデザインは「自己の想像力の表現」にすぎず、ホテルは「彼自身のモニュメント」と化して、日本の気候、伝統、文化、人間にはそぐわないのではないかと疑問を懐くようになった。夫妻は一九二一年二月八日、ライトのもとを去って独立した。

夫妻はしばらくはライトの影響の強い作品——星商業学校（一九二一～二二）、後藤新平子爵邸（一九二三）、東京女子大学など——を建てたが、やがて独自のスタイルを開拓していった。夫妻は、第二次世界大戦中を除いて、東京に住み、日本で建築家として活躍した。

ルドルフ・シンドラー　ロサンジェルスを拠点に数々の近代住宅の名品を建てたことで知られるルドルフ・シンドラー（一八八七～一九五三）は、ライトに魅せられてウィーンからアメリカにやって来た。

シンドラーはウィーンで建築を学び、オットー・ワーグナーやアドルフ・ロースの近代建築の影響を受けた。建築は構造よりも内部空間の方が大事だと考えるようになっていた時（これはまさにライトがユニティテンプルで実現したことである）、ヴァスムート作品集に出会いライトに注目した。ライトのハーディ邸の浮世絵風スケッチ（69頁）を真似た透視図を描くほどライトに惚《ほ》れ、アメリカ行きを模索した。一九一四年、シカゴの事務所に職を得て渡米すると、早速拙い英語でライトに手紙を書いた。しかし、タリアセンの惨事もあって、ライトに会えたのはその年の年末のことであった。

一九一六年の末、日本に発つライトに留守中の事務所の管理を頼まれたシンドラーは、オークパークのスタジオに住み、やがてタリアセンへ移った。翌年五月にライトが戻ってからは、帝国ホテルの耐震設計に協力した。ホテルの敷地の地盤が軟弱で、構造設計の変更を余儀なくされたからである。

辞めたレーモンド夫妻の代りとして、ライトはシンドラーを雇うつもりであった。日本文化に興味を持つシンドラーは日本行きを楽しみにしていた。ところが、日本でライト批判の声が高まり、シンドラーの日本行きも中止となってしまった。

ライトの強烈な個性、度重なる設計変更、膨張し続ける建設費という数々の困難にも拘らず、ホテルが無事完成したのは、帝国ホテルの会長大倉喜八郎の存在が大きかった。

大倉喜八郎

明治の財閥の一人である大倉は、数々の事業を起こして巨万の富を成したが、芸術、教育、慈善事業にも私財を投じていた。大倉はまた、早くから海外に目を向け、一八七四年（明治六）政府の岩倉使節団と同時期に私費で海外を視察した。一八八四年（明治一六）、お茶の販売の可能性を探る二回目の欧米視察ではシカゴを訪れていた。シカゴ万博の鳳凰殿の建設を請け負ったのは大倉が経営する日本土木会社であった。大倉は古美術の大コレクターとしても知られ、一九一八年（大正七）には日本初の私立美術館である大倉集古館を開館した。このように大倉とライトには多くの接点があったが、なかでも注目すべきは、大倉の建築や庭園に寄せる情熱であった。

一九一二年（明治四五）四月に、三年の歳月をかけて完成した向島別荘内の宴会場「蔵春閣」は、木造二階建ての唐破風入母屋造りで、伊藤博文ら政府要人の接待のための豪華な建物であった。一階には書斎と食堂、二階には宴会用の三十三畳敷の大広間があった。

室内の建具や天井には、豊臣秀吉が「聚楽第《じゅらくだい》」や「伏見城」「大坂城」などの室内に用いた桃山御殿風の意匠がふんだんに使われていた。たとえば二階大広間では、天井は格子組の格天井《ごうてんじょう》で、格板《ごういた》の絵は無地金に古代模様の菊が盛り上げてある。床の間の天井は金砂子蒔《きんすなごまき》の鏡天井で、袋戸棚の小襖《こぶすま》は尾形光琳《おがたこうりん》筆の菊の盛上《もりあげ》模様。地袋の小襖には、酒井抱一《さかいほういつ》の下絵による月と桜の蒔絵が描いてある。正面上段の間の襖は鳳凰《ほうおう》の絵と、菊と五三《ごさん》の桐《きり》による紋章を金箔の中に散らしてある。書斎

一階の書斎の格天井は、ある城の天守に使ってあったという二十四枚絵変わりの鯱《しゃち》の図。書斎の襖は狩野山楽《かのうさんらく》筆の鷺《さぎ》の絵。食堂の格天井は金地に古代鳳凰模様を極彩色に描いたもの。食堂の境の四枚の襖は、旧新発田藩主の溝口家から手に入れた狩野探幽《かのうたんゆう》筆の屛風一双から張りかえたものである。

一階の食堂の床は寄木張り、二階の廊下の床も大理石のモザイク張りと、この二ヵ所だけは西洋風だが、そのほかはすべて日本風の意匠にしてある。

（砂川幸雄『大倉喜八郎の豪快なる生涯』一五五頁）

帝国ホテルの設計にあたって、ライトが蔵春閣の格天井、金箔、鳳凰の襖絵などの豪華な意匠を意識したことは十分あり得る。ホテルの孔雀の間の天井、ロビーの光の籠柱《かごばしら》、窓ガラスなどには多くの金箔が貼り付けられ、そのため東京の金箔が枯渇したほどであった。

ライトが帝国ホテルやアメリカの住宅で用いた重力暖房（床暖房）は、大倉喜八郎の屋敷で用いられていたオンドルからヒントを得たものであった。

狂歌詠みの大倉はライトの送別会で次の歌を詠んだ。

変る世に　変るホテルの　普請とて
変ることには　天才の技師

大倉がライトの変人ぶりに苦労しつつも、彼の才能を高く買っていたことがわかる。

一九三〇年七月二十九日付遠藤新宛の手紙にライトは書いた。

大倉男爵が私を必要とし、価値ある仕事で、あなたが現場監理をしてくれるのなら、喜んで来日して設計にあたります。私は日本が大好きです。（*Frank Lloyd Wright : Letters to Architects*, p. 82）

大倉は、ライトがこの手紙を書く二年前に世を去っていた。

4　ホテルの評価

ホテルの完成

一九二二年七月に仮営業を始めた帝国ホテルの全館が完成したのは翌年の八月であった。工期は二年の予定が四年に、総工費は三〇〇万円の予定が九〇〇万円に膨らんでいた。因みに東京駅（一九一四）は工期十四年、総工費二八〇万円、横浜正金銀行本店（一九〇四）は工期五年、丸ビル（一九二三）は工期二年、総建築費一一〇〇万円、東宮御所（現迎賓館赤坂離宮、一九〇九）は工期十年、総工費五一〇万円、帝国議会議事堂（一九三六）の総工費は二五七三万円であった。

或る新聞は帝国ホテル新館を次のように報じた。

日比谷公園に面した優雅比類なき建築総建坪一万坪、風呂、電話付客室、二百五十、寝室類四百余。大宴会場、一時に千人を容るるに足る劇場亦千百人の座席を有し、大食堂は五百人を容るる設備を有す。舞踊場五ヶ所、大小宴会室十数ヶ所、屋上庭園、屋内遊泳場、グリル・ルーム、郵便局其の他あらゆる文明的施設を完全に備えたる最新式ホテル。構造は鉄筋コンクリート煉瓦造りにて、絶対安全なる耐火建造。料理を始めとし西洋洗濯、通風装置、昇降機は勿論、室内掃除に至るまで全館悉く電化されたる世界無類の電気ホテルである。

（若山三郎『政商』三八五頁）

日本の美

ライトは細部の細部に至るまでデザインにこだわった。建物全体が、ライトの好きな琳派の硯箱や鉢のように、内と外が連続して三次元の物語と美の世界を作り上げた。

壁は薄緑色の大谷石と黄色のすだれ煉瓦、内壁の漆喰塗りの部分は金泥色に輝かせた。客室などの天井には砂壁に貝殻を砕いて陰影をつけた。照明はすべてサイドライト。ロビー、食堂なども四隅にある「光の籠柱」と呼ばれる灯籠《とうろう》風の柱の中に電灯を引き、柱の透かしを通して柔らかい光が流れ出るようにした。このビルトイン・ライトは当時初めての試みであった。この柱には通気管も引いてあり、冬期には温風が送り出された。これらはいかにも新しいもの好き、発明好きのライトらしい工夫である。客室廊下には防音のためにコルクのタイルを敷いた。共用部分の床はタイル張りで、その上に北京に出向いて特別注文した絨毯を敷き詰めた。夏は花むしろに敷き替えた。

ライトを日本に紹介した武田五一は「日本様式の精神を木材以外の材料を以て表現した」ところが見事だと述べた。武田は帝国ホテルの理事の一人、村井吉兵衛の邸宅「山王荘」（東京麹町、一九一九年の設計顧問を務めた。山王荘は村井が金に糸目をつけずに建てた木造の純和風住宅であった。

　銘木や良材も惜しみなく使われている。米一石が一二、三円の当時、一五〇〇〇円もしたという樹齢一〇〇〇年以上の屋久杉を用いた板戸、末口と根元がほとんど同じ太さの八間無節の木曽檜の軒桁、屋久杉の孔雀目の天井板、宝相華模様を透し彫りにした檜の欄間、金泥霞びきを施したふすまと天井、赤松柾材でつくられた部屋……

（初田亨『和風モダンの不思議』六八頁）

山王荘が贅沢な木材を使って表現した和風建築の美を、ライトは石と煉瓦によって見事に表現しようとした。帝国ホテルは大倉の「蔵春閣」や村井の「山王荘」といった最も豪華な和風建築を意識したライトの作品といえるのではないだろうか。

菅原栄蔵（一八九二〜一九六七）はライト館の持つ日本的な雰囲気が好きで、ホテルを何度も訪れて研究した。一九六一年、菅原は当時をこう回想した。

私は専門家として日本のスタイルを何とかして確立することが一生の仕事と思っていましたから、小さな雑誌で初めてライトの作品を見たときはびっくりしましてね。三カ月ぐらい設計ができなかった。ライトの設計、住宅はことに東洋的です。どうしてもこれは勉強しなければいかんと思っていたところ、ちょうど帝国ホテルの建設が始まり、ライトの高弟の遠藤新が私の友人なので、いっしょに勉強した。

（菅原定三『美術建築師・菅原栄蔵』二〇八頁）

菅原の旧新橋演舞場、駒澤大学図書館、銀座のライオンビアホールは何れも「ライト式」と形容される。

開館後間もない一九二二年十一月に宿泊したアインシュタインもホテルに日本趣味を感じた。

非常に贅沢で独逸などでは見ることが出来ない。そしてつく〴〵眺めると、どこかに日本趣味が加味されてあつて新しみがある。それは日本の事情に精通した建築技師が設計したからと思ふ。

（金子務『アインシュタイン・ショック』I、五一頁）

一九一〇年代にライトと交流を再開した師のサリヴァンは、帝国ホテルの写真や図面を見て次のように評した。

帝国ホテルは優雅でモダンであると同時に原始的である。文明の起源に遡る要素がある。日本語の「渋い」という形容詞がぴったりの建築である。すなわち、初めて見た時は気に入らず、二回目は少し興味を持ち、三回目によさが少しわかり、十回目にようやく好きになるという建築である。「繰り返し見ることによって初めてそのよさがわかる」という意味の「渋い」に相当する形容詞は英語にはない。

(*Frank Lloyd Wright : The Complete 1925 "Wendingen" Series*, p. 138, ライトはこのオランダの建築雑誌が編んだライト特集号が大好きで、いつも枕元に置いていた)

ライト館(ライトが設計した帝国ホテル本館)に魅せられ、解体直前の一九六七年に実測を行ない詳細な実測図を作成した建築史家の明石信道(一九〇一〜八六)も同じような感想を述べている。

見る回数が加わるにつれ、全体から詳細までに心がこめられ、尋常の作品でないことがわかり、それにながく気がつかなかったわが身がはずかしくなった。かような作品は、たゞ見ただけでは理解できない、熟視し、触り、それを繰り返さないことには、摑むことができない。

(明石信道『フランク・ロイド・ライトの帝国ホテル』一五頁)

立体美術建築

帝国ホテルが完成した時には、明治建築界の大御所の辰野金吾や妻木頼黄は既に亡かったが、同窓の曽禰達蔵は、竣工したばかりの帝国ホテルを訪れた。そして空間処理の巧みさに感動し、ライトを「立体美術建築家」と評した。

ライトを十九世紀の建築家と見做した、ミースの信奉者フィリップ・ジョンソン（一九〇六～二〇〇五）ですら、ライト館のロビーに入るなり「素晴しい！　実に見事だ。」と溜息をついた。

イギリスの著名な美術史家ケネス・クラーク（一九〇三～八三）はライト館が取り壊される四年前の一九六三年九月に来日して、ホテルに宿泊した。

私の日本での最初の幻滅は空港から都心に向かう車の中でおきた。……建築があまりにひどかったからである。様式は無論、個性のある建物は一つもなかった。私は帝国ホテルに案内された。アメリカ式の大きくて人間味の無いホテルだった。私は旧館がライトの設計であることを思い出した。ライト館は健在だった。……私はライト館に移り、毎晩ライトの巧みな空間処理と初期のライトの無数の創意工夫を楽しんだ。

(Clark, *The Other Half*, p. 169)

総合芸術

ライト建築の特徴を見事に捉えた芸術家は斎藤佳三《かぞう》（一八八七～一九五五）であった。ライトが日本を去った一九二二年七月二十二日と翌日の東京朝日新聞に彼の「帝国ホテルの新建築様式――ライト氏送別の辞に替えて」という文章が載った。

斎藤は一八八七年秋田県矢島町生まれ。東京音楽学校、東京美術学校に学び、山田耕筰、今和次郎と親しかった。一九一二年ベルリンに留学、表現主義や総合芸術の動向を貪欲に吸収して帰国した。帰国後は美術、音楽、工芸、デザイン、舞踊、演劇、文学などで多彩な活動をした。

その斎藤が注目し、絶賛したのがライトの帝国ホテルであった。帝国ホテルはヤシャ・ハイフェッツ（一九〇一～八七、ロシア生まれのヴァイオリン奏者。一九二三年以後数度来日。高度の演奏技巧で知られる）やワシリー・カンディンスキー（一八六六～一九四四、モスクワ生まれの画家、有機的抽象絵画の先駆者。詩や戯曲も書く総合芸術の旗手）の芸術と同じ感動を与えてくれたと斎藤は語った。

家具の形式及びその装飾、模様、絨毯、天井、壁（殊に天井と壁は彫刻と音楽的色彩の調和である）、タイル、煉瓦、屋根等何一つとして彼の精神の発露（氏独特のデザイン）でないものはない。……如斯して実際的の精神が実際的に事物を構成する處に初めて真のフォームが出現し真のスタイルが成就する訳である。此《この》大立体の美的フォームを地上から仰ぎ或は第一、第二、第三のバルコニに出でて四方を臨めば、恰も法隆寺の金堂に立ちて空を仰ぎ、又講堂及五重塔下に於て空を仰ぎし時、偶然に見出したる「空間の美的分割＝屋根の交叉が空をリズミックに分離したる美しさ」を私は此處にも新しい意味に於て発見する事が出来たのである。大より小、小より大に至る凡ての調和と人間のオルガニゼーションを自由自在、縦横無尽に建築し行く独自の芸術的技量に感激しない訳には行かないのである。……

斎藤は一九二二年秋、帝国ホテルの女給の着物と帯をデザインした。それらはライトの精神を汲み、建物や内装と見事に調和していた。

ライト研究家で『フランク・ロイド・ライト・スタイル』シリーズの著者であるカーラ・リンドも総合芸術家としてのライトに注目した。リンドはホテルの建物、庭園、池、内装、家具調度品、食器などの全てが一つの大きな三次元の織り物を織り上げているという。富士山を思わせる屋根の三角形が、天井や椅子の背もたれ、壁画の形となり、大きさ、色、素材を変えて繰り返される。同じように正方形、長方形、円のヴァリエーションもある。あらゆる形、色、素材の音符と休符が一つの交響曲を作り上げていると言う。ライト館は音楽家の父が幼いライトに語った「交響曲は音の建物である」という言葉がぴったりの建物である。

他方、石を多用した建物に違和感を覚え、圧迫感を感じる人々もいた。当時流行した、スマートな形と短い工期が売りもののアメリカ式工法を採用するアメリカ人の技師達は、ライト館を「ツタンカーメンの墓」と嘲笑した。一九三三年、桂離宮の感動に浸って東京に到着したブルーノ・タウト（一八八〇〜一九三八）は「どこもかしこも大谷石ばかり……仰々しい寺院気分」と失望した。

静寂で荘厳

豪華で凝った建物であったが、内部には静けさと落着きがあった。新築のホテルに宿泊したある婦人記者は次のように感想を記した。

煉瓦を彫刻的に積み重ねたような柱、かささした大谷石の棟木、砂壁の低い天井、しっとりと厚みある敷物、それ等が軟かい黄と緑を基調として巧みに統一され、落ちついた調和をもって、私を夢のやうな静けさに誘うのでした。そこには長い旅をつづける世界の人々を、夕に迎え朝に送る慌ただしい宿舎の感じは少しも見出すことができません。旅人の心をしめやかにかき抱く静寂と荘厳さが、静かに流れてゐるだけです。

（『主婦の友』大正一二年九月号、『帝国ホテル百年史』二四一頁）

静かで荘厳で心地よい空間というのは建築写真家増田彰久（一九三九〜）の感想でもあった。

初めてカメラを向け、ライトの作品に接したときのあの衝撃が今でも昨日のことのように甦る。まわりを高いビルに囲まれ、地を這うように建つユニークな建築群そして特異な内部空間。全体としては勿論、細部に至るまで個性的なデザインを施し、人間の情感にしっとりと融けこむ感触がそこにはあった。

（谷川正己・増田彰久『フランク・ロイド・ライトの世界』二〇五頁）

おばあさんの家

多くの宿泊客にとって、ライト館はゆっくりと寛ぐことができる家庭的なホテルであった。一時期ホテルの建設に加わったレーモンドも「まるで自分の家にいるように居心地がよかった。ライトの家はいつもそうだ。そして非常にロマンチック」と述べた。アメリカ、テンプル大学東京校のオラルヒストリー・プロジェクトのインタビュー（二〇〇六〜〇七年に実施）に応じた六人のアメリカ人（ジョー・プライス、エドワード・サイデンスティッカー、ドナルド・リーチ他）は、温かな雰囲気があり快適だった、ゆっくりと寛ぐことができた、家庭的でまるでおばあさんの家のようだった、全てが小さくて妹の「人形の家」のようだった、地下のアーケードの天井にはよく頭をぶつけた、全てがお揃いのデザイン、ライトの個性が強烈に表れた建物、帝国ホテルはライトそのもの……などとライト館を回想した。『源氏物語』や永井荷風の小説など翻訳者として知られる日本文学研究者のサイデンスティッカーは「非常に個性的で見事な建築だった。日本人はライト館を壊すべきではなかった」と惜んだ。

5　降り掛かる災難

関東大震災　ライトが帰国して一年後の一九二三年八月、ようやく全工事が終了した。九月一日正午より新ホテル竣工披露式典が予定されていた。十一時五十八分、激震が東京を襲った。関東大震災である。揺れと火災で多くの建物が倒壊、炎上した。大正時代に流行したスマートなアメリカ式工法のビルは悉《ことごと》く倒壊した。ライト館は僅かな損傷を受けただけで倒壊を免れた。

九月八日、遠藤新はライトにホテルの無事を知らせた。

敬愛するライト先生

東京中が灰燼に帰した中で、帝国ホテルは誇らし気に建ち残っています！……

帝国ホテルは試練に耐え、太陽のように輝いています。おめでとう、ライト先生……
林さんはホテルにいて、大喜びです。家族も一緒です。
今こそチャンスです。今なら先生も称賛と感謝で迎えられます。遅すぎましたが仕方ありません。東京の町全体が先生の思い通りになります。仕事が与えられたのです。アメリカより日本で働いた方が感謝されるでしょう。ロサンジェルスより東京で業績を残されませんか。

期待と更なる敬意の念をこめて　遠藤新

（*Letters to Architects*, pp. 35-36）

ライトは戻らなかったが、日本中に「ライト式」と呼ばれる大谷石とスクラッチタイルを用いた建物が建った。旧首相官邸（一九二九）、東京大学を始めとする大学関係の建物、上野の科学博物館、東京市政会館、神奈川県庁などの公共建造物や駒場の前田侯爵邸のような私邸でもスクラッチタイルが用いられた。二〇〇八年の今でも住宅販売の広告で「ライトが使った大谷石を使用」「スクラッチタイル貼り」という文句を目にする。

ライト館が大地震に耐えた理由をライトは基礎の浮き構造（海に浮かぶ船式）とカンティレバー構造に帰したと言ったが、耐震構造の専門家、内藤多仲《たちゅう》（一八八五〜一九七〇）はこう分析した。

この建物がもっとも誇り得るところはともかくあの地震に崩壊しなかったことである。これはライトの構造のアイディアがそのころすでに唱えられていた佐野博士［佐野利器］の煉瓦造の耐震手法そのものである。これは煉瓦壁の腰なり、床なり、軒のところを十分臥梁を入れて締めつけ地震の外力により壁が曲がらないようにすることが唯一の耐震法であるというその方式に全く一致しているのである。

（「帝国ホテルの建築構造」明石信道ほか『帝国ホテル』一四頁）

ホテルの耐震設計に協力したシンドラーはライトの設計に疑問を抱き、ライトが渋々シンドラーの提案を受け入れたと述べている（Hess, *Frank Lloyd Wright : The House*, p. 225）。シンドラーの提案とはこの臥梁かもしれない。

日本建築界への影響　ライト館は、大地震に耐えたこともあって非常に注目を浴びた。「ライト氏の芸術に対して、一度も讃嘆の言葉を発し得ぬ人は、真の建築家または芸術家たり得ぬものであろう」（『建築世界』一九二八年秋号、匿名の論評）とまで言われた。しかし、ル・コルビュジエやミースに較べると、ライトが日本の建築界に及ぼした影響は必ずしも大きくなかった。その理由として、建築史家の山本学治は次の三点を挙げた。（一）建築家は、魅力的な視覚的特徴に目を奪われて、構造や機能、空間構成の独自性を見抜けなかった。（二）構造学者は、浮き構造の耐震性に疑問を呈し、上部構造の耐震的配慮に注目しなかった。（三）ライトの耐震構造と空間構成がまだ未熟であった（「ライトの作品譜における位置づけ」『帝国ホテル』八九頁）。

ライト館はあまりに独創的で、複雑で、簡単に真似できる建築ではなかった。そこへ、ヨーロッパからバウハウスやル・コルビュジエの近代建築が入って来た。日本の近代建築は、一気に、国際様式の流れへ向かった。

ライトは、時々林や遠藤と手紙を交わし、機会があれば「自国の次に好きな国」である日本に行きたいと述べた。

ライト館その後

一九三〇年代、帝国ホテルの経営方針が、芸術文化ホテルから商業ビジネスホテルへと大きく変わった。皇紀二六〇〇年を記念して、一九四〇年に東京でオリンピックと万国博を開催する計画が立ち上がると、帝国ホテルは、ライト館を壊して、十階建てのビジネスホテルを建てることを考えた。林からその話を知らされたライトは悲しんだ。

帝国ホテルで私は、日本の伝統文化に敬意を表し、新しいものが古いものに忠実でありうること、過去を取り入れることによって現在がよりよくなることを示そうとしました。帝国ホテルは、東京で古い日本を誇れる唯一の場所でした。……

（一九三六年七月六日付、林愛作宛手紙、*Letters to Architects*, p. 96）

日中戦争が長びき、日本はオリンピックを返上、万国博も中止となり、帝国ホテル新館建設計画も消えた。

太平洋戦争中には空襲を受けて、ライト館南翼の二階以上と宴会場が炎上した。

戦後一時期連合国軍に接収され、一九五二年に返還された。ダグラス・マッカーサー元帥(一八八〇～一九六四)は、帝国大学から「帝国」を外すよう命じたが、彼が愛用した「帝国ホテル」の名はそのまま残させたという。

一九六七年十一月十五日、ライト館は老朽化のために閉館され、反対運動にも拘らず翌六八年に解体された。玄関とロビーの一部が愛知県犬山市の明治村に移築された。現在の帝国ホテルでは、ライト館の壁画とテラコッタの一部をオールドインペリアルバーで見ることができる。

6　帝国ホテル以外の作品

アメリカ大使館(計画案)

一九一三年、二回目の来日の時にライトはアメリカ大使館の設計を依頼された。ライトは翌年に透視図と平面図を完成させた。中央には大使公邸を置き、前庭を囲んで両脇に左右対称の翼を建てた。ライトは、この中央棟を中心に、着物の袖のように両翼が伸びる形、平等院鳳凰堂の変形といえるこの構造が好きであった。ライトは一九一四年八月十日にこのデザインの特許を申請し、十五日に認定された。タリアセンの惨事の日であった。

林愛作邸

新ホテルの建設が決議され、一九一七年一月に来日したライトに、外国滞在経験のある日本人や富裕な日本人から、邸宅や別邸の設計依頼が来た。

ホテルの支配人林愛作の邸宅(現在は電通が所有)は、東京西部、世田谷駒沢にあり、隣はゴルフ場

（現駒沢公園）で、庭にはプールと野菜畑があった。

木と大谷石を使い、広いリビングには、ロビー邸のように、壁の代わりに全面にガラス窓が並び、暖炉のあるプレーリースタイルの家であった。その一方、日本建築の要素も採り入れられた。「天井は舟底天井……屋根は柿葺《こけら》き。大棟の部分に、わが国の神社建築にみられる勝男木《かつおぎ》を原形とした板が整然と並んでいることが分かった」。（谷川正己編著『図面で見るF・L・ライト』三二頁）林の趣味を反映した家であったようだ。室内には沢山の古美術品が飾られていた。

ライトはこの林邸の設計図を、帰国の十一日前の一九一七年四月十日に描いた。

井上勝之助侯爵邸
（計　画　案）

ライトの第三回目の来日の際に父に同行し、父が一時帰国後も日本に残ってアメリカの父との連絡にあたった次男ジョンの伝記に、次の一節がある。

朝電話が鳴った。父からの電話だった。井上子爵と英国で教育を受けた夫人の邸宅の設計料をもらって来いという。井上は前英国大使であった。

私は翌日丸一日かけて、父が残していった設計図を完成させ、井上子爵に届けて、設計料の内金として二〇〇〇ドルを受け取った。未払いの私の給料一二〇〇ドルを差し引いて、残りの八〇〇ドルを父に送金した。

（Wright, John, *My Father Frank Lloyd Wright*, p. 99）

これまで井上子爵邸というのは、後述する井上匡四郎子爵邸と考えられてきた。しかし、次男が言及する井上子爵というのは井上勝之助（正しくは侯爵、一八六一〜一九二九）のことと思われる。井上勝之助は井上馨の甥で、一九一三年から一六年八月まで英国特命全権大使を務めた。夫人も英語に堪能であった。ライトの次男は井上邸の設計料から勝手に給料を差し引いて送金したことで、父親の怒りを買い、首になって、一八年五月に日本を去った。よって、ライトが井上邸のスケッチを描いたのは三回目に来日した一七年のことであり、次男が設計図を仕上げたのは一八年ということになる。時期的にも井上匡四郎邸の設計図の一九二一年とは合わない。

ライトは二人の井上子爵から設計の依頼を受けたものと考えられる。

執行弘道邸

執行弘道のためには東京飯倉にある和館の前庭に、洋館を設計した。この建物は空襲で焼失してしまったが、島崎藤村（一八七二〜一九四三）が、エッセイの中で触れている（谷川正己『フランク・ロイド・ライトの日本』四〇頁）。

飯倉附近（抜粋）

新しい創意に富んだ建築家としてのライト氏のことは、帝国ホテルなどの設計で多くの人に知られている。このライト氏が飯倉に一つの住宅の意匠を残して置いて行ったことは知る人もすくない。例の雁木坂に近く、大師堂のならびにその家がある。簡素な伊豆石を按排した入口の趣も深い。今はこの界隈にもかず〳〵の新式な建築物を見るが、あれほど周囲とよく調和し得たものはめづらしい。床しい意匠だと思ふ。

（『島崎藤村全集』第十五巻、二九二頁）

谷川正己氏がユニティテンプル修復のための寄附金を募ったところ、藤村の未亡人、静子さんから手紙と寄附金が届いた。

主人はライトの建築を非常に敬愛しておりました。帝国ホテルはもちろん、彼の地を這うような住宅など、常に感動していたようです。……

別の手紙で夫人は次のように語った。

［帝国ホテルの］食堂で食事をする時は正面から入って、左側の一隅がいつでも私たちを待ってくれるテーブルでした。ライトの建ててくれた家の中に居ると、不思議なくらい魂が落ちついてくると、主人はよくそう申しました。

（谷川正己、前掲書、三九～四二頁）

山邑太左衛門別荘

ライトが日本で設計した個人邸で唯一公開されているのが、灘の酒造家山邑《やまむら》太左衛門《たざえもん》の別荘（兵庫県芦屋市、現淀川製鋼所迎賓館）である。遠藤新と高校、大学の同期で、教会仲間の星島二郎《にろう》（一八八七～一九八〇、岡山県出身の弁護士、後に政治家となり、四十六年間代議士を務めた）が、山邑の娘を娶《めと》り、義父を説得して新居の設計をライトに頼んだ。

別荘は丘の中腹に建ち、屋根に沿って次第に高くなっていく構造で、眼下に広がる神戸の街の眺めを満喫できる。帝国ホテルと同じように、幾何学模様が刻まれた大谷石が多く使われている。

遠藤新の孫の陶《とう》によると、ライトは恐らく一九一七年初春に現地を訪れ、翌一八年にタリアセンで設計図を描いたらしい。この基本設計をもとに遠藤新と同じくライトの弟子の南信《まこと》（一八九二～一九五二）が実施設計を仕上げ、南が現場監督を務めて、一九二三年着工、翌年に竣工した。

三原繁吉別館（計画案）

三原は長崎出身。若くして太平洋汽船会社に入り、航海を仕事とした。やがて郵船会社に移り、香港支店長にまで昇進した。半生をアメリカ人の間で過ごし、日本人というより寧《むし》ろアメリカ人的性格、行動様式の人だったという。三原は浮世絵のコレクターとしても有名で、日本浮世絵学会（一九二二年に執行弘道が立ち上げ、ライトも会員であった）の初代理事を務めた。

三原邸別館は寺院風の大きな門構えの、来客用の家であるが、二枚の概念設計しか残っていない。一九一八年の作品に、もう一件精密な模型だけが存在する「銀座映画劇場」がある。八角形の建物のまん中に舞台があるので、恐らく劇場であろう。ライトは一九一七年から二〇年にかけて、次章で述べるバーンズドール夫人のための劇場設計に携わっていた。計画案の中には上部が八角形の劇場もある。銀座映画劇場もその関連で考えるべきかもしれない。

小田原ホテル（計画案）

ライトは風光明媚な場所に建てる二件のホテルの設計を依頼された。一件は小田原ホテルで、これは一九一七年に町長の今井廣之助が中心となって計画した一大娯楽施設の一つであった（谷川、前掲書、四四頁）。

二件目は鎌倉ホテルで、「林さんのために、ホテル、日本、鎌倉（?）の近く」との英文の書き込みがある透視図と配置図二枚が残っている（谷川、前掲書、四五頁）。

一九一九年四月十日付サリヴァン宛手紙の中で、ライトは帝国ホテル以外に二件、風光明媚な土地に建てるホテルの設計の依頼を受けたが、帝国ホテルの理事会の反対に遭い、一件の契約は取り消し、もう一件は契約を結ばなかったと述べている。

福原有信別荘

三井物産の創業者で、帝国ホテルの理事を務めた益田孝は、一九一四年箱根強羅に別荘地を開発した。星一、福沢桃介、斎藤茂吉ら当時の著名な政財界人達が、この温泉と水道付きの別荘分譲地を購入した。資生堂の創業者福原有信（一八四八～一九二四）もその一人であった。有信の三男信三（一八八三～一九四六）は別荘の設計をライトに依頼した。

信三は画家を志していたが、兄達が病気で亡くなり、家業を継ぐことになった。そこで、アメリカに留学して薬学を学び、ヨーロッパに渡って芸術を視察して、一九一六年に帰国した。彼は資生堂に意匠部を設け、デザインにも力を入れた。信三は写真家として、また浮世絵のコレクターとしても知られた。彼は「西と東の美と知の融合」を目指した。その信三が注目したのがライトであった。ライトの思想に共鳴した信三は、別荘の設計を依頼した。この別荘でライトは初めて洋室と和室を併置した。ライトは福原邸の設計図を「友人の武田五一」に贈っている。自信作なのだろう。ライトは現地に足を運び、自ら施工管理に当たった。一九二〇年には来日した母親を現場に案内した。

一九二〇年、花壇に囲まれた温水プールのアトリウムを持つ別荘が完成した。この別荘は、ゲストハウスとしても使われたが、関東大震災で倒壊した。震源地に近かったため、居間の真下の地面が陥没して家が倒れた。

川沿いの崖の上に別荘を建てて、眺望を楽しむというライトの発想は、有名な落水荘（一九三六）を予告する。

益田孝別宅

箱根や小田原の開発に熱心であった益田孝とライトの関係については、次のような記述がある。

益田がたき［妾］と信世［たきとの間の子］を住わせた別宅が、日本橋堀留から築地明石町に移ったのは、たしかな資料はないが明治三十六、七年あたりではなかろうか。……築地別邸ももと外国人の住居であった。昔の帝国ホテルを設計したF・ライトの設計に成る。煉瓦造り三階建、敷地千五百坪内外。益田は庭の一隅に数寄屋や茶席を造築し、界隈では築地御殿と呼ばれていた。

（白崎秀雄『鈍翁・益田孝』上、一四七頁）

年代があわないので、白崎氏の記憶違いか誤解かもしれないが、ライトは築地明石町に外国人のための家を設計したことになる。聖路加病院の隣にあったこの益田孝別宅は大震災で倒壊した。

井上匡四郎子爵邸
（計　画　案）

井上匡四郎《ただしろう》（一八七六〜一九五九）は熊本藩の儒者岡本甕谷の四男として生まれ、一八九五年、政治家井上毅《こわし》（一八四四〜九五）の養子となった。東京帝国大学卒業後、欧米に留学した。帰国後、東京帝国大学教授に就任、一九一〇年貴族議員に初当選して政界に入り、科学技術開発行政に尽力した。一九二六年には鉄道大臣に就任した。井上はゴルフの愛好者としても知られた。

東京目白の丘の上に建つ予定の井上邸は鉄筋コンクリート造二階建ての大きな洋館で、西北に平屋建ての控えの棟、西側には和室があった。外壁はスクラッチタイルと大谷石。一九二一年と記された六枚の図面が残っているが、高額の維持費が懸念されて、設計料が支払われたものの、実施は見送られた。

後藤新平邸別館（計画案）

一九二〇年頃ライトは聖路加病院と後藤新平邸別館の設計を依頼された。病院の設計にあたっては弟子のシンドラーを東京に招び寄せる予定であった。後藤新平邸の方は、一九二一年五月にロサンジェルスでスケッチ二枚（平面図二面と立面図二面）を描いた。庭に囲まれた二階建てのゲストハウスで、一階には吹抜けのレセプションホール、二階には来客用の寝室がある。

後藤新平（一八五七～一九二九）は都市計画に強い関心を持っており、一九二〇年東京市長に就任すると翌年には八億円という巨額の都市計画案を市議会に提出した。またアメリカから都市学の専門家チャールズ・ビアード（一八七四～一九四八）を招聘《しょうへい》した。ライトはぜひ後藤と接触して、都市計画に挑戦したかったに違いない。しかし、ホテル建設の大幅な遅れのために、ライトは他の仕事を手掛けることを理事会から禁じられた。

聖路加国際病院と後藤新平邸の仕事を受注したのは、かってライトの助手を務めたレーモンドであった。

自由学園明日館

池袋の喧噪から一歩離れた静かな場所に、広く水平に伸びるプレーリースタイルの自由学園明日館《みょうにち》が建っている（口絵6頁）。

一九二一年に自由学園を創立した羽仁吉一《はによしかず》（一八八〇〜一九五五）・もと子（一八七三〜一九五七）夫妻は、彼らの家庭的な教育を目指すという教育理念にふさわしい校舎を設計してくれる建築家を探していた。夫妻は教会仲間の遠藤新からライトを紹介された。ライトの二人の叔母は教育者で、アメリカで最初の共学の寄宿学校を作った。ライトはその校舎、ヒルサイド・ホームスクール（一八八七、一九〇二年に改築）を設計していた。

この時期、ライトは帝国ホテルの仕事で忙しく、また学校の予算も少なかったので、校舎はツーバイフォー方式、木造モルタル仕上げの簡素な建物で、短期間に仕上げられた。実施設計は遠藤が行なった。

明日館の校舎は中庭を囲んで「コ」の字型に並んでいる。この構造は、ライトが一九一四年に特許を申請した在日アメリカ大使館と同じ構造である。中央棟は前面がガラス貼りで、外からの光がホールを明るく照らす。木の窓枠や桟が幾何学模様を描き、中二階の食堂の椅子や照明器具も遊び心一杯の楽しい形であり、幼児教育の専門家フレーベルの玩具によって作られた世界のようである。少女達の笑い声が聞こえるような明るく楽しい校舎である。一九二二年六月二日の朝日新聞夕刊にはこんな記事が載った。

可愛い新校舎

麦畑に続いた雑司ヶ谷の藪の中に羽仁もと子女史の自由学園新校舎が出来上がった。そこで学ぶ少女の心をそのまま象徴化したような可愛い建築だ、十二単衣を着た様な女子学習院や兵営を見る様な日本の一般の学校建築を見なれた眼にはそれこそ自由学園の名に相応《ふさわ》しい子供の学びの園《その》だといふ感じを一層強く与える、枝折戸《しおり》を想はせる素朴な扉、空の藍《あい》色に続く銅板屋根の緑、土に立てる大谷石の鼠色、窓枠や柱の飾気なき白木とその木組の美しい調和、講堂と云った處《ところ》で此處《ここ》のは家庭の愛に抱擁さるる客間其ままの気持で出来てる、設計者は帝国ホテルの新館を設計したフランク・ロイド・ライト君、『校舎が木なら生徒は花、木も花も本来一つ』の気持で設計したと自ら云ってる……

明日館は一般公開されている。

日比谷三角ビル
（計　画　案）

一九二二年七月、ライトが日本を去る直前に、以前山邑邸の設計を依頼した星島二郎が、日比谷三角ビルの設計を依頼した。それはアパート一〇〇軒と商業施設を合体させた大規模な複合ビルであった。ライトは短期間で十階タワーの概念設計を描き上げた。しかし、関東大震災後の区画整理によってこの計画は流れた。

第六章　失意の時代

1　カリフォルニアへ

立葵の家

一九一四年、ライトはシカゴで、演劇に熱を上げるアリーン・バーンズドール（一八八二〜一九四八）と知り合った。彼女にはアメリカ独自の実験劇場を建設するという夢があった。演劇好きのライトと意気投合したアリーンは、土地を買う前から劇場と住宅の設計をライトに依頼した。石油王の娘であるアリーンは、一九一九年、ロサンジェルスのハリウッドを見下ろす小高い丘、オリーブヒルに三六エーカーの広大な土地を三〇万ドルで購入した。ライトは帝国ホテルの仕事の合間を縫って帰国し、十一月アリーンと会った。同席したレーモンドに拠ると、ライトはオークパークやリヴァーフォレストの彼の作品を見せて、彼女の心をとらえたという。しかし、ライトは日本にいることが多く、アリーンも旅に出て留守がちで、二人の意思疎通がうまく行かなかった。ロ

バーンズドール邸「立葵の家」
（『巨匠フランク・ロイド・ライト』より）

サンジェルスで働いていたライトの長男ロイドとライトの弟子のシンドラーが現場監理にあたったが、アリーンは九九万ドルの豪邸に満足しなかった。裁判に訴えた彼女は一九二七年、豪邸をロサンジェルス市に寄附してしまった。

アリーンが好きな立葵《たちあおい》（ホリホック）の模様が品よく館を飾る「立葵の家」は、上品で優雅である。左右対称の構造、池や庭と一体となった造形は帝国ホテルと同じだが、帝国ホテルが日本的男性的で荘厳な神殿とすると、立葵の館はギリシア的女性的で優美な神殿である。アリーンが気に入ったというユニティテンプルにも似ている。

テキスタイル ブロックハウス

一九二二年、アメリカに戻ったライトは翌二三年ロサンジェルスに居を定めて、テキスタイルブロックハウスの市場開拓を試みた。テキスタイルとは「織物」を意味する。テキスタイルブロックとは、一六インチ角三インチ厚さの金属型枠でプレキャストされた板状のコンクリートブロックのことで、これを鉄筋で織り上げていって作った家がテキスタイルブロックハウスである。帝国ホテルと同じく、素材が構造と装飾を兼ねている。

ライトは「東洋の想像力が生み出した豊かで輝かしい模様で煌《きら》めいている東洋の織物」からテキスタイルブロックのアイデアを得た。東洋の織物の縦糸と横糸の流れに規格化の可能性を読んだ。ライトは、コンクリートが木や石や煉瓦より廉価で、加工がしやすく、温暖で乾燥したカリフォルニアの気候にふさわしい材料であると考えた。ライトは安いが魅力のないコンクリートに装飾を施すことによって、温かみと美しさを加えた。

当時カリフォルニアで流行していたスパニッシュ・スタイルへの挑戦として、ライトはテキスタイルブロックハウスを「新カリフォルニア・スタイル」と呼んだ。しかし、建設が予想以上に難しく、費用も嵩《かさ》み、湿気の問題も生じた。建ったのは僅か四軒だった。

一軒目は以前シカゴで木造のプレーリーハウスを設計したミラード夫人の家。地価の安い窪地に建てたため、豪雨で水浸しになったり、施工業者とのトラブルが続くなどの苦労があったが、カリフォルニアの豊かな木々と花に囲まれた可憐な家である。

二軒目はシカゴ出身の歯科医ストーラーの家。高台に建ち、ガラスとコンクリートの調和が実に美しいスマートな家である。建築家ルドルフ・シンドラーの夫人は、離婚後、一時期この家に住んだ。芸術家の夫人はその時の感想を「この家のリビングは実に素晴しい……ソフォクレスの劇やヘンデルのヴァイオリンソナタに匹敵する喜びを与えてくれる」と述べた。

三軒目はバーンズドール邸に魅せられてライトに家の設計を依頼したフリーマン夫妻の家。夫は宝石商、妻は有名な前衛ダンサーで、ロヴェル夫人の姉妹であった（ロヴェル夫妻は、カリフォルニアの近代建築の名作といわれる、シンドラー設計のビーチハウスとノイトラ設計の健康住宅の施主である）。フリーマン邸は、シンドラー邸と同様、ロサンジェルスの前衛芸術家の溜まり場となった。昼間はコンクリートブロックの透き間から入る光が室内を優しく照らし、夜には室内の光が透き間から洩れて宝石のように輝いた。フリーマン夫妻はこの家が大好きで、離婚後も別々のコーナーに六十年間住み続けた。

四軒目はエニス邸（口絵7頁）。マヤ文明が大好きなエニス夫妻のための家は非常に大きく、まるで石の神殿のようである。後にハリウッド映画のプロデューサー、ジェームズ・ネスビッツが所有し、アメリカＳＦ映画の傑作のひとつといわれる『ブレード・ランナー』などの映画の舞台となった。最近までこの家に住んでいたオーガスト・ブラウンは、自称「エニス邸に恋した男」で、この家を合衆国の歴史的遺産に登録することに尽力した。

二〇〇四年の集中豪雨でエニス邸の外壁の一部が崩れ落ちたが、女優のダイアナ・キートンが中心となって、復旧のための資金集めを行なった。二〇〇七年、復旧されたエニス邸が公開された。

以上の四軒は一九二二年に設計され、ライトの長男ロイドが工事監理にあたった。ロイドはコンクリート工法の専門家アーヴィング・ジルの下で働いていた。ジルはシカゴのシルスビー事務所でライトの同僚であった。

テキスタイルブロックハウスはロサンジェルスに近代建築の種を蒔いた。数こそ少ないが、住人に愛され、大切にされた。

土浦亀城夫妻　一九二三年、ロサンジェルスでドヘニー・ランチ・プロジェクトという大規模な住宅別荘開発計画の話が持ち上がった。ライトは東京の土浦亀城《かめき》（一八九七〜一九九六）に電報を打った。「すぐに来い」と。

土浦は早速、新婚の妻信子を伴って横浜を発った。信子は、民本主義の主唱者で東京帝国大学法学部教授の吉野作造（一八七八〜一九三三）の長女であった。

土浦亀城は一八九七年、水戸に生まれ、一九二二年、東京帝国大学建築学科を卒業した。在学中YMCAの寮に住み遠藤新を知った。遠藤の紹介で一九二一年夏、帝国ホテルの現場を訪れてライトに会った。その時、仕事があればアメリカに行きたいとの希望を述べた。ライト帰国後土浦は、遠藤の下でホテルの完成に協力した。

当時ライトは西ハリウッドに事務所を借りていた。所員は帝国ホテルの電気工事を担当したカナダ人のウィリアム・スミスただ一人。仕事はバーンズドール関連のプロジェクトの続きと四軒のテキスタイルブロックハウス、ビバリーヒルズのドヘニー・ランチ・プロジェクト、タホ湖のサマー・コロニー計画であった。スミスが事務所の管理運営にあたり、土浦が図面を描いた。近くに住むシンドラーが時々手伝いに来た。当時のライトを土浦は次のように語った。

ライトは依頼を受けるとすぐ図面を描いちゃう。それをウィリアム・スミスと私たちが詳しい図面にして、建築の届けを出して、契約をしたら建てはじめる。現場にはスミスが行く。ライトも時々は行ったでしょうが。

（小川信子・田中厚子『ビッグ・リトル・ノブ』五八〜五九頁）

ドヘニー・ランチの大プロジェクトは計画に終わった。一九二四年一月、ライトは事務所を畳んでタリアセンに帰った。

2　タリアセン帰還

若い建築家達との共同生活

一九二二年十一月、十四年間の別居生活の末、キャサリンがついに離婚に同意した。一年後の（離婚後一年間は再婚できない）二三年十一月、ライトは八年間同棲していたミリアム・ノエルと正式に結婚した。前の夫が金持ちの貴族で、離婚後はパリに住んでいた派手好きのミリアムは、ライトとの東京の生活をこう語った。

東京で私達は帝国ホテル別館に五部屋のスペースをもらいました。部屋は高価で美しい美術品で飾られました。フランクは独創的な芸術空間を創り上げる天才でした。私達のような贅沢と美の中で暮らした人はいないでしょう。

（Meech, *Frank Lloyd Wright and the Art of Japan*, pp. 153-157）

結婚式はタリアセン近くのウィスコンシン川の橋の上で真夜中に行なわれた。しかし、ミリアムはタリアセンの辺鄙な環境に馴染むことができなかった。五ヶ月後、ミリアムはタリアセンを出た。前年にはライトの母親が、一九二四年四月には師のサリヴァンが亡くなった。シカゴの建築界から無視されたライトには全く仕事がなかった。

そんな孤独なライトの心の支えとなったのが土浦夫妻であり、ヨーロッパからやって来た若い建築家の家族であった。五十代半ばのライトは小柄な信子を「リトル・ノブ」と呼んで娘のように可愛がった。スイスの近代建築の父、カール・モーザーの息子ワーナーが妻と赤ん坊を連れてタリアセンに学びに来た。秋にはウィーン出身のリチャード・ノイトラの妻と赤ん坊も到着した。モーザーがヴァイオリンを、ノイトラ夫人がチェロを弾く音楽の夕べが頻繁に開かれた。

ノイトラのライト崇拝

ウィーン生まれの建築家リチャード・ノイトラ（一八九二〜一九七〇）はアドルフ・ロースのもとで学び、オットー・ワーグナーの影響を受け、一時期ドイツでエリヒ・メンデルゾーン（一八八七〜一九五三）の下で働いた。大学の先輩のシンドラーと同じく、ノイトラもウィーンでヴァスムート作品集を見て、ライトに夢中になった。

なんとしても自分の目でライトの作品を見たい。ヨーロッパにはこれ程素晴しい建物を建てる人はいない……ライトは奇跡だ。彼が歩き、彼が働いた所を実際に自分の足で歩いてみたい。……
(Hines, "Disciples and Masters : Schindler, Neutra, Wright", Hess, *Frank Lloyd Wright : the House*, p.

219)

ノイトラはその頃生まれた長男をライトにちなんで「フランク」と名付け、ヴァスムート作品集を模写しては、アメリカに行ってライトに会うことを夢見た。先輩で先にアメリカに渡ったシンドラーに手紙を書いてライトの消息を尋ねた。

一九二三年、ついに渡米の機会が訪れた。ノイトラはライトの建物を次々と訪れた。何れも予想通りに素晴しく、特にクーンリー邸が気に入った。ところが、ロビー邸の三代目の住人が設計者が誰かも知らず、また家に満足していないことを知って驚いた。

一九二四年四月、サリヴァンの葬式でついにライトを目にしたノイトラは、早速声を掛けた。七月になったらタリアセンに来てもいいと言われた。

七月、ノイトラはタリアセンを訪れた。

［タリアセンは］まるで日本の寺のようだった。これまでに見た建物とは全く違っていた。ライトにぴったりの家だった。

(Hines, *ibid.*, pp. 220–221)

秋にタリアセンに到着したノイトラの妻ディオンヌは、オーストリアの両親にこう報告した。

ここはまるで夢の国のようです。図面をたくさん見せてもらいました。実に見事です。ライトは神のようです。私達には見えないものが見えます。ロサンジェルスの作品もなかなか美しい。それなのに彼には仕事が一つもありません。素晴しい家に住み、無限のアイデアを持っているのにです……彼の建物はこの世に建つには美しすぎるのでしょうか。

(Hines, *ibid.*, p. 221)

前衛建築計画案

ノイトラはタリアセンで、オランダの近代建築雑誌「ヴェンディンゲン」のライト特集号（一九二四）や、ドイツ語で書かれたライトに関する文章を翻訳した。ライト特集号を編んだのはオランダ近代建築の父といわれるヘンドリック・ベルラーへ（一八五六～一九三四）で、アメリカを訪問したベルラーへは、アメリカで感動したのはライトのラーキンビルとナイアガラの滝だと言った。

ノイトラはまたライトの設計プロジェクトに協力した。一件目はシカゴのナショナル生命保険会社本社ビル。帝国ホテルが大地震に耐えたことでカンティレバー構造に自信を得たライトは、軽量の素材を用いたカンティレバー構造の高層ビルを建てることを考えた。カンティレバーの床スラブが建物を支えることで、壁には支えの役割がなくなる。よってガラスと銅板のカーテンウォールを吊すことが可能となって、明るく軽やかで美しい高層ビルが生まれる。注文主の社長はこの大胆なアイデアに惹かれつつも、不安を拭い去ることができず、前金を払ったものの計画の実現には踏み切れなかった。

カンティレバー構造の高層ビル案はニューヨークの聖マークスタワー計画（一九二七～三一）に引き

継がれたが、その時も実現せず、一九五二年、後述するプライスタワーでついに実現した。

二件目は東部メリーランド州の観光地シュガーローフ山の上に作るドライブイン展望台計画。ライトは自動車で上がれるように螺旋構造を考えた。ライトが円形の建物を設計するのはこの時が初めてであり、ノイトラが師事したメンデルゾーンのアインシュタイン塔（ポツダム、一九一九～二一）からヒントを得たのではないかともいわれる。

ライトはその後螺旋構造をペンシルベニア州ピッツバーグの市民センター（一九四七）や大駐車場（一九四九）計画でも使った。また、三男ディヴィッドの家（アリゾナ、一九五〇）のように住宅でも試みた。グッゲンハイム美術館の螺旋構造はよく知られる。

三件目はカリフォルニアの富豪ジョンソンのための砂漠の別荘であった。

以上三件の計画にあたっては多数の図面が作成されたが、何れもあまりに新奇で奇抜であったために実現が見送られた。しかし、三十年後、ライトはそれらのアイデアをプライスタワーやグッゲンハイム美術館で見事に実現させた。

ライトとモダニズム建築とのずれ

レーモンド、シンドラー、ノイトラらはライトの建築に魅せられたが、彼らが注目した点とライトが狙った点は必ずしも同じではなかった。ヨーロッパの若い建築家達は先ずライトのシンプルな構造に惹かれた。彼らが称賛したのはラーキンビルであり、ユニティテンプルであり、ロビー邸であった。レーモンドとノイトラは、ライトのプレーリーハウスは素晴しいが、帝国ホテルやテキスタイルブロックハウスは彫刻が煩《うるさ》くてせっかくのシンプルな構造が隠されてしまったと思った。ところが、ライトにとって装飾は構造の一部であった。ライトは彼等と議論を交し、ヨーロッパで注目されていたル・コルビュジエを研究した。それでもライトはモダニズムが否定する装飾を施さずにはいられなかった。帝国ホテルの建設に携わったレーモンドの次の証言は、先にも引用したが（150頁）、ライトの装飾への傾倒ぶりをよく物語っている。

ライトはデザインの想像力を無限に持ち、窓枠も、家具も、木や石の彫刻も、じゅうたんもカーテンも、あらゆるもののデザインが、枯れることのない泉のように、彼の手の中からほとばしり出たのである。

（レーモンド『自伝　アントニン・レーモンド』六〇頁）

同じくライトの下で働いた土浦亀城は言う。

結局、装飾をつけない落水荘みたいなもので成功したんだが、自分はそれがいいとは思っていなかったんじゃないかな。何か足りないと。筆が達者ですからね。

（小川信子・田中厚子『ビック・リトル・ノブ』八五頁）

一九二四年十一月、ドイツの近代建築家、メンデルゾーンがタリアセンを訪れた。ノイトラが通訳したが、二人の間で激しい議論が交された。

3　タリアセンからの追放

シカゴ建築界の異端者であるライトには仕事がなかった。ノイトラとモーザーはタリアセンを出た。ライトは浮世絵を売って生活した。ニューヨークの美術商に一枚売ると一ヶ月暮らせたらしい。土浦夫妻も帰国を考えた。

相次ぐトラブル

一九二五年四月、タリアセンが二度目の火災に遭い、住宅部分が焼けた。原因は落雷か、電気配線の不備か、ライトの寝煙草だったらしい。この火事でライトが日本から持ち帰った一九万ドルともいわれる大量の美術品が燃えた。土浦夫妻は帰国を延期して再建を手伝い、十月にタリアセンを去った。二年半のライトとの共同生活であった。

ライトの二番目の妻ミリアムがタリアセンを出てから半年後の一九二四年秋、シカゴでバレエを鑑賞していたライトは、隣に座った若く美しい女性と恋に落ちた。オルガ・ラゾヴィッチ・ヒンツェンバーグ（愛称オルギヴァナ）、東欧モンテネグロ出身の二十六歳。別居中の夫との間に娘が一人いた。ライトは五十七歳であった。

一九二五年七月、ライトはミリアムに離婚を申し出た。承諾せんばかりのミリアムがライトの愛人の存在を知った。しかも彼女が妊娠しているという。怒り狂ったミリアムはライト一家を追跡し、脅迫した。一九二六年夏、ライト一家はミネソタの田舎に隠れた。しかし、報道陣に見つかり、ライトはマン法（妻以外の女性を別の州に連れ出すことを禁ずる法）違反の罪で二日間拘留された。

十月、ウィスコンシン銀行がライトに破産を宣告した。一九二七年八月、ついにミリアムが離婚に同意した。負債を抱えたライトはタリアセンに戻ることができず、カリフォルニア州サンディエゴのビーチハウスで冬を過ごした。

一九二八年、ライトの友人と親族がライト株式会社を立ち上げて資金を集め、タリアセンを銀行から買い戻した。ライトは八月、カリフォルニアでオルギヴァナと結婚し、九月、三年ぶりでタリアセンに落ち着いた。

オルギヴァナ
（*Collected Writings,* vol. 2. より）

アリゾナへ

アリゾナ州フェニックスに大統領も立ち寄る高級リゾートホテル、ビルトモアホテルがある。一九二七年、ホテルの建設にあたって、ライトの以前の施主の息子で、ライトの事務所で一時働いたアルバート・マッカーサーが、ライトにテキスタイルブロックの使用許可を含む設計協力を依頼してきた。失業中のライトは喜んで応じ、ホテルの内と外をテキスタイルブロックで飾った。

このホテルを見た資産家のアレクサンダー・チャンドラーは、ライトにさらに立派なリゾートホテルの設計を依頼した。サン・マルコス・イン・ザ・デザートと呼ばれるこの大プロジェクトのために、ライトは一九二九年一月、砂漠の中にキャンプを設営し、「オカティヨ」と名付けた。オカティヨとは現地のインディアンの言葉で「蠟燭の炎」という意味で、また現地に植えるサボテンの名前であった。五月に設計図が完成し、真夏を避けて秋に着工する許《ばか》りになっていた。施行技師はライトが最も信頼するポール・ミュラーであった。一九二九年十月、ニューヨークの株式が大暴落し、チャンドラーは一度に資産を失った。ホテル建設も中止となった。

ライトは復活をかけた一大プロジェクトを失った。しかし、アリゾナの砂漠と出会った意味は大きかった。ライトは「砂漠と出会い、砂漠を愛し、砂漠と共に生きた」と述べたが、ウィスコンシンとは全く異なるアリゾナの自然はライトの発想を大きく広げた。非対称、非直線、原色がライトの建築語彙に加わった。それらは白い箱型の国際様式建築に対抗する強力な武器となった。

アリゾナの砂漠に建てられたライトの代表作は、ライトの冬の住まい兼仕事場のタリアセン・ウエスト（一九三七、口絵5頁）である。まっ青な空、原色の花々、緑のサボテンに囲まれ、まるでリゾートホテルのようである。屋根の形は、周囲の山の形を真似て、辺の長さが一対二の三角形となっている。屋根は遮光と風通しを考えてキャンバス（帆布）で葺いた。基壇にはすぐ後ろの山の石を使った。木材は南国の光の色である深紅色塗りとした。

4　国際様式の登場

国際様式の誕生

一九二〇年代ヨーロッパで、建築を芸術としてよりは、生活や経済面から問い直そうという動きが出て来た。美に代って機能が重視されるようになった。ル・コルビュジエは「住宅は住むための機械である」と言い、グロピウスは『インターナショナル・アーキテクチャー』を著し、建築は土地の自然的歴史的環境に捕われることのない、純粋に合理的で機械的なものであるべきだと説いた。

「国際様式」(インターナショナル・スタイル)という名称は、一九二七年にドイツのシュトッツガルト近郊で催された住宅展で初めて使われた。企画者はミース・ファン・デル・ローエで、ル・コルビュジエやグロピウスも参加した。国際様式の特徴は、(一)形態は機能に従うという機能主義、(二)ピロティ(支え柱)によって、建物を土地に縛られた重たい存在から、軽やかに飛翔する物体へと変える、(三)建物を白く塗ることによって、人間や自然との関係を絶つというものであった。(一)はともかく、(二)と(三)はライトが主張する有機的建築を真っ向から否定するものであった。ル・コルビュジエの『建築をめざして』(一九二三)に対抗して、ライトは「建築のために」と題する文章を雑誌に連載して、無装飾で「ダンボール箱」のような国際様式を痛烈に批判した。

ライトは国際様式が彼の作品からヒントを得て誕生したと主張した。その証拠としてライトは彼の作品の図面を提示した。ただし、それらの図面には修正が施されていた。例えば、ロビー邸の透視図からは周囲の木々や家を飾りつくす花々が消えた。視点が左前方に移され、建物の水平性が強調された。ライトが好んだ色鉛筆による淡い着色画面の代りに、陰影が強調された機械的な図面となった。ラーキンビルやユニティテンプルの透視図にも同様の修正が施された。

その修正を行なった一人が、当時タリアセンで修業していた岡見健彦であった。岡見は一八九八年生まれ。東京美術学校建築科を卒業して、遠藤新の事務所で働いた後、一九二九年八月から一年間タリアセンで修業した。その後ヨーロッパに渡り、一年間滞在してル・コルビュジエにも会った。帰国後はライト風だが国際様式の影響も感じられる作品（高輪教会、頌栄女子学院記念堂他）を発表した。

シンドラー、レーモンド、ノイトラ、土浦、岡見など、ライトから直接学んだ弟子達が、ライトの装飾性の強い有機的建築から、国際様式へと移っていくのは興味深い。

ライトは、国際様式が彼の建築のシンプルな構造と外観だけを模倣して、肝心の魂を抜き去ったと非難した。しかし、一九二〇年代後半以降、注目を浴びたのはライトではなく国際様式であった。

十九世紀の偉大な建築家

ヨーロッパの前衛芸術を紹介する美術館として一九二九年に開館したニューヨーク近代美術館（ＭｏＭＡ）で、一九三二年「近代建築・世界展」が開催された。企画をしたのはアメリカ人の近代建築家フィリップ・ジョンソン（一九〇六〜二〇〇五）と建築史家のヘンリー・Ｒ・ヒッチコック（一九〇三〜八七）であった。二人はル・コルビュジエ、グロピウス、ミース、デ・シュテイル派、ノイトラ等の国際様式の建築家の作品を紹介した。ヨーロッパの近代建築をアメリカに紹介したこの展覧会は大いに注目を浴び、アメリカの建築界に大きな影響を与えた。
ジョンソンはライトを「十九世紀の偉大な建築家」とみなして指名しなかった。怒ったライトは「私はこれまでの最も偉大な建築家であるだけでなく、これからの最も偉大な建築家となるつもりである。あらゆる時代の最も偉大な建築家に」と啖呵を切った。「世界展」にアメリカ人が一人も参加しないのはよくないということで、最終的にはライトにも声が掛かった。ライトはアリゾナのオカティヨ・キャンプを紹介したが、注目されることはなかった。

翌三三年にはシカゴで「進歩の世紀」と題する博覧会が開催され、鉄、ガラス、アルミといった新建材、新工法を取り入れた建物が人々に夢を与えた。ライトはここでも指名から外れた。それに抗議した美術評論家のルイス・マンフォード（一八九五〜一九九〇）らはニューヨークで抗議集会を開いた。会場でライトは即興で三つの万博案を考えた。第一は超々高層ビル、第二はミシガン湖に浮かぶ建物群、第三は一連の吊り構造の天幕であった。それらは建築界から無視されたライトの闘争心が生み出した挑戦状であった。

しかし、ライトには仕事がなかった。一九二八年からの八年間に建てられた建物はたったの二軒であった。ライトは妻オルギヴァナの勧めで一九二六年に自伝の執筆を始めた。一九三二年、ライト夫妻は、『自伝』の出版と建築家養成塾の開校という二つの事業を打ち出した。タリアセン・フェローシップと名付けられた学校は、アプレンティスと呼ばれる徒弟が年六五〇ドル（二年目からは一一〇〇ドル）の学費を払って、自給自足の生活を送り、師匠の手伝いをしながら建築を学ぶという、ライトに都合のよい事業であった。全国から志願者があり、毎年三〇名ほどを受け入れた。W・ピーターズ、E・ターフェル、J・ハウ、B・モッシャー、A・グリーン、B・ファイファーなどライトの右腕となって働くことになる建築家達は、皆タリアセンの卒業生である。

やがて、『自伝』とタリアセン・フェローシップが願ってもないビジネスチャンスをもたらすことになる。エドガー・カウフマン父子との出会いである。

第七章　第二の黄金時代

1　落水荘

落水荘と日本

アメリカで最も有名な住宅である落水荘（フォーリングウォーター）は、ペンシルベニア州ピッツバーグから東へ車で二時間走った静かな森の中にある。ライトの名声を一気に高めた落水荘は、七十年経った今でもその大胆かつ美しい姿で人々を魅了し続けている（口絵2頁）。年間一三万人の見物客が訪れ、予約なしでは入れない混雑ぶりである。

木、岩、川、滝という自然条件は、ライトが最も好み、得意とする環境であった。ライトが愛するウィスコンシンの故郷や日本の小田原や箱根の自然にも似ている。帝国ホテルの現場で働いていた時、暇があると、ライトはよく小田原や箱根にドライヴに出掛けた。ライトは小田原にリゾートホテルを設計し（一九一七）、強羅《ごうら》に福原有信の別荘を建てた（一九一八）。小田原には帝国ホテル会長の大倉喜八郎、理事の益田孝、明治の元勲山県有朋（一八三八〜一九二二）らの別荘があった。山県は庭園作りが大の趣味で、小田原の別荘古稀庵は京都の無鄰庵や東京目白の椿山荘とともに名園として知られた。山県は早川の水を取り込んで落とした滝が自慢で、隣に住む大倉や益田にも滝を落とさせた。また、大倉の箱根、塔の沢の別荘では、湯殿から早川の急流が幾筋もの滝となって流れ落ちる姿が眺められた。ライトは日本で、このような趣味人達の滝へのこだわりを知った。

浮世絵に詳しいライトは、広重の全国名滝図や六十余州名所図絵の「備後阿武門の観音堂」を見て、高い岩の上からの眺望の素晴しさを知っていた。

落水荘には他にも所々に日本の影響が見られる。壁には広重の浮世絵が飾られ、暖炉には囲炉裏《いろり》の自在鉤《じざいかぎ》を使ってワイン・ウォーマーが吊され、暖炉の前には玄関石のような大きな石があり、床には「ザブトン」と呼ばれるフロアクッションが並ぶ。リビングの床を石で張り、上からワックスを塗って、あたかも水が流れる川床のように見立てた演出は、浮世絵の「空摺《からずり》」の技法（水が流れる質感を幾つもの色のない凹んだ線で摺った技法）からヒントを得たのかもしれない。ゲストハウスに向かうジグザグの階段は折り紙や屏風からヒントを得たに違いない。滝の上に突き出た広いテラスからは桂離宮の月見台を、水を前にして水平のテラスが三段重なる姿からは金閣寺を思い浮かべることができる。ライトは、テラスに金箔を貼ることを考えていたという。しかし何よりも、遠くから眺めた落水荘が周囲の自然と美しく調和する姿は一幅の絵、一枚の浮世絵である。

国際様式への挑戦

落水荘がそれ以前のライトのデザインと較べて、ずっとシンプルで装飾もなくモダンなことから、ライトが国際様式を採用したと言う人もいる。確かに南側から見た時の白っぽい水平のテラス、連続したガラス窓、平屋根は、ル・コルビュジエの有名なサヴォワ邸（一九二八）を連想させる。しかし、両者には決定的な違いがある。土地から浮き上がったサヴォワ邸に対し、落水荘はしっかりと岩に張り付き、床は川床のようである。ピロティによって土地との接触を絶ったサヴォワ邸に対し、落水荘では逆に、階段によって家と川が結ばれる。落水荘の住人は滝や川の水音を楽しみ、川での水浴びを楽しむ。どこにでも移動可能な国際様式の家と違って、落水荘はペンシルベニア州の「ベア・ラン」（熊の流れ）川の滝の上に、施主がピクニックで好んで座った石を中心にして建てられたまさにその地にしか建たない家である。

四角い端正な箱型のサヴォワ邸に対し、落水荘はバルコニーが長く外に飛び出ている。ライトは地元の建築家や工事人の反対を押し切り、施主の不安を宥《なだ》めて、カンティレバーのバルコニーを長く外に伸ばした。滝の上に建つ大胆で動的で男性的な落水荘は、芝生の上に建つ上品で静的で女性的なサヴォワ邸へのライトの挑戦といえよう。

もう一人の建築家

落水荘はエドガー・J・カウフマン一家の別荘である。カウフマンはピッツバーグで百貨店を経営する大富豪であった。建築に興味を持つカウフマンには、建築を百貨店の宣伝に使い、モデルハウスビジネスに参入し、ピッツバーグ市の再建計画に参加し、やがては市の運営に関わる「ピッツバーグの王《キング》」になるという大きな野望があった。ところが、ユダヤ人であるために、ライバルのメロン家から嫌われ蔑まれていた。メロン財閥はモルガン、ロックフェラーに次ぐアメリカの巨大財閥で、ピッツバーグを拠点に金融、不動産、アルミニウム、鉄鋼、石油業界で大きな勢力を振るっていた。メロン家のような支配階級は伝統的な古典主義の建築を好み、新しい近代建築は好きではなかった。そこでカウフマンは逆に近代建築に目をつけ、ライトのブロードエーカー・シティ構想に興味を持った。

ブロードエーカー・シティとは一九三二年にライトが提唱した郊外型の都市計画で、一エーカー(約一二〇〇坪)の敷地を六四〇区画に分け、そこに約二家族が自然に囲まれて暮らすというものであった。住以外の機能は各地域毎に建てられた高層ビルにまとめられた。ライトはタリアセンの徒弟達に模型を作らせて、フィラデルフィアやニューヨークのロックフェラーセンターなどで展示した。

カウフマンは、ヨーロッパで絵の勉強をして帰国した息子(エドガー・カウフマン・ジュニア)をタリアセンに入学させた。そしてライトの様子を窺い、一九三四年十二月に別荘の設計を依頼した。翌三五年九月、設計図が完成した。実際の図面はカウフマンの「これからそちらへ行く」という電話を受けとったライトが、数時間で描き上げたという有名なエピソードがある。

カウフマンは図面を全て頭に入れ、工事が始まると何度も現場に足を運んだ。大胆な構造に不安を感じると地元の建築業者に安全を確認した。落水荘について大著を著したフランクリン・トーカーはカウフマンを落水荘の「共同建築家」と呼ぶ。

メディアと落水荘

落水荘の名声は、当時誕生したばかりの新しいメディアであるグラビア雑誌、ラジオ、映画によって作られた部分も大きい。

一九三八年一月は、十五年に及ぶ失意の時代を過ごしたライトにとって、非常に生産的で記念すべき月であった。落水荘は竣工し、大プロジェクトのジョンソン・ワックス本社ビル（ウィスコンシン州ラシーン）は春に完成の予定。ジョンソン・ワックス社社長の豪邸ウィングスプレッドの工事も、六角形の蜂の巣をモチーフにしたハンナ邸（カリフォルニア州スタンフォード）とユーソニアンハウス（低価格だが高品質のアメリカの庶民向け住宅）第一号のジェイコブズ邸（ウィスコンシン州マディソン）も完成していた。

『タイム（TIME）』1938年１月17日号表紙

こうした業績を背景に一気に名声を高めたいライト、事業の拡張を目論む遣《や》り手の実業家カウフマン、ヨーロッパではなくアメリカの建築を持ち上げたいナショナリストの建築評論家、雑誌売り上げの拡大を狙う出版界……一同の思惑が一致した。一九三八年一月十日に発売された『タイム』『ライフ』『アーキテクチュラル・フォーラム』の三雑誌がライトの落水荘を紹介し、ライトを「二十世紀最大の建築家」と呼んだ。ライトの顔写真と落水荘が『タイム』の表紙を飾った。

ライト特集を組んだ三雑誌は何れもヘンリー・リュス（一八九八〜一九六七）が所有していた。リュスは一九二三年に『タイム』、一九三〇年にビジネス誌『フォーチュン』、一九三六年に写真週刊誌『ライフ』を創刊し、アメリカのジャーナリズムを牛耳る男といわれた。そのリュスは建築にも興味を持ち、一九三〇年に『アーキテクチュラル・フォーラム』（月刊誌）を発刊した。リュスはその一九三八年一月号をアメリカ初のライト特集号とした。それは一一七枚の写真と図が入った本のようにぶ厚い雑誌であった。解説記事は、アメリカの多くの建築家がヨーロッパの歴史様式の模倣に終ったのに対し、ライトが自然にインスピレーションを得た独自の建築を作り上げたことを強調した。ヨーロッパの国際様式が機能主義で装飾を嫌うのに対し、ライトの有機的建築は装飾を構造の内在的リズムにしていることを称えた。

週刊誌の『タイム』は、ライトの劇的な人生を語った。サリヴァン事務所からの突然の解雇、最愛の女性を含め七人が殺された一九一四年の大惨事、一九二四年のタリアセン二度目の火災、離婚騒動、破産等々。そして数々の悲劇を乗り越えて見事に復活したライトを祝福した。最後には僅か五〇〇〇ドルで建てられるユーソニアンハウスを紹介した。実際、編集部への問い合わせは、落水荘よりもユーソニアンハウスに関するものの方が多かった。この記事を読んで、ライトに家の設計を依頼する人もいた。

『タイム』の記事の文章は僅か三頁ほどだが、印象的な写真が各頁を飾った。タリアセンの工房で製図中のライトを熱心に見守る徒弟達、大震災に耐えた帝国ホテル、自然の中に佇むタリアセン、滝の上に建つ落水荘、砂漠のキャンプ地オカティィヨ、超モダンなジョンソン・ワックス本社ビル、とても一人の建築家の手に成るとは思えないほどヴァラエティーに富む建築である。それは即ちライトの偉大さの証であった。

これらの写真はその後何度も引用され、特にヘドリックが撮った落水荘の写真は繰り返し紹介されて、多くの人々に強い感動を与えた。建築を写真で鑑賞するという新しい文化が誕生した。ライトは自己の作品の紹介に積極的に写真を用いるようになり、建築も写真を意識して設計されるようになった。

落水荘一躍有名に

一月十日の雑誌発売日、三誌の編集部とタリアセンの電話が鳴り続け、電報が相次いだ。ライトは一日にして「悲劇の建築家」から「アメリカ最大の建築家」となった。著名な美術評論家のルイス・マンフォードは、二月十二日のインテリ向けの雑誌『ニューヨーカー』で、ライトを「現存する最も偉大な建築家」と呼んだ。その後、数々の雑誌がライト特集号を組み、何百もの新聞がライトの記事を書き、落水荘の写真を載せた。

海外のメディアも次々とライトを紹介した。二月にはイギリス、フランス、スペイン、イタリア、オランダ、日本、フィンランドの建築雑誌が落水荘を紹介した。なかでもフランスの落水荘への関心は高く、五月にパリのジュドポーム美術館で開催されたニューヨーク近代美術館主催の「アメリカ芸術の三百年」展の目玉は落水荘であった。

ニューヨークの近代美術館でも、一九三八年一月二十四日から落水荘の特別展が開催された。一九三二年に「近代建築・世界展」を企画し、バウハウスを絶讃し、ライトを過去の人と呼んだジョンソンとヒッチコックは既に近代美術館を去っていた。美術館の関心もナチを支持するドイツからアメリカの建築へ移っていた。三四年、ニューヨークのロックフェラーセンターで展示されたライトのブロードエーカー・シティの模型が人々の注目を集めた。そこで、近代美術館が落水荘展を開くことに決めたのであった。この特別展は十年以上にわたってアメリカやカナダの町を巡回した。建築史上、これほど宣伝された家はなかった。

ライトの復活

私生活上の相次ぐトラブルや大恐慌のために、一九二〇年代後半、三〇年代前半のライトには仕事がなかった。ライトは講演や執筆、浮世絵の売却によって生活費を稼いだ。アメリカ各地を旅して、設計を依頼してくれそうな人や浮世絵を買ってくれそうな金持ちを探した。三十年もの長きにわたってライトを経済的に支え続けてきたダーウィン・マーティンは一九三二年十二月に亡くなった。

そこへ現れたのがエドガー・カウフマンであった。落水荘はライトにとって、東部での仕事としては二十年ぶりのものであった。後にカウフマンはオペラハウス、大駐車場を始めとする一一件のピッツバーグ市開発プロジェクトの設計をライトに依頼する。

落水荘をテーマに二〇〇三年、四六〇頁の大著を著したトーカーは、ライトが「落ちる水」によって「名声を上げた」ということから、書名を『立ち上がる落水荘』（*Fallingwater Rising*）とした。

落水荘の大成功によって見事復活を果たしたライトは、以後二十年間、以前にも増して大胆で意欲的な作品を発表していく。

2　ジョンソン・ワックス本社ビル

一九三六年七月、ジョンソン・ワックス社の社長ハーバート・ジョンソンが知人の紹介でタリアセンを訪れた。ジョンソンは芸術と建築に関心があり、母校のコーネル大学には彼の名を付した「ハーバート・ジョンソン美術館」がある。国際様式が好きではなかったジョンソンは、タリアセンに「温かみ」を感じ、ウィスコンシン州ラシーンに建設予定の本社ビルの設計プランをライトに描かせた。そのプランが気に入ったジョンソンはライトに正式に設計を依頼した。

最高のオフィスビル

「仕事が来た！」の大合唱がタリアセン中に響き渡った。タリアセン・フェローシップ創立以来初めての大プロジェクトであった。

ライトは「教会が最高の祈りの場であるように、最高の仕事の場を設計する」と意気込んだ。その時ライトの頭には、有名な一九二二年のシカゴトリビューン社の設計コンペがあったのではないだろうか。そのコンペでは「最も美しく、人目を惹くオフィスビル案」に五万ドルという高額の賞金が出た。二六〇を超える応募があり、ヨーロッパからワルター・グロピウス、エリエル・サーリネン、アドルフ・ロース、ブルーノ・タウトらも参加した。人々の予想に反して一等はゴシック風のレイモン・フッドとジョン・ハウエルズの案に与えられたが、二等のサーリネンの大胆なモダンデザインは人々の注目を浴びた。

オフィスは住宅と違って機能を最優先する建物である。その意味では国際様式がふさわしい。ライトは白い箱型の国際様式とは違う形の、「機能的」で「モダン」で「美しい」オフィスの設計に挑んだ。ライトは先ず箱型のビルの中で感じる閉塞感を打ち破ることを試みた。

ジョンソン・ワックス本社ビル
(『フランク・ロイド・ライト回顧展』より)

ジョンソンビルでは、上からも横からも、どの方向からも閉じ込められたという感覚が全くない。……室内空間が自由に広がり、箱の中にいるという感じが全くない。閉じた空間が存在しないからである。天井ですら空に開かれている。

("In the Realm of Ideas", *Collected Writings*, vol. 2, p. 15)

ライトはオフィス全体を仕切りのない吹き抜けの大空間とし、その中に樹状の柱(軸が細く、頭が丸く広がったキノコ、或いは睡蓮の葉のような柱)を林立させた。オフィスの中を森とした。森の中に十分な光が注ぎ込むように、天井と壁の上部には発明されたばかりの耐熱のパイレックスガラス管を使用した。ガラスの壁は当時はまだ珍しく、ましてガラスの天井というのは極めて大胆なアイデアであった。

ライトはまた、国際様式を特徴づける直線と直角を排して、建物全体の形、柱頭、机、椅子など全てを円、半円、またはなだらかな曲線とした。

極めて難しい工事の進行を監理するために、ライトは二六〇キロの道のりを一三二回往復した。ライトはタリアセンを訪れたミースをわざわざジョンソンビルの工事現場に案内した。国際様式への挑戦状であり、ライトの自信作であったからである。

市中のオアシス

ライトはこのビルを、町中ではなく緑の多い郊外に建てることを望んだ。それが無理とわかると、ビルの中に自然を作ろうと考えた。そこから樹状の柱のアイデアが生まれた。

イスラム教のモスクには砂漠のオアシスをイメージして作られたものがある。北アフリカで最も美しいといわれ、世界遺産に登録されたチュニジアのシディ・サハブモスクはその一つで、内部にナツメヤシを表現した柱が並ぶ。睡蓮が林立するライトの空間と似た雰囲気がある。

その他の注文

ジョンソン社の広報部は、ライトの斬新なデザインのビルを会社の宣伝に利用しようと考えていた。ところが、一歩先に完成した落水荘が一気に人気をさらってしまった。それでも一九三九年春の一般公開日には二万六〇〇〇人の見物客が長蛇の列をなした。

ライトのデザインが気に入った社長は、自邸（一九三七）と会社の研究棟（一九四四）の設計もライトに依頼した。自邸は、用途に従って分けられた区域が翼のように中心から伸びていることから、「ウイングスプレッド（広がる翼）」と呼ばれた。ライトの大好きな広重の名所江戸百景の一枚「深川洲崎十万坪」には、両翼を広げて降下する鳶《とんび》の姿が図面上方に大きく描かれている。ジョンソン社長は自家用小型飛行機を所有していて、家の庭から離着陸していた。こんなこともライトが「ウイングスプレッド」を設計する際にヒントになったかもしれない。

3　ユーソニアンハウス

アメリカ式建売住宅

一九〇九年に家族と仕事を捨ててヨーロッパに向かったライトは顧客も失った。そこでライトが考えたことは、モデルハウスをデザインし、カタログを作って、個人ではなく施工業者や不動産業者に住宅を販売することであった。ライトは早速家のデザインを始めた。そんなライトに一九一三年の日本旅行（第二回目の来日）は大きなヒントを与えた。

興味深いことに、日本の伝統的な家が、私が研究を重ねてきた近代のシステムハウスの見本であることに気が付いた。畳は……全て3×6フィートの大きさである。部屋の広さと形はこの畳によって決まり、家の大きさは畳の数で表示される。9、16、36畳というように。障子や襖は必ず畳の縁に立てられる。（*An Autobiography*, p. 196）

ライトは畳からヒントを得て、3×3フィートのグリッドシステムを基準に家を規格化した。

一九一五年、ライトはミルウォーキーの不動産業者アーサー・リチャーズと組んで、彼がデザインした建売住宅を「アメリカン・システムビルトハウス」の名前で売り出した。屋根は平ら又は傾斜屋根、素材は木、コンクリート、或は両方を組み合わせたもの、大きさは寝室二つの小さなものから三階建ての大住宅まであった。これらの三要素を組み合わせて一三八タイプの家が考案され、そのうち五〇タイプのスケッチが作成された。

スケッチを描いたのは、当時タリアセンにいたレーモンドであった。ニューヨークの建築事務所の仕事が不満で、画家になろうと考えたレーモンドは、喜んでライトの建築ドローイングを描いた。それは浮世絵風の美しい図面で、和紙にリトグラフ印刷された。ライトは日本で色摺りすることも考えていた。

アメリカン・システムビルドハウスの一モデル
(『フランク・ロイド・ライト回顧展』より)

この事業に協力したレーモンドは、ライトは芸術家であると同時に抜け目のない実業家であると評した。ライトは同じ頃、巨額の資金を投じてタリアセンにぶどう園を作ったが、そちらはすぐに失敗に終った。

アメリカ式建売住宅のデザインは、若い国アメリカにふさわしく、自由で、独創的で、機能的で、美しかった。ライトはアメリカ以外にも、カナダ、ヨーロッパからの注文を予想して、九〇〇枚以上のスケッチや施工図面を用意した。ミルウォーキーにモデルハウスを建て、十数社の施工業者とフランチャイズ契約を結んだ。一九一七年三月四日のシカゴトリビューン紙日曜版に広告も載せた「あなたも『アメリカの家』が買えます！」という書き出しの広告文を書いたのは作家のシャーウッド・アンダーソン（一八七六～一九四一、短篇小説集『ワインズバーグ・オハイオ』で有名）であった。

建売住宅発売の一ヶ月後、アメリカは第一次世界大戦に参戦した。木材は軍事用が優先され、住宅の注文も大幅に減少した。ライト自身、帝国ホテルの仕事で東京に滞在することが多くなった。その結果、アメリカ式建売住宅はウィスコンシン州近辺で数軒建っただけに終った。

ライトの「アメリカの家」作りは一九三〇年代に再開され、その時は落水荘の名声のお蔭で多くの注文が来ることになる。

ジェイコブズ邸

一九二九年に大恐慌を経験し、三〇年代も不況に苦しむアメリカは低価格の住宅を必要としていた。一九三六年、ウィスコンシン州マディソンに住む若い新聞記者のハーバート・ジェイコブズは、ライトに予算が僅か五〇〇〇ドルでかつ質の高い家を設計して欲しいと注文した。

ライトは設計、建設のあらゆる面で無駄を省き、単純化を試みた。建物は一階建てとし、屋根は平屋根。ガレージをなくして覆《おお》いだけのカーポートとした。家はシンプルなL《エル》構造で、片翼は一つの広いスペースとして、リビング、ダイニング、ワークスペース（台所と洗濯室）を仕切りなしで配置した。もう一方の翼には寝室と書斎を置いた。廊下はなく、「ギャラリー」と呼ぶ通路に美術品を飾った。家具は全て作り付けとして、家と同じ材料で作った。家の内と外の材料も同じにして、価格を抑えると同時に家の内と外のつながりを強調した。中庭に面した部分はガラス張りとして、家の中に十分光を採り入れ、また庭の景色が楽しめるようにした。

屋根は国際様式風の陸屋根だが、それ以外の点ではライトの独自色を打ち出した。白い無装飾な箱ではなく、木のL字型の建物で、木の所々に透かし彫りを施して、光を採り入れ、その影が作り出す形を楽しめるようにした。

ライトはこのタイプの、小型で、機能的で、手ごろな値段の家を北アメリカ合衆国の頭文字をとって（United States of North America）「ユーソニアンハウス」と名付けた。ライトが考案した「アメリカ合衆国」にふさわしい家は、新しい名前を必要とした。「カーポート」「ワークスペース」「ギャラリー」などの個人宅で使われる用語も全てライトの造語である。

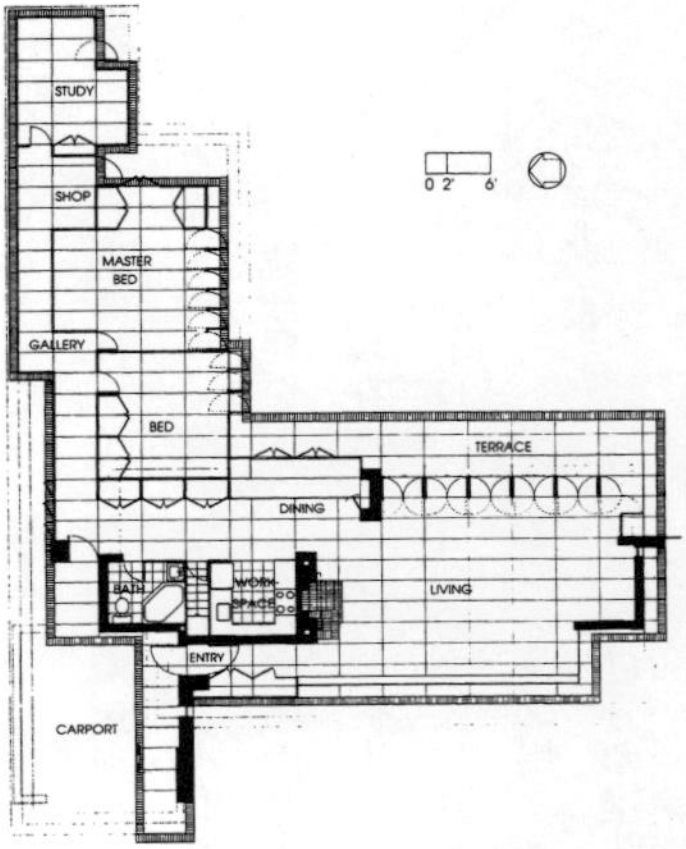

ジェイコブズ邸平面図
（『フランク・ロイド・ライト全作品』より）

ポープ邸

ワシントンD. C. の郊外に住むジャーナリストのローレン・ポープはライトの『自伝』を読み、ぜひライトに家の設計をしてもらいたいと考えた。彼の週給は僅か五〇ドル。それでもポープは彼の熱い思いを手紙に綴った。数週間後ライトから返事が来た。「あなたの家を設計しましょう」。予算は七〇〇〇ドル。シンプルだが木のぬくもりがあり、透かし彫りの模様が楽しい明るくて機能的な家が設計された。開口部が広く、窓や扉を開けると、家の中と外の自然が完全に一体化する（口絵7、8頁）。

ポープ邸は、現在はアメリカ初代大統領ジョージ・ワシントンの邸宅マウント・ヴァーノンのすぐ近くにあるウッドローン農園の中に移築され、一般公開されている。

シュウォルツ邸

ウィスコンシン州ツィンリヴァーに建つシュワォルツ邸は、ライトが一九三八年九月二十六日号の雑誌『ライフ』に発表した「夢の家」の設計図をもとに建てられた。『ライフ』誌は八人の著名な建築家に、年収二〇〇〇～一万ドルの平均的なアメリカ人のための「夢の家」の設計を依頼した。四人は伝統的なスタイルで、残りの四人はモダンスタイルで、各与えられた条件の下でそれぞれの「夢の家」を設計した。ライトに与えられた条件はモダンスタイルの、年収五〇〇〇～六〇〇〇ドルの人の家であった。

ライトは一階を仕切りのない一つの広い空間として、リビングルームではなく「レクリエーションルーム」と名付けた。隅にはピアノが置かれ、南側にはテラス、北側にはプールがあった。寝室は二階に置かれた。レクリエーションルームの一部は二階まで吹抜けとなっていて、一階と二階の透かし彫りが施された高窓を通って室内に入る光が交差し合って美しい光と陰の模様を描く。プレーリーハウスとは違って高価なアートガラスが使えないユーソニアンハウスでは、これらの透かし彫りが美的

いる。

芸術的空間を作り出す上で重要な役割を果たした。ライトは欄間や障子からそのヒントを得ていた。

ヘイガン邸

落水荘の近くにも一軒、石と木の立派なユーソニアンハウスがあり、一般公開されている。地名から「ケンタック・ノブ（丸い丘）」とも呼ばれる。

商売上頻繁に落水荘を訪れていたヘイガンは、一九五四年ライトに家の設計を依頼した。ペンシルベニアの山々に囲まれた広大な敷地に建つヘイガン邸は、六角形をモチーフにした家である。ライトは晩年、六角形、半円形（ジェイコブズⅡ邸、一九四四）、円形（三男ディヴィッドの家、一九五〇）、弧（四男リュウェリンの家、一九五三）など様々な幾何学図形のモチーフに挑戦した。

ヘイガン邸の低く狭い玄関から家の中に入るとそこは広いリビングで、ガラス窓やガラスの扉を通して森の木立が目に飛び込んでくる。ライトがデザインした額縁を通して見る森の自然は、生の自然よりも遥かに美しい。

ユーソニアン・オートマティック

ニューハンプシャー州マンチェスターに建つカリル邸（一九五五）は、「ユーソニアン・オートマティック」すなわち、施主が自分でコンクリートブロックを積み上げて作る手作りのユーソニアンハウスである。これはライトが一九二〇年代にロサンジェルスで試みたテキスタイルブロックハウスの縮小簡略版である。作業は先ずコンクリートブロックを一枚一枚型に流して作る。そのブロックを積んで、鋼《はがね》で繋ぎ、セメントで固めるというものである。しかし、何れも素人には難しい作業で、失敗に終った。ユーソニアンハウスの方は全米各地に百軒以上建てられた。

ライトは新しい大学、「未来の大学」の建設にも取り組んだ。一九三八年、ライトはメソディスト派のフロリダ・サザン・カレッジのスパイヴィー学長と意気投合して、一気にマスタープランを書き上げた。「土から生まれ、光を浴びて伸びていく、太陽の子」とライトが描写するこの大学は、その土地の土、石、木、貝殻などを使い、学生達の手を借りながら、二十年にわたって少しずつ建設されていった。

4　プライスタワー

プライス父子

江戸時代の奇才の画家、伊藤若冲《じゃくちゅう》（一七一六〜一八〇〇）の最大のコレクターで、二〇〇六年から七年にかけて日本でコレクションの一部を「若冲と江戸絵画展」として紹介したジョー・プライス氏とライトには深いつながりがある。プライス氏が若冲の絵画に魅せられたのも、ライトとの縁がきっかけであった。

二〇〇六年秋、東京でプライス夫妻から話を伺った。父親のハロルド・プライスは石油パイプライン事業で富を得た。オクラホマ州バートルズビルに本社ビルを建てる時、次男で、当時オクラホマ大学工学部の学生であったジョー氏は、建築学科の教授で建築家のブルース・ゴフ（一九〇四〜八二）を父親に薦めた。ゴフは友人のライトを薦めた。父親はタリアセンを訪れた。ライトと数時間話し合う間に、一、二階建ての予定の社屋が、ライトの押しで一四階建てに、最終的には一九階建てで妥協することになったとジョー氏は苦笑した。例によって、工期も工費も大幅に膨らんだ。

プライスタワーの説明のためにバートルズビルのプライス邸を訪れたライトは、「もっと快適な家を作ってさし上げましょう」と言ってプライス邸を設計してしまった（一九五三）（二〇〇二年三月二十五日付ヘラルドトリビューンの記事による）。また、ライトの冬の工房であるタリアセン・ウエストには電話がなかった。連絡は電報に拠った。ライトから電報が来て、父親が慌ててタリアセン・ウエストまで自家用飛行機で飛ぶこともあった。すぐに連絡が取れるようにとライトが提案して設計したのがアリゾナのプライス邸別荘（一九五四）であった。かつて、ライトの弟子の一人、レーモンドが「ライトにはビジネスの才能がある。彼はどんなチャンスも逸さない」と言っていたことが思い出される。

プライスタワーの建設をめぐっては、個性の強いライトと父親の間でジョー氏は色々と苦労した。ピンポン玉のように両方から打たれたという。ライトは内装、家具、照明、駐車場など全てをデザインした。父親が従業員の椅子が小さ過ぎると文句を言うと、小柄な人を雇えと言う。有能で大柄な秘書を解雇するわけにはいかないと答えると、その時ばかりはライトが折れて椅子のデザインを変えてくれた。駐車スペースが狭いと言うと、小型車に買い替えろと言う。大きなアメリカ車が好きなジョー

プライスタワー
（『フランク・ロイド・ライト回顧展』より）

氏の父親も、仕方なく小さい車に買い替えた。また、ライトはジョー氏の父親へのプレゼントと言って日本の屛風をタワーの社長室に飾った。後日ライトから高額の請求書が来た。父親はその屛風が気に入らず外してしまった等々、ライトをめぐるエピソードは尽きない。ところで、美術品をプレゼントと言って進呈しておきながら、後から請求書を送ったり、一度送った美術品を取り戻したりということは、ライトの常習であった。

プライスタワーの建設費は予算を大きく上回ったが、ハロルド・プライスは支払った。クライアントではなく、パトロンとしてライトの建築を評価し、ライトを経済的に扶けようとしたからである。ライトが一九五九年に亡くなると、プライス親子はタリアセン・ウエストに駆けつけて葬儀を手伝った。

夢の高層ビル

高層ビルを建てることはライトの長年の夢であった。一九二〇年代の高層ビルの多くは鉄骨と石を組み合わせたもので非常に重かった。ライトはスティールや銅板などの軽い素材を使うことを考えた。構造は大震災に耐えた帝国ホテルのカンティレバー構造に決めた。ライトは一九二三年のサンフランシスコのプレスビル、二四年のシカゴのナショナル生命保険会社本社ビル、二九年のニューヨークの聖マークスアパートで、カンティレバー構造を使い、コンクリートの床スラブの先端からガラスと銅板の壁を吊すことを提唱した。注文主達はこの大胆なアイデアに不安を拭い去ることができず、何れの場合も建設が見送られていた。

ライトの都市計画であるブロードエーカー・シティ構想も、高層ビルと周囲のユーソニアンハウスが一つのグループ単位となっていた。ユーソニアンハウスには注文が来たが、高層棟の方はジョンソン・ワックス社研究棟（一四階建て）が建てられただけであった。

一九五〇年、八十五歳のライトに資産家のプライスから本社ビルの設計依頼が来た。夢の高層ビルを建てる最後のチャンスとばかりに、ライトは一、二階建ての社屋という施主の注文を無視して、一九階建てのタワーを建ててしまったのであった。

オクラホマの広い平原に細長い高層ビルは必要ではなかった。「森から逃げ出してきた一本の木」とライトが呼んだプライスタワーは、そのわがままな建築家のようにたった一本広い平原に聳え建っている。しかしそれは贅を凝らした人工の木であり、太陽の光を受けて輝く芸術作品である。それはまた、日本で法隆寺や醍醐寺の美しい五重塔を見たライトによる、日本の「森から逃げ出して来た一本の木」への想いである。四角いコンクリート式のガラスの高層ビルが既製服だとすると、ガラスと銅板とコンクリートの組み合わせも、白と青銅色という色も、銅板に施された細かい意匠も、内部の装飾も全てがユニークで高価なオートクチュールである。

一九五六年、プライスタワーが完成すると、ライトは更に大胆なアイデアを提唱した。一マイル、すなわち一・四キロメートルの高さの超超高層ビル「マイル・ハイ」である。

ジョー・プライスと若冲

ジョー・プライス氏はプライスタワーの建設現場で多くの時間をライトと過ごした。

ライト氏と過ごした時間は本当に充実したものだった。たとえ一時間の昼食を共にするだけでも、

葡萄図（伊藤若冲作）
（『若冲になったアメリカ人』より）

大学の一学期分に相当するほどの価値があり、刺激に満ちていた。特に、自然に対する考え方、芸術が生まれる元となる自然やその美しさについては本当によく話をしてくれた。彼はたびたび草原へ私を連れ出し、花を摘んではその茎や葉、花びらがいかに理にかなったものであるかを説明してくれたのだった。花と同様、建築も自然構造にのっとることで完全なものになるのだというのが持論で、「『Ｇｏｄ』を大文字のＧで綴り始めるように、私はＮａｔｕｒｅ（自然）も大文字で綴り始めるのだ」と語っていた。ミスター・ライトにとって自然とは、神にも等しい存在であった。

（『文藝春秋』二〇〇六年十一月号、三一七〜三一八頁）

一九五三年、大学の卒業記念にスポーツカーを買うつもりで訪れたニューヨークで、ジョー氏はライトのお伴で一軒の古美術店に入った。そこで見た一枚の葡萄の絵に彼の目は釘付けになった。

モチーフとなる葡萄は枝、葉、実ともデフォルメされ決して自然なままの姿形を描いているわけではないのに、これまでライト氏から教わった自然の本質のすべてがその絵にはつまっていた。優れた絵画は、絵の中に本当に必要なものだけを描き、観る者自身の想像力、心の豊かさに応じて世界を無限に広げていく。加えるべきものも、削ぎ落とすものもない、それはまさに葡萄そのものだった。（前掲書、三一八頁）

葡萄の絵との出会いをきっかけにジョー氏は気に入った日本の絵を少しずつ買い集めるようになった。数年後、葡萄の絵の作者が若冲であることを初めて知った。

ライトもジョー氏も日本美術の素晴しさは理想主義にあるという。自然を写生するのではなく、自然の中から美のエッセンスを取り出してそれを表現することにあるという。

氏がライトと出会っていなかったら、江戸の絵画に興味を持つこともなかったかもしれない。ライトの日本美術への愛と理解がプライス・コレクションの形となって開花したといえるのではないだろうか。

5 グッゲンハイム美術館

ヒラ・リベイ

ガラスの摩天楼が建ち並ぶニューヨーク、マンハッタンの五番街、セントラルパークの東側にコンクリートの奇妙な形の建物がある。上に行くにつれて広がる螺旋形の建物で、巨大な巻貝のようでもあり、他の惑星から着陸した宇宙船のようだという人もいる。ソロモン・R・グッゲンハイム美術館である。つねに社会の習慣や規則に対して挑戦をし続けてきたライトの、最後の挑戦である。

一九四三年六月、ライトのもとに一通の丁寧な手書きの手紙が届いた。差出人はソロモン・グッゲンハイム財団のキュレーター、ヒラ・リベイ（一八九〇～一九六七）。ソロモン・グッゲンハイム（一八六一～一九四九）は炭鉱業・金属の精錬業で巨万の富を築いた実業家である。古典主義の絵画を蒐集していたが、ドイツ人の画家ヒラ・リベイのアドバイスでカンディンスキー、モンドリアン、パウル・クレー、デロネー等の非具象絵画に夢中になり、カンディンスキーを一五〇点以上購入した。二人は非具象絵画をアメリカに紹介するために一九三九年コレクションを公開した。近くにホイットニー美術館（一九三一）とフリック・コレクション（一九三五）が開館したこともあって、二人は前衛芸術にふさわしい前衛美術館の建設を企てた。リベイが前衛アーキテクトとして目をつけたのがライトであった。

私どもの非具象絵画コレクションを展示する美術館について貴方に相談したく思います。ニューヨークに来ていただけませんか。私共の美術館を設計することができるのは貴方しかいません。この難しい仕事ができるのは思考力と仕事への愛と経験と知恵のある人だけです。……貴方の御著書を三冊読み、貴方こそその人だと確信致しました。貴方の建物を写真で拝見しましたが、実に素晴しい。……私は精神の神殿、モニュメントを建てたい。貴方の協力を仰いで……

(*Frank Lloyd Wright, Guggenheim Correspondence*, p. 4)

熱烈なラブレターである。ライトは早速返事を書いた。

もちろんです。貴方がたがお望みの、貴方がたのコレクションにふさわしい美術館を建てましょう。

(*ibid.*, p. 4)

ＭｏＭＡへの挑戦

ライトは何百枚もの設計図を描いた。その際にライトが最も意識した美術館は、同じマンハッタンにあるニューヨーク近代美術館（以下ＭｏＭＡと略す）であっただろう。そこは一九三二年の「近代建築・国際展」でライトが屈辱を受けた美術館でもあった。

ＭｏＭＡは「ヨーロッパの前衛美術」を紹介する美術館として一九二九年に開館した。開館記念展は「セザンヌ・ゴーギャン、スーラ・ゴッホ展」であった。ＭｏＭＡにとってはポスト印象派の画家

グッゲンハイム美術館の模型を見るライト，リベイ，グッゲンハイム（*Frank Lloyd Wright, Guggenheim Correspondence* より）

達が「前衛」であった。グッゲンハイム美術館はさらに前衛の「非具象絵画」を紹介しようとしていた。

ＭｏＭＡの開館記念展は作品の展示方法でも注目された。十九世紀のサロン風の展示ではなく、ニュートラルな白い壁面に絵が掛けられた。

一九三九年にはＭｏＭＡの新館が建設された。設計者はフィリップ・グッドウィンとエドワード・ストーンで、箱型、ピロティ、平滑な壁面、大きなガラス面が特徴の国際様式で、ル・コルビュジエのサヴォワ邸に似ていた。

ライトの設計案は、国際様式の建物と白い垂直な壁を使った展示への対抗であった。ライトが考え出したのは、空間が連続する螺旋構造の建物であり、傾いた壁での展示であった。

一九四五年、最初の模型が完成した。その前でライト、リベイ、グッゲンハイムの三人が並んだ写真がある。リベイの笑顔が明るい。しかし、その後数々の問題が生じた。敷地の選定、第二次世界大戦の勃発による資材不足、戦後の資材の高騰、グッゲンハイムの死（一九四九）、リベイの辞任（一九五二）、新館長スウィニーとライトの対立等々。一時は美術館の建設すら危ぶまれた。ライトは、ソロモン・グッゲンハイムの甥のハリーを七年間説得して一九五六年、ついに着工に漕ぎつけた。計画が始まって十三年目のことであった。その間MoMAには、ライトのライバル、フィリップ・ジョンソンが設計した鉄骨とガラスによるイースト・ウィングと彫刻庭園が完成していた。

ライトは九十歳の老体に鞭打って現場に足を運んで監督を続けた。傾いた壁に絵を掛けるわけにはいかないと抗議した画家達には、「これまでと同じような美術館をもう一つ増やしても意味はない。私は未来のための新しい美術館を作りたい」と反撃した。壁の色は白にすべきだと主張するスウィニー館長に反対してライトは、壁をアイボリーに塗った。

グッゲンハイム美術館が開館したのは、ライトが亡くなって半年後の一九五九年の秋であった。グッゲンハイム美術館はライトにとって最も長く、最も困難な仕事であったが、同時に、数々の面で常識を覆す最も大胆な建物であった。

ユニークな空間

グッゲンハイム美術館は、主役は芸術作品であり、展示空間は「ホワイト・キューブ」といわれる無機質でニュートラルなものがいいという既成概念を破り、美術館自体を芸術作品として提示した。観客はエレベーターで一気に最上階まで上り、スロープをゆっくり下りながら展示作品を鑑賞する。部屋割りもなければ仕切りも一切ない。スロープの内側に佇むと上から下まで美術館全体が見渡せる。高く広い天窓からは荘厳な光が美術館全体を明るく優しく照らす。それはまさに発案者のリベイが望んだ美の殿堂であり、神殿であり、モニュメントであった。

二〇〇九年には開館五十周年となる。その間、世界各地で斬新な美術館が次々と建てられた。しかし、展示空間の奇抜さ、面白さという点でグッゲンハイム美術館に勝るものは少ない。

美術館ではユニークな空間を活かした興味深い展示が色々と行なわれてきた。一九九八年の「モーターサイクルの芸術展」は入場者数三〇万人という大記録を達成し、二〇〇〇年にはビデオアートの父といわれる韓国生まれのナム・ジュン・パイクの展覧会が催され、二〇〇五年のフランス人アーチスト、ダニエル・ブーレンの企画展では建物全体が一つの巨大なキャンバスとなって、美しい光の芸術が展開された。グッゲンハイム美術館は今なお芸術家と観客の想像力を刺激し続けている。

想像力の飛翔

年を重ねる毎にライトの想像力はますます自由に大胆に羽撃《はばた》いた。八十八歳のライトは午前中にマイル・ハイ・スカイスクレーパー（高さ一六〇〇メートルの超々高層ビル）の、午後にはギリシア正教会（ウィスコンシン州ミルウォーキー、一九六三年竣工）の図面を描いた。

一九五七年にはカリフォルニア州サンフランシスコ近郊のマリン郡庁舎、アリゾナ州議会議事堂を始め五〇件以上の注文を受けた。イラク国王ファイサル二世（在位一九三九～五八）からは首都バグダッドのオペラハウスの設計依頼が来た。幼い頃から『アラビアンナイト』を愛読してきたライトは、早速バグダッドに飛んだ。飛行機の窓から目にした島が気に入り、王に頼んでその島に一連の文化施設を建設する許可を得た。ところが、クーデターによって王政が崩壊し、計画が流れた。

バグダッドのオペラハウスの設計案はアリゾナ州立大学ガメージ記念劇場となって実現した（一九五八年着工、六四年竣工）。椰子の木をデザインしたといわれるデザートローズ色の五〇本の列柱が屋根を支える姿はまるで王冠のようである。ホール内の照明のラインが王冠の形と線対称を成し、天井の照明が王冠を飾る宝石のように輝いている。

ライトが最晩年に設計した住宅の一つはアリゾナ州フェニックスの山の中腹に建つライクス邸である（口絵7頁）。周囲の山肌に溶け込む円形の美しいこの家の写真は、ライト作品集のカバーなどでよく紹介される。ウィンスロー邸から六十六年、その間、家の形、色、素材は種々に変化したが、自然を手本とし、自然に捧げられた建物というライトの哲学は変らない。

ライトの死

一九五九年の復活祭が終ると、タリアセンでは六月八日のライトの九十歳（本当は九十二歳）の誕生日に向けて準備が始まった。毎年ライトの誕生日には「ボックス・プロジェクト」と呼ばれる企画があり、弟子達一人一人がライトへのプレゼント（自分で考案したプロジェクトの設計図や模型など）を手作りの箱の中に入れて贈呈することになっていた。

四月四日、腹痛を訴えたライトはアリゾナ州の州都フェニックスの病院に運ばれ、六日に手術が行なわれた。快方に向かうと思われたが、九日、ライトは静かに息を引き取った。

ライトの遺体は一八〇〇キロ離れたウィスコンシン州のタリアセンに運ばれ、十二日、ロイド家のチャペルで旧約聖書の詩篇第一二一篇、ヨブ記の一節、エマソンの詩『自己信頼』の一節が朗読された後、ロイド家の墓地に葬られた。


わたしは山にむかって目をあげる。

わが助けは、どこから来るであろうか。

わが助けは、天と地を造られた主から来る。……

（『旧約聖書』詩篇第一二一篇）

終　章　ライト建築と日本

1　日本の美学

浮世絵

最後にもう一度、ライトと日本の関係を辿ってみよう。二十代の半ばに浮世絵と出会ったライトは、一生浮世絵と共に生きた。ライトは七回日本を訪れたが、その都度自分のため、そして富豪のコレクターのために大量の美術品を購入して帰国した。ボストンのスポールディング・コレクション、シカゴのバッキンガム・コレクション、ニューヨークのマンスフィールド・コレクションを始め、アメリカ合衆国にある浮世絵の多くは、かつてライトが所有していたか、ライトが日本で買い求めたものだといわれる。ボストン美術館に寄贈された六〇〇〇点のスポールディング・コレクションのうち、三分の一から半分はライトが日本で購入したものである。

ウィスコンシン大学エルヴィエム美術館が所有する五一〇〇枚の浮世絵は、ウィスコンシン銀行が担保として持っていて、ライトが破産した時に競売にかけられ、ウィスコンシン大学マディソン校の数学教授エドワード・ヴァン・ヴレックが落札したものである。このコレクションは息子のジャン（ハーヴァード大学物理学の教授で、一九七七年ノーベル物理学賞を受賞）が相続し、最終的にウィスコンシン大学に寄贈され、エルヴィエム美術館に収められた。

スポールディング兄弟

一九一三年のライト二回目の来日の目的の一つは、浮世絵の買付であった。ライトは出発直前にボストンのスポールディング兄弟から大金を託された。

ボストンの大富豪の実業家、ウィリアムとジョン・スポールディング兄弟は、一九〇九年日本を訪れて、広重の浮世絵を一枚購入した。それがきっかけで、二人は浮世絵の蒐集を始めた。一九一二年、シカゴを訪れた兄は、浮世絵の鑑定家グーキンの紹介で、ライトのコレクションを見た。すっかり気に入った兄は、一〇〇枚の役者絵を一万ドルで購入した。多額の借金を抱えていたライトはスポールディングに目をつけた。その年のクリスマス、ライトは書き上げたばかりの小冊子『浮世絵、一つの解釈』をスポールディング夫妻に贈った。画家の夫人はその冊子が気に入り、声に出して読み上げた。「西洋人、特に芸術家は、純粋に美を追求する日本の浮世絵から学ぶものが多い……」ライトは夫人を意識して文章を綴っていた。

ライトが翌年一月に日本に行くことを知った兄弟は、早速ライトをボストンに呼んだ。そして「最良の勝川春章と極上の広重」を手に入れること、広重の「猿橋」（「甲陽猿橋之図」で、広重の最高傑作ともいわれる）を必ず見つけるように念を押して二万ドルを預けた。この時の来日で、ライトは結局一二万五〇〇〇ドル分の浮世絵、掛物、摺物《すり》、屛風、仏像、陶器、浮世絵の版木セットを購入した（Meech, *Frank Lloyd Wright and the Art of Japan*, p. 84）。帰国したライトは七月、グーキンと一緒にボストンを訪れた。四人はライトが日本から送った浮世絵の逸品一四〇〇枚を鑑賞した。

三日間私達はひたすら浮世絵を見続けた。あまりの素晴らしさに彼らは声を失った。私も夢を見ているようだった。この世で最高の浮世絵の饗宴であった。（*An Autobiography*, pp. 526-527）

その後もタリアセンには、執行が預かって荷造りした浮世絵が次々と到着した。それらをグーキンが鑑定してボストンに送った。

ライトは来日の度に大量の浮世絵を購入し、帰国すると数千、数万ドル単位で、スポールディング兄弟やハワード・マンスフィールド（一八四九〜一九三八、ニューヨーク、メトロポリタン美術館顧問）に売却した。

日本での買付

帝国ホテルの仕事を一時期手伝った次男のジョンは、大勢の古美術商が父のもとに押し寄せる様子を目撃した。

父が美術品を次々と購入するので、美術商達が毎日押し寄せて、朝から晩までホテルのロビーに列をなした。父は製図板から美術品へと飛び回っていた。……父は東洋の美術品の虜になっていた。

所有しなくては気が済まなかった。和紙の柔らかな繊維、青銅器の緑青は彼の目には音楽であった。
(Wright, John, *My Father, Frank Lloyd Wright*, p. 116)

ホテルの近くの古美術商は、仕事を終えたライトが埃塗《ほこりまみ》れでヘルメットを被ったまま、よく店を訪れたと語った。

吉田映二《てるじ》による『浮世絵事典』には「ライト」の項目がある(谷川正己『フランク・ロイド・ライトの日本』二二九頁)。

ライト(名) フランク・ルロイド・ライトといい、アメリカの建築家として知られる。大正五年(一九一六)来日、東京の帝国ホテルの建築設計をして日本ばかりでなく世界の注目をひいた。しかもこの人は浮世絵の収集家であり、その鋭い鑑識眼の卓抜さによっての収集は、浮世絵界にライト旋風をまき起こしたといわれる。大正八年四月七日、岡山池田家蔵品の売立があった時、総売上高は八十五万円にのぼった。その内十七万五千円が浮世絵版画であったが、これを一手買入れたのはライトであった。これは二回目〔正しくは四回目〕の来朝の時であったが、その前に来日の時〔一九一三年〕に買入れた額は二十五万円以上にのぼっていたという。当時アメリカでは浮世絵が流行し、わが国内でもそれにつれて浮世絵熱は盛んであった……。
(『浮世絵事典』下巻、四三九頁)

ライトは一九二一年、執行弘道が中心となって立ち上げた日本浮世絵協会の会員となり、日本の浮世絵展にも出品した。近代の浮世絵版画家橋口五葉（一八八六〜一九二一）の追悼展にあたってはポスターを制作した。

浮世絵の美学

日本で買い集めた浮世絵の多くを、ライトは二回の自邸の火災で失った。その額は九万ドルともいわれる。しかしライトは、それらの絵を十分に愛し、研究し尽くしたので、もはや彼の体の一部となっていて、彼の建築の中で永遠に生き続けると言った。浮世絵が自分の教育から取り除かれたら、自分の人生は全く違った方向に進んでいただろうと語るライトは、仕事場にいつも広重の風景画を飾っていた。

> 浮世絵を知ると自然の見方が変わる……ありのままを写実的に見るのではなく、知らずと選択し、脚色して見るようになる。その結果、風景がより簡潔で効果的になる。
>
> （一九五〇年九月二〇日、*Frank Lloyd Wright : His Living Voice*, p. 152）

「浮世絵は不必要なものを省くということを教えてくれた」とライトは繰り返し語った。ライトは一生浮世絵を鑑賞し買い続けた。ニューヨークに行くと必ず古美術商の瀬尾の店を訪れた。ジョー・プライスも彫刻家のイサム・ノグチ（一九〇四〜八八）もライトのお伴をさせられた。

ライトが亡くなった時、彼のもとには六〇〇〇点の浮世絵、二〇点の屏風、数百点の日本と中国の陶磁器、青銅器、仏像、版木、織物、絨毯が残された。

茶室の美学

ライトが愛読し、弟子達に読むことを勧めた岡倉天心の『茶の本』によると、茶室は最高の美の空間であった。門を潜り、露地を歩き、蹲《つくばい》で手と口を浄め、躙口《にじりぐち》から身を屈めて茶室に入る。茶室は美の空間であり日常の雑事を忘れて心を清め、心を高める空間である。掛軸、活け花、香炉、茶道具一式が響き合って一つの美のテーマを奏でるトータルアートの世界である。

ライトの建物は入口が狭く低く、脇の目立たない所にある。狭い空間を通ると一気に広い空間に出る。そこでは家具、照明、アートガラス、絨毯、活け花などが呼応して調和のある美の空間を作っている。そこはいわば、ライトにとっての茶室であった。

2 建築の創作

物語を語る

ライトは建築家というよりも小説家、演出家だという人がいるが、ライトの建物には一つ一つ固有の物語がある。次男のジョンは父が設計する時の様子を次のように語る。

家を建てて下さいと頼まれると、父は片方の目で施主を眺め、もう一方の目で敷地を眺める。そして考える。といっても機能についてではない。父は鳥の声を聴き、鳥が木に巣を作る様子を思い描く。岩間を流れ、植物の成長を促す水の音を聴く。おやっ、父は半分隠れた大きな石を見つける。

するると父の頭の中で、石工がその石を磨き、暖炉の炉床とする姿が想像される。これで家の礎が出来た。そこから家は成長していく。父の物語に沿って。

（Wright, John, *My Father, Frank Lloyd Wright*, p. 112）

この文章を読んでいて、伊勢物語の一場面を描いた尾形光琳の硯箱の意匠の解説が頭に浮かんだ。

タリアセン・リビングルーム（1925年）
（『フランク・ロイド・ライトと日本文化』より）

「これは都を追われた男が橋のたもとで涙を流す場面である。大胆に横切る橋板をたどっていくうちに物語の世界に吸い込まれていく。蓋を開けると硯の下にも流水紋様が描かれていて、橋の下の川の流れを表している。川のせせらぎすら聞こえてくるようである。……」

ライトが設計した建物の室内が、浮世絵に描かれた世界に似ていると思うことがある。例えば、タリアセンのリビングルームは、ライトの大好きな広重の風景画を木、石、煉瓦、コンクリート、ガラスなどを使って室内に再現したように思える。浮世絵が描いた自然や人間の物語を、建物によって表現しようとしたからだろう。

ライトは建築資材を使って施主と敷地に最もふさわし

い物語を作った。ウィンスロー邸はプリマヴェラ、ダナ邸はハゼノキ、バーンズドール邸は立葵。何れも施主が愛した花であり、その土地に美しく咲く花であった。

ユダヤ教のシナゴーグ、ベス・ショロム（フィラデルフィア郊外、一九五四）を設計した時は、ユダヤ教にとって至高の瞬間、すなわちシナイ山でモーゼを通して神の啓示がイスラエルの民に与えられた瞬間を建物で表現しようとした。至高の時は光で満ちている。それ故シナゴーグを前面ガラス張りとした。その結果シナゴーグは朝は太陽の光を受けて銀色に、午後は金色に、夜は建物内部の光によって、あたかもシナイ山のように光り輝く。

建物の詩人

ライトの物語は散文でなく韻文で書かれた。ライトはサリヴァンを「わが敬愛する師匠」と呼び、大いに尊敬した。師から何を学んだかと問われたライトは、「師の生き方そのもの、師が詩人であったこと」と答えた。ライトはサリヴァンの建物が詩《うた》をうたっていることを強調した。ライトはサリヴァンと同じくホイットマンの詩を愛した。幼い頃は母親からたくさんの詩を読み聞かされていた。ライトが岡倉天心の『茶の本』を愛読したのも、天心の詩的発想、詩的文章が好きだったからであろう。

一時期ライトの弟子であったレーモンドはこう語った。

ライトは鋭い感受性の持ち主という意味で、真のアメリカ人でした。ミースやグロピウスなどの知的なドイツ人とは正反対の人でした。全く正反対の。

(Peter, *The Oral History of Modern Architecture*, p. 135)

ライトの家は家の内に外の自然が再現され家の内の世界がそのまま外の自然に広がっていく。時には内と外が反転し、内と外が響き合う。それは器の内面と外面に連続した花木を描いた尾形乾山の鉢の美学にも通じると思う。

空間の魔術師

ライトは木、石、煉瓦、コンクリート、ガラス、鉄、青銅などを用いて三次元の絵を描き彫刻を彫った。そこに木や花といった自然が加わり、光と影が加わった。家具調度品、照明器具、絨毯、美術品が三次元の絵を飾った。

さらにライトは様々な手法で建物を操作した。壁を内（外、左、右）側に傾けたり、柱を上に行くにつれて細（太）くしたり、柱を天井の少し手前で止めて柱と天井を細い鉄パイプで繋ぎ、天井が浮いているように見せたり、その柱の内側に照明器具を入れて天井に向けて照らし、天井の浮遊感をさらに強調したり……ライトの想像力は尽きることがなかった。

3　ライトと自然

自然と生きる

ライトの作品集を見ていて驚くことは、木が家の中を貫通している家がかなりあることである。ウィスコンシンの大自然の中で育ち、帽子も被らず、靴も履かず素足で自然に触れた少年時代を送ったライトにとって、自然は彼の肉体の一部であった。祖母、母、愛人メイマは皆、花が大好きであった。ライトの自邸にはつねに花が活けられ、ライトの建てた家には必ず花が飾られた。

一九〇五年初めて日本を訪れたライトは、自然と共生する日本の建物や美しい庭園に魅せられた。「枝振り」という単語は日本語にしかないと、木を大切にする日本人の心に感心した。ライトの自邸であるタリアセンは、自然の中に佇む日本の建築を見て感銘を受けたライトが建てた、「自然と共生する家」であった。タリアセンに住む弟子達には花や木を活ける仕事が与えられた。材料は近くの野原や森から切ってきた野の花や樫、松、秋にはまっ赤に紅葉した楓の木であった。

ライトの設計した家に住んで初めて自然の美しさ、自然の日々の変化の面白さに気が付いたというある施主は、その喜びを手紙でライトに伝えた。彼のユーソニアンハウスはマサチューセッツ州アマーストにある。

親愛なるライト先生

……貴方の家に住んで私は日々新たな喜びを見つけています。何んと素敵なことでしょう。この先、季節毎に味わえる喜びのことを考えただけで嬉しくなります。……私はこれまで日々日が長くなることに気付きませんでした。ホリヨーク山脈が太陽に照らされる様子がいつでも眺められます。朝目覚めるのが楽しみです。……どちらを見ても森の線、様々な色、様々な木を観察することができます。貴方ならこの様な家を設計なさることを知っていました。しかし実際に住んでみて、壁が障壁ではなく、部屋から部屋へ移る度《たび》に違った感覚の喜びが味わえることが想像以上に素晴しいことがわかりました。毎日貴方への感謝の気持ちで一杯です。

一九四一年二月二十五日　セオドア・ベアード

（ファイファー『ユーソニアンハウス』二四頁）

優れたライト研究家のネヴィル・ルヴァインは、このベアード邸を見て感動したことがきっかけで、ライト研究を始めた。

天才とは

ライトの自然観、建築観と日本人のそれは重なるところが多い。円空《えんくう》や木喰《もくじき》が木から仏を彫り出したように、ライトは岩や石、木から建物を彫った。仏を彫った木が霊木、神木として崇められたように、ライトが用いた自然は大文字で始まる自然（Ｎａｔｕｒｅ）であり、神が宿る自然であった。ウェールズの神話集『マビノギオン』によると、天才とは、

自然を見る目を持つ人
自然を感じる心を持つ人
自然に従う勇気を持つ人

である。ウェールズの血をひくライトが誇りにした定義であった。

自然界の構造に倣って建てた建物、神が創り給うように自然を用いて作り、自然の一部となる建築、自然への捧げ物、それがライトの有機的建築であった。

参考文献

和書（原則として著者名五〇音順）

明石信道、内藤多仲、山本学治（文）、渡辺義雄（写真）『帝国ホテル』（鹿島研究所出版会、一九六八年）

明石信道（文）、村井修（写真）『フランク・ロイド・ライトの帝国ホテル』（建築資料研究社、二〇〇四年）

石黒敬章編『明治・大正・昭和　東京写真大集成』（新潮社、二〇〇一年）

上田収「シカゴ美術館の浮世絵――バッキンガムコレクションの歴史と沿革」『浮世絵聚花』シカゴ美術館3（小学館、一九七八年）

遠藤新『建築家遠藤新作品集』（中央公論美術出版、一九九一年）

遠藤陶『帝国ホテルライト館の幻影――孤高の建築家　遠藤新の生涯』（廣済堂、一九九七年）

大倉雄二『鯰　大倉喜八郎』（文春文庫、一九九五年）

岡野眞『フランク・ロイド・ライトの建築遺産』（丸善、二〇〇五年）

小川信子、田中厚子『ビッグ・リトル・ノブ――ライトの弟子・女性建築家土浦信子』（ドメス出版、二〇〇一年）

奥中康人『国家と音楽』（春秋社、二〇〇八年）

金子務『アインシュタイン・ショック』I（河出書房新社、一九九一年）

ギフォード、ジェーン（井村君江監訳、倉嶋雅人訳）『ケルトの木の知恵――神秘、魔法、癒し』（東京書籍、二

〇〇三年）
小山騰『ケンブリッジ大学秘蔵明治古写真――マーケーザ号の日本旅行』（平凡社、二〇〇五年）
島崎藤村『島崎藤村全集』第十五巻（新潮社、一九五〇年）
シュルツ、フランツ（澤村明訳）『評伝　ミース・ファン・デル・ローエ』（鹿島出版会、二〇〇六年）
白崎秀雄『鈍翁・益田孝』上・下（新潮社、一九八一年）
菅原定三『美術建築師・菅原栄蔵』（住まいの図書館出版局、一九九四年）
砂川幸雄『大倉喜八郎の豪快なる生涯』（草思社、一九九六年）
谷川正己『フランク・ロイド・ライト』（鹿島出版会、一九六六年）
――、増田彰久（写真）『フランク・ロイド・ライトの世界』（技報堂出版、一九七六年）
――『ライトと日本』（鹿島出版会、一九七七年）
――『タリアセンへの道』（鹿島出版会、一九七八年）
――『フランク・ロイド・ライトとはだれか』（王国社、二〇〇一年）
――『フランク・ロイド・ライトの日本――浮世絵に魅せられた「もうひとつの顔」』（光文社、二〇〇四年）
――編著『図面で見るF・L・ライト――日本での全業績』（彰国社、一九九五年）
谷川氏の著書はライトが日本で手掛けた建築や設計案に関する最も詳しく優れた研究書である。
帝国ホテル編『帝国ホテル百年史』（一九九〇年）
ディケンズ、チャールズ（伊藤弘之・下笠徳次・隈元貞広訳）『アメリカ紀行』上・下（岩波文庫、二〇〇五年）
富岡義人『フランク・ロイド・ライト――大地に芽ばえた建築』（丸善、二〇〇一年）
永井荷風『あめりか物語』（岩波文庫、一九五二年、二〇〇二年改版）
ハクニー、フィオナ（和気佐和子訳）『マッキントッシュ』（美術出版社、一九九一年）

初田亨（文）、増田彰久（写真）『和風モダンの不思議』（王国社、二〇〇一年）
林青梧『文明開化の光と闇――建築家下田菊太郎伝』（相模書房、一九八一年）
ハンクス、デヴィッド・A（穂積信夫訳）『ライトの装飾デザイン』（彰国社、一九八一年）
ファイファー、ブルース・ブルックス（玉井一匡訳）『ユーソニアンハウス』（A・D・A・EDITA TOKYO、一九九一年）
プライス、ジョー・D『若冲になったアメリカ人――ジョー・D・プライス物語』（小学館、二〇〇七年）
堀田謹吾『名品流転――ボストン美術館の「日本」』（NHK出版、二〇〇一年）
ポンティング、ハーバート・G（長岡祥三訳）『英国人写真家の見た明治日本――この世の楽園・日本』（講談社、二〇〇五年）
三沢浩『A・レーモンドの建築詳細』（彰国社、二〇〇五年）
――『フランク・ロイド・ライトのモダニズム』（彰国社、二〇〇一年）
――『フランク・ロイド・ライト入門』（王国社、二〇〇七年）
南川三治郎『ウィリアム・モリスの楽園へ』（世界文化社、二〇〇五年）
柳田由紀子『太平洋を渡った日本建築』（NTT出版、二〇〇六年）
山口静一『フェノロサ――日本文化の宣揚に捧げた一生』上・下（三省堂、一九八二年）
山口由美『帝国ホテル・ライト館の謎――天才建築家と日本人たち』（集英社、二〇〇〇年）
吉田映二『浮世絵事典』下巻（画文堂、一九七一年）
淀川製鋼所『F・L・ライトの世界』（淀川製鋼所、一九八九年）
ライト、オルギバンナ・L（遠藤楽訳）『ライトの生涯』（彰国社、一九七七年）
ライト、フランク・ロイド「日本建築に対する所感並に帝国ホテルの設計」『建築世界』一九一七年二月号レーウェン、トーマス・ファン（三宅理一、木下壽子訳）『摩天楼とアメリカの欲望――バビロンを夢見たニューヨーク』（工作舎、二〇〇六年）
レーモンド、アントニン（三沢浩訳）『自伝アントニン・レーモンド』（鹿島研究所出版会、一九七〇年）
若山三郎『政商――大倉財閥を創った男』（学習研究社、二〇〇二年）

展覧会カタログ・雑誌等（原則として出版年代順）

『ジャポニスム展　19世紀西洋美術への日本の影響』国立西洋美術館等（一九八八年）
フランク・ロイド・ライト回顧展実行委員会編『フランク・ロイド・ライト回顧展』（一九九一年カタログ）（毎日新聞社、一九九一年）
アルファキュービックギャラリー・京都書院インターナショナル編『フランク・ロイド・ライトと広重』（京都書院、一九九二年）
ヨハネス・ヴィーニンガー、馬渕明子監修『ウィーンのジャポニスム』（東京新聞、一九九四年）
『フランク・ロイド・ライトと日本展』（財団シーボルト・カウンシル、一九九七年）
「建築界の怪人、F・L・ライト大特集」月刊『カーサ　ブルータス』（マガジンハウス、二〇〇一年一二月号）
『クリストファー・ドレッサーと日本』郡山市立美術館（二〇〇二年）
「フランク・ロイド・ライト」『X-Knowledge HOME』（エクスナレッジ、二〇〇二年一二月号）
「砂漠のフランク・ロイド・ライト」『X-Knowledge HOME』（エクスナレッジ、二〇〇三年一月号）
藤田治彦監修『ウィリアム・モリスとアーツ&クラフツ』（梧桐書院、二〇〇四年）
『世紀の祭典　万国博覧会の美術』二〇〇五年日本国際博覧会記念展（NHK・NHKプロモーション・日本経済新聞社、二〇〇四年）

キャレン・セバンズ、森晃一『偉大なるオブセッション――フランク・ロイド・ライト、建築と日本』(ツインDVD、二〇〇五年)
『フランク・ロイド・ライトのルーツ』『X-Knowledge HOME』特別編集 No. 4(エクスナレッジ、二〇〇五年)
『近代建築の好奇心 武田五一の軌跡』文京ふるさと歴史館(文京区教育委員会、二〇〇五年)
『美しき日本 大正昭和の旅展』江戸東京博物館(二〇〇五年)
「色絵磁器 富本憲吉特集」週刊『人間国宝』創刊号(朝日新聞社、二〇〇六年六月)
『フランク・ロイド・ライトと武田五一――日本趣味と近代建築』福山市市制施行90周年記念事業、ふくやま美術館(二〇〇七年)
『水と風と光のタイル――F・L・ライトがつくった土のデザイン』INAXミュージアムブック(INAX出版、二〇〇七年)
『岡倉天心――芸術教育の歩み』東京藝術大学・NHK(二〇〇七年)
『アンカー展』Bunkamura(二〇〇七年)
特定非営利活動法人「ライト建築アーカイブズ日本」ウェブサイト(http://www.wrightinjapan. org/)

洋書(原則として著者名のアルファベット順に配列)

Aguar, Charles E. and Berdeana Aguar, *Wrightscapes: Frank Lloyd Wright's Landscape Designs* (McGraw-Hill, 2002)[邦訳(大木順子訳)『フランク・ロイド・ライトのランドスケープデザイン』(丸善、二〇〇四年)]
Alofsin, Anthony, *Frank Lloyd Wright――the lost years, 1910-1922* (University of Chicago Press, 1993)
ライトの欧州滞在時代を扱ったほぼ唯一の著書。調査、分析が細かく資料としても役に立つ。

——— (ed.), *Prairie Skyscraper : Frank Lloyd Wright's Price Tower* (Rizzoli, 2006)

——— (ed.), *Frank Lloyd Wright : Europe and Beyond* (University of California Press, 1999)

Appelbaum, Stanley (text), *The Chicago World's Fair of 1893 : A Photographic Record* (Dover Publications, 1980)

Barney, Maginel Wright, *The Valley of the God-Almighty Joneses : Reminiscences of Frank Lloyd Wright's Sister* (Unity Chapel Publications, 1965)

Besinger, Curtis, *Working with Mr. Wright : What It Was Like* (Cambridge University Press, 1995)

Birk, Melanie (ed.), *Frank Lloyd Wright's Views of Japan : The 1905 Photo Album* (Pomegranate Artbooks, 1996)

Bock, Richard W., *Memoirs of an American Artist : Sculptor Richard W. Bock.* (Edited by Dorathi Bock Pierre) (C. C. Publishing Co., 1991)

Brooks, H. Allen, *The Prairie School : Frank Lloyd Wright and His Midwest Contemporaries* (W. W. Norton and Company, 1972)

——— (ed.), *Writings on Wright : Selected Comment on Frank Lloyd Wright* (MIT Press, 1981)

Clark, Kenneth, *The Other Half : a self-portrait* (Hamish Hamilton, 1986)

Clayton, Marie (ed.), *Frank Lloyd Wright Field Guide : His 100 Greatest Works* (Salamander Books, 2002)

Crawford, Alan, *C. R. Ashbee* (Yale University Press, 1985)

Drennan, Willam R., *Death in a Prairie House : Frank Lloyd Wright and the Taliesin Murders,* Terrace Books (The University of Wisconsin Press, 2007)

Dresser, Christopher, *Japan : Its Architecture, Art and Art Manufacturers* (Ganesha / Synapse, 1999)

Friedman, Alice T., "Frank Lloyd Wright and Feminism: Mamah Borthwick's Letters to Ellen Kay", *The Journal of the Society of Architectural Historians* (*JSAH*), 61, (June 2002)

Gill, Brendan, *Many Masks : A Life of Frank Lloyd Wright* (G. P. Putnam's Sons, 1987)

Gookin, Frederick W., *Catalogue of a Loan Exhibition of Japanese Colour Prints* (Art Institute of Chicago, 1908)

Heinz, Thomas A., *The Vision of Frank Lloyd Wright* (Chartwell Books, 2000)

Helfrich, Kurt G. F. and Whitaker, William (ed.), *Crafting a Modern Word : the Architecture and Design of Antonin and Noémi Raymond* (Princeton Architectural Press, 2006)

Hess, Alan. (text) and Alan Weintraub (photographs), *Frank Lloyd Wright : The Houses* (Rizzoli, 2005)

Hines, Thomas, *Richard Neutra and the Search for Modern Architecture* (Oxford University Press, 1982)

Hitchcock, Henry-Russell, *In the Nature of Materials : The Buildings of Frank Lloyd Wright, 1887-1941* (Duell, Sloane and Pearce, 1942)

Hoffmann, Donald, *Frank Lloyd Wright's Fallingwater : The House and Its History* (Dover Publications, 1978)

――――――, *Frank Lloyd Wright Architecture and Nature* (Dover Publications, 1986)

――――――, *Understanding Frank Lloyd Wright's Architecture* (Dover Publications, 1995)

――――――. *Frank Lloyd Wright's Dana House* (Dover Publications, 1996)

Horan, Nancy, *Loving Frank* (Ballantine Books, 2007)

Huxtable, Ada Louise, *Frank Lloyd Wright* (Penguin Group, 2004)［邦訳（三輪直美訳）『未完の建築家フランク・ロイド・ライト』（TOTO出版、二〇〇七年）］

Kaufmann J. Jr., Edgar, "Crisis and Creativity: Frank Lloyd Wright 1904-1914", *The Journal of the Society of Architectural Historians* (*JSAH*), 25 (December 1966)
La Farge, John, *An Artist's Letters from Japan.* (The Century Co., 1897)［邦訳（久富貢・桑原住雄訳）『画家東遊録』（中央公論美術出版、一九八一年）］
Langmead, Donald, *Frank Lloyd Wright : A Bio-Bibliography.* Bio-Biographies in Art and Architecture, Number 6 (Praeger, 2003)
Legler, Dixie and Christian Korab, *Prairie Style Houses and Gardens by Frank Lloyd Wight and the Prairie School* (Architype Press, 1999)
Levine, Neil, *The Architecture of Frank Lloyd Wright* (Princeton University Press, 1996)
Lind, Carla, *The Wright Style* (Simon and Schuster, 1992)
———. *Wright at a Glance* (series), Pomegranate Artbooks (Architype Press, 1994-1996)［邦訳（越智卓英監訳）『フランク・ロイド・ライト・スタイル』集文社、一九九六～一九九八年）］
Maddex, Diane, *Frank Lloyd Wright Inside and Out* (Barnes and Noble Books, 2001)
Manson, Grant C., *Frank Lloyd Wright to 1910 : The First Golden Age* (Reinhold Publishing Corporation, 1958)
Meech, Julia, *Frank Lloyd Wright and the Art of Japan : The Architect's Other Passion* (Japan Society and Harry N. Abrams, 2001)
ライトと浮世絵の関係を、特にアメリカ側から詳細に調べ上げた、日本美術研究家による名著。
Meehan, Patrick J., *Frank Lloyd Wright Remembered* (The Preservation Press, National Trust for Historic Preservation, 1991)

Mirviss, Joan B., with John T. Carpenter, *The Frank Lloyd Wright Collection of Surimono*（Weatherhill and Phoenix Art Museum, 1995）

Morrison, Hugh, *Louis Sullivan, Prophet of Modern Architecture*（W. W. Norton & Company, 1998）

Morse, Edward S., *Japanese Homes and Their Surroundings*（Ticknor and Company, 1886［Republished by Dover Publication, 1961］［邦訳（上田篤、加藤晃規、柳美代子訳）『日本のすまい――内と外』（鹿島出版会、一九七九年）、（斎藤正二、藤本周一訳）『日本人の住まい』（八坂書房、二〇〇〇年新装版）］

Nute, Kevin, *Frank Lloyd Wright and Japan*（Van Nostrand Reinhold, 1993）［邦訳（大木順子訳）『フランク・ロイド・ライトと日本文化』（鹿島出版会、一九九七年］

O'Gorman, Thomas J., *Frank Lloyd Wright's Chicago*（PRC Publishing, 2004）

Okakura, Kakuzo, *The Book of Tea*（Charles E. Tuttle Company, 1956［original publication, 1906］）［邦訳（村岡博訳）『茶の本』（岩波文庫、一九二九年、一九六一年改版）他あり］

――――, "The Hō-Ō-Den", *Okakura Kakuzo Collected English Writings*, vol. 2（Heibonsha, 1984）［邦訳（金子重隆訳）「鳳凰殿」『岡倉天心全集』第二巻（平凡社、一九八〇年）］

Peter, John, *The Oral History of Modern Architecture : Interviews with the Greatest Architects of the Twentieth Century*（Harry N. Abrams, 1994）［邦訳（小川次郎、小山光、繁昌朗共訳）『近代建築の証言』（TO TO出版、二〇〇一年）

Pfeiffer, Bruce Brooks, *Frank Lloyd Wright : Master Builder*（Universe Publishing, 1997）［邦訳（大木順子訳）『巨匠フランク・ロイド・ライト』（鹿島出版会、一九九九年）］

――――, *Frank Lloyd Wright : In the Realm of Ideas*（Southern Illinois University Press, 1988）

――――, *Treasures of Taliesin : Seventy-Six Unbuilt Designs*（Southern Illinois University, 1985）［邦訳

（遠藤楽訳）『フランク・ロイド・ライト　幻の建築計画　76』（グランドプレス、一九八七年）〕
Pridmore, Jay, *The Auditorium Building* (Pomegranate Communications, 2003)
Quinan, Jack, *Frank Lloyd Wright's Martin House : Architecture as Portraiture* (Princeton Architectural Press, 2004)
Reed, Peter and William Kaizen, *The Show to End All Shows : Frank Lloyd Wright and the Museum of Modern Art, 1940,* With an Essay by Kathryn Smith (The Museum of Modern Art, New York, 2004)
Sanderson, Arlene, *Wright Sites : A Guide to Frank Lloyd Wright Public Places* (The Frank Lloyd Wright Building Conservancy, 2001)〔邦訳（水上優訳）『建築ガイドブック　フランク・ロイド・ライト』（丸善、二〇〇八年）〕
Scully, Vincent, Jr. *Frank Lloyd Wright* (George Braziller, 1960)
Secrest, Meryle, *Frank Lloyd Wright* (Alfred A. Knopf, 1992)
Siry, Joseph M., *Unity Temple : Frank Lloyd Wright and Architecture for Liberal Religion* (Cambridge University Press, 1996)
Sloan, Julie L., *Light Screens : The Leaded Glass of Frank Lloyd Wright* (Exhibitions International in association with Rizzoli International Publications, 2001)
Smith, Kathryn, *Frank Lloyd Wright : America's Master Architect* (Abbeville Press, 1998)
Stipe, Margo, *Frank Lloyd Wright : The Interactive Portfolio* (Running Press, 2004)〔邦訳（隈研吾監修）『フランク・ロイド・ライト・ポートフォリオ』（講談社、二〇〇七年）〕
Storrer, Willam Allin, *The Architecture of Frank Lloyd Wright : A Complete Catalogue* (MIT Press, 1974)〔邦訳（岸田省吾監訳）『フランク・ロイド・ライト全作品』（丸善、二〇〇三年）〕

――――, *The Frank Lloyd Wright Companion* (University of Chicago Press, 1993)
Tafel, Edgar, *Years with Frank Lloyd Wright : Apprentice to Genius* (McGraw-Hill, 1979)［邦訳（谷川正己・谷川睦子訳）『フランク・ロイド・ライト――天才建築家の人と作品』（啓学出版、一九八五年）］
Thomson, Iain, *Frank Lloyd Wright : A Visual Encyclopedia* (Thunder Bay Press, 1999)
Toker, Franklin, *Fallingwater Rising* (Alfred Knopf, 2005)
Wilk, Christopher, *Frank Lloyd Wright : The Kaufmann Office* (The Victoria and Albert Museum, 1993)
Wright, Frank Lloyd, *An Autobiography,* Rev. ed. Duell, Sloan and Pearce, 1943 (Barnes and Noble Books, 1998)［邦訳（樋口清訳）『自伝　ある芸術家の形成』『自伝　ある芸術家の展開』（中央公論美術出版、一九八九年、二〇〇〇年）］
非常に難解であるが、知的刺激と詩的抒情に満ちたライトの自伝。ライトの人生と思想を知る上で不可欠の著作である。
――――, *Drawings and Plans of Frank Lloyd Wright : The Early Period (1893-1909)* (Dover Publications, 1983)［first published as *Augsfuehte Bauten und Entwuerfe von Frank Lloyd Wright* (Ernst Wasmuth, 1910-11)］
――――, *Frank Lloyd Wright, Collected Writings,* Edited by Bruce Brooks Pfeiffer. 5 vols. (Rizzoli, 1992-1995)［一部邦訳あり。（谷川正己、谷川睦子訳）『ライトの遺言』（彰国社、一九六一年）、（遠藤楽訳）『ライトの住宅』（彰国社、一九六七年）、（谷川正己訳）『ライトの都市論』（彰国社、一九六八年）、（谷川睦子、谷川正己訳）『建築について』（鹿島出版会、一九八〇年）］
――――, *Frank Lloyd Wright : Letters to Apprentices,* Edited by Bruce Brooks Pfeiffer (Press at California State University, 1982)［邦訳（内井昭蔵・小林洋子訳）『弟子達への手紙』（丸善、一九八七年）］

———, *Frank Lloyd Wright : Letters to Architects,* Edited by Bruce Brooks Pfeiffer（Press at California State University, 1984）［邦訳（内井昭蔵訳）『建築家への手紙』（丸善、一九八六年）］

———, *Frank Lloyd Wright, Guggenheim Correspondence,* Selected and with Commentary by Bruce Brooks Pfeiffer（The Press at California State University, 1986）

———, *Frank Lloyd Wright : His Living Voice,* Selected and with Commentary by Bruce Brooks Pfeiffer（The Press at California State University, Fresno, 1987）
タリアセンにおける講話やエッセイをまとめたもの。ライトの手紙と共に、ライトの生の声や心の内が伝わってくる意味で興味深い。

———, et al., *Frank Lloyd Wright : The Complete 1925 "Wendingen" Series,* With a New Introduction by Donald Hoffman（Dover Publications, 1992）

———, *Frank Lloyd Wright & Lewis Mumford : Thirty Years of Correpondence,* Edited by Bruce Brooks Pfeiffer and Robert Wojtowicz（Princeton Architectural Press, 2001）［邦訳（富岡義人訳）『ライト＝マンフォード往復書簡集1926-1959』（鹿島出版会、二〇〇五年）］

Wright, John Lloyd, *My Father, Frank Lloyd Wright*（Dover Publications, 1992）［原本 *My Father Who Is on Earth*（G. P. Putnam's Sons, 1946）を一部修正のうえ再刊したもの］

おわりに

ライトの妹マジネルは、伝記の中で法廷での一エピソードを紹介する。

裁判長から職業を訊かれると兄は「あらゆる時代の最高の建築家」と答えた。呆れた妹がどうしてそんな不遜なことが言えるのかと非難すると、兄は「宣誓したから」と笑った。

ライトは大変な自信家で、傲慢でもあった。頭の回転が早く、機智に富み、ユーモアがあった。そんなライトを理解するのはなかなか難しい。どこまでが本当で、何が嘘で、何が策略で、何が冗談なのかをつねに問わなくてはならない。

ライト建築に魅せられた多くの施主達は、図面や設計の完成の遅さにいら立ち、予算の超過に怒りつつも、建物の完成を楽しみに待った。そんなライトの一生を辿ることも、賞讃と失望、喜びと怒りの繰り返しであった。ライトは手強い相手である。

建築の美しさ、文章の詩的な魅力、観察力と分析力の鋭さに惹かれて、ライトの人生を辿ってきた。

『自伝』にはライトが意図的に事実を変えた箇所や、沈黙の時期も多く、彼の長い波瀾万丈の生涯を探ることは非常に難しい。未だに知られずにいること、誤解されていること、筆者が誤解していることも多々あるだろう。幸い、毎年のように研究書が刊行され、新しい事実が明らかにされている。ライトの傑作が、修復され、再建されて、建設当時の姿に蘇りつつある。ライトの魅力を追う旅はこれからも続く。

ライトについて調べてみると、彼の美学、建築哲学に及ぼした日本文化の影響の大きさに改めて驚く。ライトが「地上で最もロマンチックで、芸術的で、自然を大切にする国」という日本との出会いがなければ、ライトの建築は全く違う方向に進んでいたであろう。プレーリーハウス、ユニティテンプル、落水荘、グッゲンハイム美術館などの傑作も生まれなかったかもしれない。ライト建築の魅力を探る旅は、日本文化の魅力の再発見の旅でもある。

ライト建築の美しさは実際に建物の中に入ってみないとわからない。幸い日本には、公開されている建物が三ヶ所ある。愛知県犬山の明治村に移築された帝国ホテルの一部、東京池袋の自由学園明日館、兵庫県芦屋市の山邑邸（現ヨドコウ迎賓館）である。明日館は少ない予算と短い工期で建てられた簡素な校舎だが、大地と結ばれ、低く水平に広がるプレーリースタイルの美しい建物である。屋根の反り、中央棟と両翼棟から成るライトが好きな平等院鳳凰堂様式、建物と自然の調和、装飾デザインなどに日本の影響を見ることができる。山邑邸は、ライト帰国後に弟子が建てた作品で、一部の造りや家具などはオリジナルではないが、帝国ホテルと、ライトが一九二〇年代に開発したテキスタイルブロックハウスを繋ぐ作品として興味深い。明治村に移築された帝国ホテルでは、お金と時間をたっぷりかけた、かけ過ぎてしまった力作の一端を堪能することができる。淡緑石の大谷石、淡黄色の煉瓦、テラコッタ、スクラッチタイルが織り成す華麗な文様、光の籠柱や透かしタイルから洩れる光の煌《きらめ》きは実に美しい。

本書の執筆にあたっては、特に谷川正己、ジュリア・ミーチ、アンソニー・アロフシン、ブルース・ファイファー氏らの研究から多くを学んだ。

最後に編集にあたられた堀川健太郎さんと下村麻優子さんには大変お世話になりました。厚く御礼申し上げます。

二〇〇八年七月

大久保美春

フランク・ロイド・ライト略年譜

西暦	和暦	齢	事項、主要な建築作品	関連事項、ライト以外の建築作品
一八六七	慶応　三	0	6・8アメリカ合衆国ウィスコンシン州リッチランド・センターにウィリアムとアナの長男として生まれる。	パリ万博。
一八六九	明治　二	2	3月父親新設のバプティスト教会の牧師となり、一家アイオワ州マグレガーに引越す。妹メアリー・ジェーン誕生。	
一八七一	四	4	12月父親ハイストリート・バプティスト教会の牧師となり、一家ロードアイランド州ポータケットに引越す。	シカゴ大火。ウィーン万博。
一八七四	七	7	9月父親ファースト・バプティスト教会の牧師となり、一家マサチューセッツ州ウェイムスに引越す。	
一八七六	九	9	母親ライトにフレーベルの「ギフト」を与える。	フィラデルフィア万博。ドレッサー来日。
一八七七	一〇	10	妹マーガレット・エレン誕生。	モース来日。コンドル来日。

一八七八	一一	11	一家ウィスコンシン州マディソンに引越す。父親バプティストからユニテリアンに改宗し、リベラル教会の牧師となる。この年よりライトは毎夏、母方の叔父ジェームズの農場で働く。	フェノロサ来日。
一八七九	一二	12	両親マディソンに小さな家を購入。	
一八八〇	一三	13	父親、音楽教室を開く。	執行弘道、起立工商会社ニューヨーク支店長就任。
一八八三	一六	16	両親別居。	鹿鳴館（コンドル設計）。
一八八四	一七	17	父親、離婚を要求。	
一八八五	一八	18	両親離婚。ライト、マディソン高校中退。コノヴァー建築事務所で働く。ウィスコンシン大学マディソン校工学部の聴講生となる。	ルーカリービル（バーナム&ルート、シカゴ）。
一八八六	一九	19	ロイド・ジョーンズ一族の教会、ユニティチャペルの建設を手伝う（シルスビー設計）。	**9月**フェノロサ、岡倉天心欧米視察旅行に出発。モース『日本のすまい』出版。
一八八七	二〇	20	**1月**大学を中退し、単身シカゴに赴く。シルスビー事務所入所。二人の叔母が創立したヒルサイド・ホームスクールを設計。アドラー&サリヴァン事務所へ移る。オーディトリアムビルの室内装飾の図面を作成。	

一八八八	二一	21		明治宮殿。
一八八九	二二	22	6・1キャサリン・トービンと結婚。サリヴァンから五千ドル借りてオークパークに新居を建てる。11月オーディトリアムビル竣工。	執行、ニューヨークのグロリエクラブで浮世絵展主催。東京美術学校開校。
一八九〇	二三	23	ウェインライトビル（セントルイス）建設。事務所の住宅設計を任される。長男フランク・ロイド・ジュニア誕生。	ボストン美術館日本美術部新設（キュレーターはフェノロサ）。帝国ホテル（渡辺譲）。
一八九一	二四	24	事務所オーディトリアムビルに移る。ライト、チーフドラフトマンになる。シラービル、チャンレー邸設計。	ウィリアム・モリス、ケルムスコットプレス設立。
一八九二	二五	25	次男ジョン・ロイド誕生。	ボストン美術館「北斎とその流派展」開催。
一八九三	二六	26	春住宅設計の無断アルバイトがサリヴァンに見つかり、事務所を解雇される。シカゴ万博の日本館鳳凰殿に感銘を受ける。浮世絵購入。秋シラービルに事務所開設。ウィンスロー邸設計。	フェノロサ、モース、ラ・ファージ、執行、シカゴ万博審査委員（日本美術部門）を務める。
一八九四	二七	27	シカゴ建築家クラブ展に初めて出品。長女キャサリン誕生。この頃下田菊太郎を雇う。バーナム、ウィンスロー邸を訪問。	フェノロサ、シカゴ美術館で講演。リライアンスビル（バーナム、シカゴ）。
一八九五	二八	28	三男ディヴィッド・サミュエル誕生。不動産業者ウ	シカゴ・カクストンクラブ創立

			ォラーのために三軒の共同住宅を設計。自邸にプレイルームと食堂を増築。ウィリアムズ邸、ムーア邸設計。アメリカン・ルクスファー・プリズム社と契約し、窓ガラスのデザインを担当。	（グーキン、執行他）。ギャランティビル（アドラー&サリヴァン、バッファロー）。
一八九六	二九	29	ロミオとジュリエット給水塔、グッドリッチ邸設計。『ハウス・ビューティフル』の装丁と印刷。	フェノロサ、ニューヨークで浮世絵展主催。執行、グロリエクラブで浮世絵展主催。フェノロサ、新夫人と来日。日本銀行本店（辰野金吾）。オットー・ワーグナー『近代建築』。
一八九七	三〇	30	スタインウェイホールに事務所を移す。自邸の隣にスタジオ増築。シカゴ・アーツ・アンド・クラフツ協会創立。	ウィーン分離派結成。
一八九八	三一	31	次女フランシス誕生。事務所をルーカリービルに移す。ジェンキン叔父のアブラハム・リンカーン・センター設計開始。	第一回分離派展。分離派会館（オルブリヒ、ウィーン）。
一八九九	三二	32	ウォラー邸改築。ハッサー邸設計。	マジョリカ・ハウス、カールスプラッツ駅舎（ワーグナー、ウィーン）。グラスゴー美術学校（マッキントッシュ）。日本勧業

				銀行（妻木頼黄）。
一九〇〇	三三	33	ロバート・スペンサー「フランク・ロイド・ライトの作品」を『アーキテクチュラル・レビュー』5月号に執筆。設計注文が急増。最初のプレーリーハウスのブラッドリー邸とヒッコックス邸を設計。	イギリスのアーツ・アンド・クラフツ運動家アシュビーがシカゴを訪問。分離派会館で日本美術展。パリ万博。
一九〇一	三四	34	『レディーズ・ホーム・ジャーナル』2月、7月号に「プレーリーハウスの家」「小さくても広々とした家」を発表。3・6「アーツ・アンド・クラフツと機械」の講演。トマス邸設計。	フェノロサ、最後の日本訪問。ダルムシュタット芸術村（オルブリヒ、ドイツ）。
一九〇二	三五	35	シカゴ建築家クラブ展に六五点出品（多すぎとの非難が出たため、以後出品を控える）。事務所を自邸に移す。9月マーティン兄弟、オークパーク訪問。11月D・マーティンをバッファローに訪問。ヒルサイド・ホームスクール新校舎竣工。ウィリッツ邸、ダナ邸、ハートレー邸、W・マーティン邸設計。	フェノロサ、シカゴで講演。クリムト、ベートーヴェン・フリーズ（分離派会館）。
一九〇三	三六	36	四男ロバート・ルウェリン誕生。教会の新館の設計でジェンキン叔父と対立、解任される。リトル邸、チェイニー邸、D・マーティン邸、ラーキンビル設計。シカゴ美術館で初めて浮世絵展が開催される（六四九点、目録グーキン、会場設営ライト）。	岡倉天心『東洋の理想』カーソン、ピリ&スコット百貨店（サリヴァン、シカゴ）。「ウィーン工房」創設。

一九〇四	三七	37	セントルイス万博を訪れ、日本館、ドイツ館（オルブリヒ設計）に感銘を受ける。ラーキンビル、マーティン邸などの建設のため、多くの時間をバッファローで過ごす。	日露戦争。天心が横山大観、菱田春章、六角紫水を伴って渡米。天心『日本の覚醒』。フェノロサ、シカゴ大学で講演。横浜正金銀行本店（妻木頼黄）。
一九〇五	三八	38	**2月**妻キャサリン、施主のウィリッツ夫妻と日本訪問。ハーディ邸、ユニティテンプル、プレーリーハウス二六軒、他五件の設計で極めて忙しく、所員増員。	
一九〇六	三九	39	**3月**シカゴ美術館で広重展（二一三点）開催。**5月**ユニティテンプル着工。**8月**ラーキンビル竣工。	**5月**天心『茶の本』。郵便貯金局（ワーグナー、ウィーン）。
一九〇七	四〇	40	「五千ドルの耐火住宅」を『レディーズ・ホーム・ジャーナル』4月号に発表。五年ぶりでシカゴ建築家クラブ展出品。クーンリー邸設計。マコーミック邸設計案。メイマ・チェイニーと親しく付き合うようになる。	フェノロサ、ニューヨークで日本美術の連続一二回講演（山中商会主催）。
一九〇八	四一	41	**3月**シカゴ美術館で、グーキンらと米国最大の浮世絵展（六五五点、うちライト二一八点出品）開催。『アーキテクチュラル・レコード』3月号、ライト特集。ロビー邸設計。**夏**妻に離婚を申し出るが拒否	フェノロサ。ロンドンで客死。林愛作、フェノロサの遺骨を日本に運ぶ。

一九〇九	四二	42	される。10月ユニティテンプル竣工。9月カンザスのセイヤー夫人に浮世絵多数売却。10月家族と仕事を捨て、メイマ・チェイニーとヨーロッパに旅立つ。11・24ベルリンのヴァスムート社と作品集の出版契約を結ぶ。冬長男ロイドと所員ウリーをフィレンツェに呼び、作品集出版の準備にあたる。メイマ、ライプチヒで英語を教える。メイマ、エレン・ケイの著書に感銘を受ける。	林愛作、帝国ホテル支配人に就任。東宮御所（現迎賓館）（赤坂、片山東熊）。
一九一〇	四三	43	春作品集の準備が一段落するとフィエゾーレに移り、メイマを呼ぶ。長男とパリ観光。ウィーン、イギリスを訪問し、アシュビーと執行に会う。10月ライト一時帰国。別居のために自邸を改築。バッキンガム、セイヤーに浮世絵売却。ファインアーツビルに事務所開設。	シュタイナー邸（ロース、ウィーン）。6月メイマ、エレン・ケイのストックホルムの家を訪問。ライト帰米後はベルリンで英語を教えつつ、ケイの著作を翻訳。
一九一一	四四	44	1月バッキンガムに浮世絵三〇〇点売却。1月再渡欧。ロンドンのオークションで浮世絵購入。2月ヴァスムート社と最終契約締結。3月ライト帰国。母方ロイド家の土地の一部を購入して、新居タリアセン建設。6月メイマ帰国。夫との離婚成立。9月グーキン、ライトに帝国ホテル設計の話を持ちかける	6月メイマ、ケイを再訪。丸の内煉瓦街「一丁倫敦」完成。

一九一二	明治四五 大正　元	45	（帝国ホテル関連事項は別表に掲載）。ヴァスムート作品集アメリカ到着。オーケストラホールに事務所開設。プレファブ住宅、アメリカン・レディカットハウス開発。 バッキンガムに数千ドルの借金。**7月**スポールディング、ライトの浮世絵を大量に購入。**12月**『浮世絵、一つの解釈』出版。クーンリー邸プレイハウス、リトル邸設計。	フェノロサの遺稿『東亜美術史綱』出版。
一九一三	二	46	**1月**ボストンにスポールディング兄弟を訪問。ヴァスムート作品集をアメリカで販売。メイマを伴い訪日。林愛作、武田五一、九鬼隆一らに会う。執行、ライトの浮世絵購入を手伝う。スポールディングの委託で、二五万円の浮世絵を購入。**5・17**帰国。**7月**グーキンとスポールディング兄弟を訪れて浮世絵を鑑賞。長男と次男、父の事務所入所。ミッドウェーガーデン設計。都市住宅開発コンペ参加。	
一九一四	三	47	シカゴ建築家クラブ展で、帝国ホテル設計案を展示。**6月**ミッドウェーガーデン開業。**8・15**タリアセン大惨事。使用人がメイマを始め七人を殺害し、放火。**秋**タリアセン再建。**12月**ミリアム・ノエルより見舞	ル・コルビュジエ、ドミノステム開発。東京駅（辰野金吾）。シンドラー渡米。

			状が届く。	
一九一五	四	48	1月パナマ・カリフォルニア博を訪れ、マヤ文明の展示を見る。5月叔母達からヒルサイド・ホームスクールを譲り受ける。スポールディングに浮世絵売却。10月帝国ホテル受注がほぼ確実となる。イリノイ州グレンコーに六軒の住宅設計。アメリカン・システムビルトハウスの設計とモデルハウス建設。ジャーマン倉庫設計。バーンズドール嬢と知り合う。	
一九一六	五	49	1月林愛作夫妻と吉武技師タリアセン訪問。3・17林とライト、帝国ホテルの契約覚書交換。5月レーモンド夫妻タリアセンで働く。ライト依然として多額の借金を抱える。11月スポールディングに浮世絵売却。12・28次男を伴い日本へ。	武田五一編訳ヴァスムート作品集出版。11・22帝国ホテル、新ホテル設計を決議。
一九一七	六	50	1・17東京着。遠藤新、帝国ホテルを訪れライトに面会。林愛作、井上勝之助邸他設計。4月遠藤新を伴い帰米。11～12月ファインアーツビル内アーツ・クラブで浮世絵展開催（二四一点）。11・22浮世絵についての講演。	11月『建築画報』ライト特集号。
一九一八	七	51	9・12ジェンキン叔父死去。ニューヨーク、メトロポリタン美術館に浮世絵四〇〇点売却。11月ミリア	

			ム・ノエルを伴い、日本へ。北京を訪れてホテルの絨毯を注文。	
一九一九	八	52	4月岡山池田家蔵品の浮世絵を全て買入れる。6月施工技師ミュラー来日。9月ホテル着工。浮世絵を持って帰国。スポールディング、マンスフィールドらに売却。ニューヨークにレーモンド夫妻を訪れ、帝国ホテルの仕事の助手を依頼。11月レーモンド、タリアセンに入り、シンドラーとバーンズドール邸の図面を作成。12月ミリアム、レーモンド夫妻と日本へ。	バウハウス開校（ワイマール）。12月帝国ホテル別館全焼。
一九二〇	九	53	1月ホテル別館設計（4月竣工）。春、病に倒れる。母親医師を伴い来日（3～6月滞在）。3月ホテル基礎工事終了。6月浮世絵を持って帰国。7月マンスフィールドに売却した浮世絵の中に刷り直したものがあることを知らされる。9月スポールディングに最後の浮世絵売却。12・28横浜到着。	アインシュタイン塔（メンデルゾーン、ポツダム）。シンドラー自邸（ロサンジェルス）。10月執行、日本浮世絵協会設立。
一九二一	一〇	54	2月レーモンド、ライトのもとを去って独立。5月帰国。8・15横浜到着。9月バーンズドール邸完成。自由学園設計。オランダの建築雑誌『ヴェンディンゲン』がライト特集を組む。	

一九二二	一一	55	4・16帝国ホテル本館全焼。林愛作ら取締役辞任。7・1新ホテル一部開業。7・22仕事半ばで帰国。8月ロサンジェルスに事務所開設。11月メトロポリタン美術館に最後の浮世絵売却。11・22一三年間別居していたキャサリンが離婚に同意（慰謝料一万ドル、離婚手当、月一五〇ドル他）。11月末サリヴァンへの手紙に「仕事も金もない」と嘆く。	三菱銀行本店（桜井小太郎）。シカゴトリビューン社設計コンペ。
一九二三	一二	56	1月ロサンジェルスへ。2・9母死去。4月土浦亀城夫妻を日本から呼ぶ。コンクリートブロックハウス（ミラード、ストーラー、フリーマン、エニス邸）設計。9・1関東大震災。11・19ミリアム・ノエルと結婚。	帝国復興院創設（総裁後藤新平）。ル・コルビュジエ『建築をめざして』。
一九二四	一三	57	1月ロサンジェルスを引き上げ、タリアセンに戻る。4・14サリヴァン死去。5・9ミリアム、タリアセンを出て別居。9月ノイトラ、タリアセン入所。秋メンデルゾーン、タリアセンを訪問。オルギヴァナ・ラゾヴィッチと恋に落ちる。	シュレーダー邸（リートフェルト、ユトレヒト）。
一九二五	一四	58	1月ノイトラ、モーザー一家タリアセンを去る。4月評論家ウルコット、タリアセン訪問。4・22タリアセン二回目の火災。10・30『ヴェンディンゲン』	パリ、アール・デコ博。バウハウス、デッサウで再開。

一九二六	大正一五 昭和 元	59	ライト特集総集号。11月土浦夫妻帰国。12・2イオヴァンナ誕生。 春ミリアムに追われて、ニューヨーク、プエルト・リコ、ワシントンD. C. へと逃げる。8・30弁護士の勧めでミネソタに隠れる。自伝執筆開始。9月ミリアム、オルギヴァナを訴える。10・20ライト一家見つかり、マン法違反の罪で投獄さる。10月ウィスコンシン銀行、ライトに破産宣告。家と浮世絵五千枚を差し押える。	バウハウス新校舎（グロピウス、デッサウ）。ロヴェル・ビーチハウス（シンドラー、ロサンジェルス）。
一九二七	二	60	1月ニューヨークで銀行が差し押えた浮世絵の一部を売却。8・25ミリアムとの離婚成立。冬をカリフォルニア、ラホヤのビーチハウスで過ごす。	国際連盟本部のコンペでシンドラー&ノイトラ、ル・コルビュジエ、グロピウスら入選。
一九二八	三	61	1月アリゾナ・ビルトモアホテルの設計アドヴァイザーになる。チャンドラーよりリゾートホテルの設計依頼。タリアセン、ウィスコンシン銀行に二万五千ドルで売却される。友人、妹らライト株式会社を設立してタリアセンを買い戻す。8月オルギヴァナと結婚。9月ようやくタリアセンに帰る。	サヴォワ邸（ル・コルビュジエ、パリ郊外）。近代建築国際会議（CIAM）結成。
一九二九	四	62	1月アリゾナにキャンプを設営。10・24ウォール街株式大暴落で、チャンドラーホテル建設中止に。従	バルセロナ万博ドイツ館（ミース）。ロヴェル邸（ノイトラ、

一九三〇	五	63	兄弟のリチャード・ロイド・ジョーンズ邸（オクラホマ州タルサ）。1・3ミリアム死去。春プリンストン大学でカーン連続講演「モダン建築」。自選作品展をニューヨーク、シカゴ、ユージーン（オレゴン州）、シアトルで開催。	ロサンジェルス）。ニューヨーク近代美術館開館。ル・コルビュジエの都市計画「輝ける都市」。
一九三一	六	64	ブラジル訪問。自選作品展がヨーロッパを巡回。	
一九三二	七	65	2月ニューヨーク近代美術館「近代建築・世界展」。『自伝』、『消えゆく都市』出版。10・1タリアセン・フェローシップ創立。	
一九三三	八	66		シカゴで「進歩の世紀」博覧会。
一九三四	九	67	ブロードエーカーシティの模型作成。夏タリアセンに建築模型と日本の美術品を展示する二つのギャラリーを作り、一般にも公開。12・18カウフマンから夏の別荘の設計依頼。	
一九三五	一〇	68	講演で各地を巡回。9月落水荘の図面作成。12月マーティン死去。	
一九三六	一一	69	6月落水荘着工。ジョンソン・ワックス本社ビル、ジェイコブズ邸、ハンナ邸設計。重い肺炎を患い、避寒地を探す。	

一九三七	一二	70	7月世界建築家会議出席のためソビエトを訪問。9月ミース、タリアセンを訪問。ハーバート・ジョンソン邸。	
一九三八	一三	71	1月落水荘が雑誌、新聞で特集される。カウフマン百貨店の社長室完成（ピッツバーグ）。タリアセン・ウエスト建設（アリゾナ州、スコッツデール）。フロリダ・サザンカレッジ学長から校舎建設の依頼、以後二〇年にわたって設計を行なう。	
一九三九	一四	72	4月アールト、タリアセン訪問。春ロンドンで講演。	
一九四〇	一五	73	11月ニューヨーク近代美術館「偉大なアメリカの芸術家、ライトとグリフィス展」。ワシントンD.C.クリスタルシティ・プロジェクト。	イリノイ工科大学（ミース、シカゴ）。
一九四一	一六	74	英国王立建築家協会ゴールドメダル受賞。	
一九四三	一八	76	『自伝』改訂版出版。6・1ヒラ・リベイよりグッゲンハイム美術館の設計依頼。	
一九四四	一九	77	ジョンソン・ワックス社研究棟設計。	
一九四五	二〇	78	『レディーズ・ホーム・ジャーナル』6月号にユーソニアンハウス作品497（ガラスの家）を発表。	ユニテ・ダビタシオン（ル・コルビュジエ、マルセイユ）。
一九四七	二二	80	ユニテリアン・ミーティングハウス設計。	カウフマン砂漠の家(ノイトラ、カリフォルニア州パームスプリ

一九四八	二三	81	『アーキテクチュラル・フォラム』1月号ライト特集。	ングス)。
一九四九	二四	82	5月アメリカ建築家協会のゴールドメダル受賞。二〇件の建物を設計。	ガラスの家(フィリップ・ジョンソン、コネティカット州ニューカナン)。
一九五〇	二五	83	三男ディヴィッド・ライト邸設計。	ファンズワース邸(ミース、イリノイ州、プラノ)。ロンシャン礼拝堂(ル・コルビュジエ、フランス)。
一九五一	二六	84	「ライト建築六十年の軌跡展」開催、ヨーロッパにも巡回。サンフランシスコに事務所開設。	
一九五三	二八	86	プライスタワー設計。11月「ライト建築六十年の軌跡展」ニューヨークに巡回。ユーソニアンハウスの実物大のモデルハウスを建設。	
一九五四	二九	87	7月ニューヨーク、プラザホテルの一室を借り、グッゲンハイム美術館の管理にあたる。『ナチュラルハウス』出版。ベス・ショロム・シナゴーグ(フィラデルフィア郊外)設計。	
一九五五	三〇	88	『ハウス・ビューティフル』11月号ライト特集。へ	

			リテイジ・ヘレンド社の家具、シュマッハ社の布地と壁紙をデザイン。三八件の注文。
一九五六	三一	89	プライスタワー竣工。初めてウェールズ訪問。8月グッゲンハイム美術館着工。10・17シカゴ市長デイリー、「ライトの日」として祝う。お礼にマイル・ハイ超高層ビル計画を進呈。四男ルウェリン・ライト邸設計。マーシャル・イルドマン社のプレファブ住宅を開発。三八件の注文。
一九五七	三二	90	イラク、バグダッド訪問。文化施設の設計（王政崩壊により中止となる）。ロンドン、パリ、カイロ訪問。カリフォルニア州マリン郡庁舎設計。五九件の注文。『遺書』出版。
一九五八	三三	91	三一件の注文、一六六件の仕事が進行。『生きている都市』出版。ガメッジ・オーディトリアム、ライクス邸（ともにアリゾナ州）設計。3月最初の妻キャサリン死去。
一九五九	三四		4・9アリゾナ州フェニックスで死去。4・12ウィスコンシン州タリアセンで葬儀。

建築物索引

事項索引

人名索引

《著者紹介》
大久保美春（おおくぼ・みはる）
1987年　東京大学大学院総合文化研究科博士課程修了。比較文学比較文化専攻。
著　作　「岡倉天心研究――英文著作をめぐって」「岡倉天心の聖なる女性達」「モース・コレクションを読む」（『テクストの発見』中央公論新社，1994年）ほか。
訳　書　キャサリン・サンソム『東京に暮す』岩波文庫，1994年。

ミネルヴァ日本評伝選
フランク・ロイド・ライト
――建築は自然への捧げ物――

2008年９月10日　初版第１刷発行　〈検印省略〉

定価はカバーに
表示しています

著　者　大久保　美　春
発行者　杉　田　啓　三
印刷者　江　戸　宏　介

発行所　株式会社　ミネルヴァ書房
607-8494　京都市山科区日ノ岡堤谷町１
電話（075）581-5191（代表）
振替口座　01020-0-8076番

共同印刷工業・新生製本

ISBN978-4-623-05252-3
Printed in Japan

刊行のことば

歴史を動かすものは人間であり、興趣に富んだ人間の動きを通じて、世の移り変わりを考えるのは、歴史に接する醍醐味である。

しかし過去の歴史学を顧みるとき、人間不在という批判さえ見られたように、歴史における人間のすがたが、必ずしも十分に描かれてきたとはいえない。二十一世紀を迎えた今、歴史の中の人物像を蘇生させようとの要請はいよいよ強く、またそのための条件もしだいに熟してきている。

この「ミネルヴァ日本評伝選」は、正確な史実に基づいて書かれるのはいうまでもないが、単に経歴の羅列にとどまらず、歴史を動かしてきたすぐれた個性をいきいきとよみがえらせたいと考える。そのためには、対象とした人物とじっくりと対話し、ときにはきびしく対決していくことも必要になるだろう。

今日の歴史学が直面している困難の一つに、研究の過度の細分化、瑣末化が挙げられる。それは緻密さを求めるが故に陥った弊害といえるが、その結果として、歴史の大きな見通しが失われ、歴史学を通しての社会への働きかけの途が閉ざされ、人々の歴史への関心を弱める危険性がある。今こそ歴史が何のためにあるのかという、基本的な課題に応える必要があろう。評伝という興味ある方法を通じて、解決の手がかりを見出せないだろうかというのも、この企画の一つのねらいである。

狭義の歴史学の研究者だけでなく、多くの分野ですぐれた業績をあげている著者たちを迎えて、従来見られなかった規模の大きな人物史の叢書として、「ミネルヴァ日本評伝選」の刊行を開始したい。

平成十五年（二〇〇三）九月

ミネルヴァ書房

ミネルヴァ日本評伝選

上代

卑弥呼　古田武彦
日本武尊　西宮秀紀
仁徳天皇　若井敏明
雄略天皇　吉村武彦
*蘇我氏四代　遠山美都男
推古天皇　義江明子
聖徳太子　仁藤敦史
斉明天皇　武田佐知子
小野妹子・毛人　大橋信也
額田王　梶川信行
弘文天皇　遠山美都男
天武天皇　新川登亀男
持統天皇　丸山裕美子
阿倍比羅夫　熊田亮介
柿本人麻呂　古橋信孝
元明・元正天皇　渡部育子
聖武天皇　本郷真紹
光明皇后　寺崎保広
孝謙天皇　勝浦令子
藤原不比等　荒木敏夫
吉備真備　今津勝紀
藤原仲麻呂　木本好信
道鏡　吉川真司
大伴家持　和田　萃
行基　吉田靖雄

平安

*桓武天皇　井上満郎
嵯峨天皇　西別府元日
宇多天皇　古藤真平
醍醐天皇　石上英一
村上天皇　京樂真帆子
花山天皇　上島　享
三条天皇　倉本一宏
藤原薬子　中野渡俊治
小野小町　錦　仁
藤原良房・基経　滝浪貞子
菅原道真　竹居明男
紀貫之　神田龍身
源高明　所　功
慶滋保胤　平林盛得
*安倍晴明　斎藤英喜
藤原実資　橋本義則
*藤原道長　朧谷　寿
清少納言　後藤祥子
紫式部　竹西寛子
和泉式部　ツベタナ・クリステワ
大江匡房　小峯和明
阿弖流為　樋口知志
坂上田村麻呂　熊谷公男
*源満仲・頼光　元木泰雄
平将門　西山良平
藤原純友　寺内　浩
空海　頼富本宏
最澄　吉田一彦
空也　石井義長
奝然　上川通夫
*源信　小原　仁
後白河天皇　美川　圭
式子内親王　奥野陽子
建礼門院　生形貴重
平清盛　田中文英
藤原秀衡　入間田宣夫
平時子・時忠　元木泰雄
平維盛　根井　浄
守覚法親王　阿部泰郎

鎌倉

源頼朝　川合　康
*源義経　近藤好和
後鳥羽天皇　五味文彦
九条兼実　村井康彦
北条時政　野口　実
熊谷直実　佐伯真一
*北条政子　関　幸彦
北条義時　岡田清一
曾我十郎・五郎　杉橋隆夫
北条時宗　近藤成一
安達泰盛　山陰加春夫

平頼綱　細川重男
竹崎季長　堀本一繁
西行　光田和伸
藤原定家　赤瀬信吾
*京極為兼　今谷明
*兼好　島内裕子
重源　横内裕人
運慶　根立研介
法然　今堀太逸
慈円　大隅和雄
明恵　西山厚
親鸞　末木文美士
恵信尼・覚信尼　西口順子
道元　船岡誠
叡尊　細川涼一
*忍性　松尾剛次
*日蓮　佐藤弘夫
一遍　蒲池勢至
夢窓疎石　田中博美
*宗峰妙超　竹貫元勝

南北朝・室町

後醍醐天皇　上横手雅敬
護良親王　新井孝重
北畠親房　岡野友彦
楠正成　兵藤裕己
*新田義貞　山本隆志
光厳天皇　深津睦夫
足利尊氏　市沢哲
佐々木道誉　下坂守
円観・文観　田中貴子
足利義満　川嶋將生
足利義教　横井清
大内義弘　平瀬直樹
伏見宮貞成親王　松薗斉
山名宗全　山本隆志
日野富子　脇田晴子
世阿弥　西野春雄
雪舟等楊　河合正朝
宗祇　鶴崎裕雄
*満済　森茂暁
一休宗純　原田正俊

戦国・織豊

北条早雲　家永遵嗣
毛利元就　岸田裕之
*今川義元　小和田哲男
*武田信玄　笹本正治
真田氏三代　笹本正治
三好長慶　仁木宏
*上杉謙信　矢田俊文
吉田兼倶　西山克
山科言継　松薗斉
雪村周継　赤澤英二
織田信長　三鬼清一郎
豊臣秀吉　藤井讓治
*北政所おね　田端泰子
*淀殿　福田千鶴
前田利家　東四柳史明
黒田如水　小和田哲男
蒲生氏郷　藤田達生
細川ガラシャ　田端泰子
伊達政宗　伊藤喜良
*支倉常長　田中英道
ルイス・フロイス
エンゲルベルト・ヨリッセン
*長谷川等伯　宮島新一
顕如　神田千里

江戸

徳川家康　笠谷和比古
徳川吉宗　横田冬彦
*後水尾天皇　久保貴子
光格天皇　藤田覚
崇伝　杣田善雄
春日局　福田千鶴
池田光政　倉地克直
シャクシャイン　岩崎奈緒子
*田沼意次　藤田覚
二宮尊徳　小林惟司
末次平蔵　岡美穂子
高田屋嘉兵衛　生田美智子
林羅山　鈴木健一
中江藤樹　辻本雅史
山崎闇斎　澤井啓一
*北村季吟　島内景二
貝原益軒　辻本雅史
ケンペル
ボダルト・ベイリー
荻生徂徠　柴田純
雨森芳洲　上田正昭
前野良沢　松田清
平賀源内　石上敏
杉田玄白　吉田忠
上田秋成　佐藤深雪
木村蒹葭堂　有坂道子
*大田南畝　沓掛良彦
菅江真澄　赤坂憲雄
*鶴屋南北　諏訪春雄
良寛　阿部龍一
山東京伝　佐藤至子
*滝沢馬琴　高田衛
平田篤胤　川喜田八潮
シーボルト　宮坂正英
本阿弥光悦　岡佳子
小堀遠州　中村利則
尾形光琳・乾山　河野元昭
*二代目市川團十郎　田口章子
与謝蕪村　佐々木丞平
伊藤若冲　狩野博幸
鈴木春信　小林忠
円山応挙　佐々木正子
*佐竹曙山　成瀬不二雄
葛飾北斎　岸文和
酒井抱一　玉蟲敏子
孝明天皇　青山忠正
*和宮　辻ミチ子

徳川慶喜　大庭邦彦
*古賀謹一郎　小野寺龍太
*月　性　海原　徹
*吉田松陰　海原　徹
*高杉晋作　海原　徹
オールコック　佐野真由子
アーネスト・サトウ　奈良岡聰智
冷泉為恭　中部義隆

近代

*明治天皇　伊藤之雄
大正天皇　フレッド・ディキンソン
昭憲皇太后・貞明皇后　小田部雄次
大久保利通　三谷太一郎
山県有朋　鳥海　靖
木戸孝允　落合弘樹
*松方正義　室山義正
北垣国道　小林丈広
大隈重信　五百旗頭薫

伊藤博文　坂本一登
井上　毅　大石　眞
*桂　太郎　小林道彦
*乃木希典　佐々木英昭
林　董　君塚直隆
児玉源太郎　小林道彦
*高宗・閔妃　木村　幹
山本権兵衛　室山義正
高橋是清　鈴木俊夫
小村寿太郎　簑原俊洋
犬養　毅　小林惟司
加藤高明　櫻井良樹
加藤友三郎・寛治　麻田貞雄
田中義一　黒沢文貴
平沼騏一郎　堀田愼一郎
宇垣一成　北岡伸一
宮崎滔天　榎本泰子
*浜口雄幸　川田　稔
幣原喜重郎　西田敏宏
関　一　玉井金五
広田弘毅　井上寿一
安重根　上垣外憲一
グルー　廣部　泉

東條英機　牛村　圭
蔣介石　劉　岸偉
石原莞爾　山室信一
木戸幸一　波多野澄雄
五代友厚　田付茉莉子
大倉喜八郎　村上勝彦
安田善次郎　由井常彦
渋沢栄一　武田晴人
山辺丈夫　宮本又郎
武藤山治　阿部武司・桑原哲也
小林一三　橋爪紳也
大倉恒吉　石川健次郎
大原孫三郎　猪木武徳
河竹黙阿弥　今尾哲也
イザベラ・バード　加納孝代
林　忠正　木々康子
森　鷗外　小堀桂一郎
二葉亭四迷　ヨコタ村上孝之
巌谷小波　千葉信胤
樋口一葉　佐伯順子
島崎藤村　十川信介
泉　鏡花　東郷克美

有島武郎　亀井俊介
永井荷風　川本三郎
北原白秋　平石典子
菊池　寛　山本芳明
宮澤賢治　千葉一幹
正岡子規　夏石番矢
P・クローデル　内藤　高
高浜虚子　坪内稔典
与謝野晶子　佐伯順子
*種田山頭火　村上　護
斎藤茂吉　品田悦一
*高村光太郎　湯原かの子
萩原朔太郎　エリス俊子
原阿佐緒　秋山佐和子
*狩野芳崖・高橋由一　古田　亮
竹内栖鳳　北澤憲昭
黒田清輝　高階秀爾
中村不折　石川九楊
横山大観　高階秀爾
*橋本関雪　西原大輔
小出楢重　芳賀　徹

土田麦僊　天野一夫
岸田劉生　北澤憲昭
松旭斎天勝　川添　裕
中山みき　鎌田東二
ニコライ　中村健之介
出口なお・王仁三郎　川村邦光
島地黙雷　阪本是丸
*新島　襄　太田雄三
嘉納治五郎　クリストファー・スピルマン
*澤柳政太郎　新田義之
河口慧海　高山龍三
大谷光瑞　白須淨眞
*久米邦武　髙田誠二
フェノロサ　伊藤　豊
三宅雪嶺　長妻三佐雄
内村鑑三　新保祐司
*岡倉天心　木下長宏
志賀重昂　中野目徹
徳富蘇峰　杉原志啓
竹越與三郎　西田　毅
内藤湖南・桑原隲蔵　礪波　護
岩村　透　今橋映子

西田幾多郎　大橋良介
喜田貞吉　中村生雄
上田　敏　及川　茂
柳田国男　鶴見太郎
厨川白村　張　競
大川周明　山内昌之
折口信夫　斎藤英喜
九鬼周造　粕谷一希
辰野　隆　金沢公子
シュタイン　瀧井一博
*福澤諭吉　平山　洋
福地桜痴　山田俊治
中江兆民　田島正樹
田口卯吉　鈴木栄樹
陸　羯南　松田宏一郎
宮武外骨　山口昌男
*吉野作造　田澤晴子
野間清治　佐藤卓己
山川　均　米原　謙
北　一輝　岡本幸治
杉　亨二　速水　融

北里柴三郎　福田眞人
田辺朔郎　秋元せき
*南方熊楠　飯倉照平
寺田寅彦　金森　修
石原　純　金子　務
J・コンドル　鈴木博之
辰野金吾　河上真理・清水重敦
小川治兵衛　尼崎博正

現代

昭和天皇　御厨　貴
高松宮宣仁親王　後藤致人
*李方子　小田部雄次
吉田　茂　中西　寛
マッカーサー　柴山　太
重光　葵　武田知己
池田勇人　中村隆英

和田博雄　庄司俊作
朴正熙　木村　幹
竹下　登　真渕　勝
*松永安左エ門　橘川武郎
鮎川義介　井口治夫
出光佐三　橘川武郎
松下幸之助　米倉誠一郎
渋沢敬三　井上　潤
本田宗一郎　伊丹敬之
井深　大　武田　徹
幸田家の人々　金井景子
*正宗白鳥　大嶋　仁
大佛次郎　福島行一
*川端康成　大久保喬樹
薩摩治郎八　小林　茂
松本清張　杉原志啓
安部公房　成田龍一
三島由紀夫　島内景二

R・H・ブライス　菅原克也
金素雲　林　容澤
柳　宗悦　熊倉功夫
バーナード・リーチ　鈴木禎宏
イサム・ノグチ　酒井忠康
川端龍子　岡部昌幸
藤田嗣治　林　洋子
*井上有一　海上雅臣
*手塚治虫　竹内オサム
山田耕筰　後藤暢子
武満　徹　船山　隆
力道山　岡村正史
美空ひばり　朝倉喬司
植村直巳　湯川　豊
*西田天香　宮田昌明
安倍能成　中根隆行
G・サンソム　牧野陽子

和辻哲郎　小坂国継
青木正児　井波律子
矢代幸雄　稲賀繁美
石田幹之助　岡本さえ
*平泉　澄　若井敏明
島田謹二　小林信行
前嶋信次　杉田英明
竹山道雄　平川祐弘
保田與重郎　谷崎昭男
佐々木惣一　松尾尊兊
*瀧川幸辰　伊藤孝夫
矢内原忠雄　等松春夫
福本和夫　伊藤　晃
*フランク・ロイド・ライト　大久保美春
大宅壮一　有馬　学
清水幾太郎　竹内　洋

*は既刊
二〇〇八年九月現在